INTRODUÇÃO AO DIREITO DA CONCORRÊNCIA: BRASIL – GLOBALIZAÇÃO – UNIÃO EUROPÉIA – MERCOSUL - ALCA

VICENTE BAGNOLI

EDITORA SINGULAR

INTRODUÇÃO AO DIREITO DA CONCORRÊNCIA: BRASIL – GLOBALIZAÇÃO – UNIÃO EUROPÉIA – MERCOSUL - ALCA

VICENTE BAGNOLI

EDITORA SINGULAR

Dados Internacionais de Catalogação na Publicação (CIP)
(Câmara Brasileira do Livro, SP, Brasil)

Bagnoli, Vicente

Introdução ao direito da concorrência: Brasil, Globalização, União Européia, Mercosul, ALCA / Vicente Bagnoli. -- São Paulo: Editora Singular, 2005.

Bibliografia

1. Concorrência 2. Relações econômicas internacionais I. Título.

05. 2180 CDU- 34:33:381.81

Índices para catálogo sistemático:

1. Direito da concorrência: Direito econômico
34:33:381.81
ISBN: 85-86626-23-6

Diagramação: Flavia Pacheco

Rua José Nobrega Barbosa nº. 100
CEP 02336-090
Tel/Fax: (11) 3862-1242
www.editorasingular.com.br
singular@editorasingular.com.br

Ao meu pai, Vicente Renato, agradeço seu caráter, sua ética, sua responsabilidade com a família e profissional, exemplo e inspiração para um filho.

À minha mãe, Eliana, agradeço sua força, seu amor e dedicação para a família.

Ao meu irmão, Fábio, agradeço seu companheirismo de todos os momentos.

Dedico a vocês este trabalho.

... A sabedoria do homem ilumina seu rosto e lhe abranda a dureza da face. (Eclesiastes 8,1)

Sabedoria é capacidade de discernir a verdade por trás das aparências. Quem é capaz disso, não se perturba diante dos conflitos. (Eclesiastes 8,1 - Comentários)*

***_Bíblia Sagrada_. São Paulo: Paulus, 2002. p. 866.**

APRESENTAÇÃO

A obra que apresento é um importante trabalho que procura, ao abordar o direito da concorrência, revelar enfoques diferenciados, ainda não tão explorados. Este ramo dogmático que hoje ganha maior relevo, estampando as capas de jornais, permite vislumbrar toda a evolução do capitalismo. Assim, pode-se observar no trabalho do Vicente Bagnoli, dileto ex-aluno e colega que há muito admiro, temas cujo foco na atualidade são enormes como o fenômeno da globalização, o que nos leva a verificar a possibilidade de uma concorrência global entre trasnacionais e também o importante fenômeno da integração entre os países (ALCA, União Européia e Mercosul), os chamados blocos econômicos, com reflexos diretos sobre noções como as de mercado relevante e barreiras à entrada.

No entanto, existe mais uma peculiaridade que diferencia a obra de Vicente de outros trabalhos que têm surgido sobre o tema. Além de observar o presente, refletir sobre os conceitos técnicos, ele também utiliza-se de uma metodologia que não é puramente dogmática, procurando as raízes de tal direito. Assim, utiliza-se do instrumental da filosofia do direito bem como de uma visão histórica do fenômeno. Este enfoque não ortodoxo garante-lhe uma riqueza surpreendente porque permite verificar, seja na história mundial, seja na história do Brasil, como é que o poder econômico foi sendo disciplinado.

É uma obra que surge num momento adequado, alertando-nos para a necessidade da profundidade na análise científica e também apontando que a atuação prática neste campo deve resgatar a eticidade hegeliana.

Ari Marcelo Solon
Professor Livre Docente da Faculdade de Direito da USP e
da Universidade Presbiteriana Mackenzie

DEPOIMENTO INTRODUTÓRIO

O Direito da concorrência é um campo de investigação de extrema relevância política, econômica e jurídica. As conseqüências decorrentes de sua aplicação, cada vez mais, desafiam a criatividade das sociedades e dos atores econômicos e oferecem referências efetivas para a aferição da qualidade das ordens econômicas nacionais.

O presente trabalho versa sobre o *Direito da Concorrência* e a sua perspectiva em um ambiente político de globalização, de consolidação da União Européia e de formação e funcionamento dos blocos econômicos. Ou seja, estuda as estruturas do Direito da Concorrência, a sua afirmação no Brasil, assim como investiga os pontos mais tensos de sua aplicação em um cenário mais intenso, largo e rápido de materialização das relações econômicas.

Trata-se, efetivamente, de um livro importante, especial e necessário aos estudiosos do Direito. O tema, apesar de atual não é novo, mas a sua abordagem sim. Um dos mais destacados méritos do livro está na perspectiva histórica de sentido conferida por seu jovem e competente autor.

Vicente Bagnoli, um dos mais talentosos alunos que passaram pela Pós-Graduação da *Universidade Presbiteriana Mackenzie*, ao descrever os institutos com referência histórica de sentido e não meramente cronológica, consegue produzir uma reflexão intensa sobre as estruturas jurídicas do *Direito da Concorrência*, e ao mesmo tempo, oferecer uma referência mais sofisticada, densa e conseqüente do objeto de seu estudo.

Esse aspecto deve ser saudado não só pelo talento do seu Autor, mas também, por expressar uma contra-corrente, uma possibilidade para uma nova geração de juristas preocupada em dominar as técnicas, mas sem sacrificar os sentidos e os fundamentos da reflexão acadêmica. Isto porque, já sabem que quanto mais sofisticada for a reflexão, mais aperfeiçoadas serão as técnicas. *Vicente Bagnoli* é um dos expoentes desta nova geração.

A pertinência da obra é inquestionável, o conteúdo fundamental, a abordagem criativa e a sua leitura necessária e impostergável.

José Francisco Siqueira Neto
Coordenador da Pós-Graduação em Direito da Universidade
Presbiteriana Mackenzie

SUMÁRIO

ÍNDICE

I. INTRODUÇÃO

A globalização foi tida até boa parte da década de 90 como a alternativa para unir os povos, principalmente sob o aspecto econômico, e favorecer a todos com resultados positivos. Contudo, toda a expectativa foi se esfacelando no decorrer da década passada.

De qualquer forma, não se pode dizer que a globalização é um mal *per se* e que deva simplesmente ser evitada. Primeiro, porque muitos países em desenvolvimento se beneficiaram desse processo. Segundo, a globalização é uma realidade e se encontra num estágio difícil de retroceder; o necessário é verificar como repartir esses ganhos de forma mais equânime.

Com o processo de globalização, ganha força a integração das nações. Cada Estado procura em seu vizinho uma forma de associação, geralmente com enfoque econômico, com o propósito de se tornarem fortes para a competição internacional e em muitos casos desenvolver sua região. A atração de novos investimentos, a geração de novos empregos, o aumento na arrecadação do Estado, enfim, ganhos que se revertam não só para um país, mas para um bloco de países e suas populações, são metas que podem ser alcançadas com a integração das nações.

A União Européia é o melhor exemplo de integração econômica. Por meio da economia, buscaram-se soluções à conturbada política do Continente, palco principal das duas Grandes Guerras, um maior equilíbrio para a redução dos desníveis de desenvolvimento entre os países da região e, sobretudo, uma melhor condição de vida para seus cidadãos.

Novas propostas de integração surgiram no decorrer dos tempos, estimuladas principalmente pelo exemplo europeu. Na América do Sul, o Mercosul é uma das grandes experiências, e representou grande aproximação entre seus Estados-partes, bem como significou importantes ganhos para as economias dos países que o integram. Mais recentemente, a partir de 1994, teve início discussões sobre a constituição de uma área de livre comércio no Continente Americano, a Área de Livre Comércio das Américas (ALCA).

Uma análise detalhada da ALCA, seus eventuais pontos positivos e negativos, engloba certamente uma gama de setores. Neste trabalho, pretende-se abordar sucintamente o modelo traçado até o momento para a ALCA e o que ele representa para a região, em especial para o Brasil, destacando o significado do Direito da Concorrência nesse contexto.

Contudo, antes de ingressar no item relativo a ALCA, propõe-se percorrer tópicos da história, tanto mundial quanto à do Brasil, sempre destacando os aspectos concorrenciais. Desta forma, observará a evolução da defesa da concorrência e a sua importância em cada momento histórico. Alguns conceitos fundamentais de defesa da concorrência, bem como uma noção dos entendimentos das principais escolas dessa matéria interdisciplinar, também merecem destaque para o estudo que se propõe e para auxiliar na interpretação da forma como é tratado o Direito da Concorrência no Brasil, no Mercosul e na União Européia.

Superadas essas etapas, acredita-se encontrar na conclusão deste trabalho a síntese das idéias que foram expostas, já que o objetivo do mesmo é suscitar pontos para debates e apresentar sugestão para o Direito da Concorrência e sua aplicação na ALCA. Para tanto, tal abordagem será feita em quatro etapas conclusivas: (i) Globalização; (ii) Mercosul; (iii) ALCA; e (iv) Direito da Concorrência.

Ressalta-se, por fim, que diversos temas lançados nesta introdução serão conceituados no decorrer deste trabalho que, para uma melhor análise didática, divide-se em três livros: (i) Livro I: Aspectos Históricos do Direito da Concorrência; (ii) Livro II: O Direito da Concorrência; e (iii) Livro III: Globalização da Concorrência: Pensando a ALCA.

LIVRO 1

ASPECTOS HISTÓRICOS DO DIREITO DA CONCORRÊNCIA

II. HISTÓRICO DO DIREITO DA CONCORRÊNCIA

Antes de iniciar o histórico do Direito da Concorrência é interessante rever, mesmo que sucintamente, alguns conceitos de fonte de direito[1], que permitirá fazer uma interpretação mais adequada do fato no tempo e da efetiva aplicação ou não da lei.

A fonte de Direito significa a fonte de regras obrigatórias dotadas de vigência e de eficácia. Para isso, faz-se necessário a existência de um poder em condições de especificar o que é devido, a fim de exigir o seu cumprimento, sob pena de sanções.

Nos diversos momentos da história e entre diferentes países não se observa uma uniformização nas formas de elaborar o Direito. O que se faz, geralmente, é distinguir a *civil law* e a *common law*. Esses dois tipos de ordenamento jurídico se diferenciam porque a *civil law*, da tradição romanística, ou seja, das nações latinas e germânicas, caracteriza-se pela expressão do Poder Legislativo, atribuindo valor secundário às outras fontes do Direito, como a jurisdição e os usos e costumes jurídicos. Já a *common law*, da tradição anglo-americana, atribui ao Direito valor preponderante nos usos e costumes e na jurisdição, atribuindo menor importância ao trabalho dos parlamentos, caracterizando-se, portanto, um Direito misto, costumeiro e jurisprudencial.

Para tentar compreender a fonte de Direito e a distinção entre as tradições romanística e a anglo-saxã, deve-se fazer, mesmo que breve, uma análise retrospectiva das fontes do Direito pelo tempo, à luz da antropologia cultural ou etnologia[2] e da história.

---

[1] Para um estudo mais aprofundado de "fonte de direito" recomenda-se *Lições Preliminares de Direito*, Miguel Reale, São Paulo: Saraiva.

[2] Antropologia cultural ou etnologia é a ciência da cultura material e espiritual dos considerados povos primitivos ou selvagens.

Inicialmente o Direito se caracteriza um fato social, confundido com elementos de natureza religiosa, mágica, moral ou utilitária, prevalecendo como um processo de ordem costumeira nas sociedades primitivas. Essa forma de Direito costumeiro foi a de período mais extenso da humanidade.

O Direito, como afirmam os etnólogos, não surge com os romanos ou sequer com o Código de Hamurabi[3], cerca 2000 a.C., mas em épocas remotas, por exemplo nas cavernas neolíticas, onde já existia uma primitiva relação de trabalho entre senhores e escravos para a fabricação de machados e o conseqüente processo de trocas.

A própria Lei das XII Tábuas[4], documento fundamental do Direito do Ocidente, nada mais é do que a consolidação de usos e costumes do povo do Lazio, esculpida a partir daquilo que o costume havia revelado de conhecimento geral. Apenas com o passar dos tempos é que a lei tem o valor nela mesma, revelando-se a vontade intencional de estruturar a sociedade de maneira impessoal e objetiva e assim reger a conduta dos indivíduos.

Nos estágios mais evoluídos da civilização é que aparecem os primeiros institutos para conhecer o Direito e declará-lo. Os órgãos de jurisdição dizem o Direito em cada caso concreto. O *jusdicere* romano revela a grandeza de viver o Direito, e não meramente doutriná-lo. Para decidir uma demanda os juízes romanos julgavam segundo a *ratio juris* e não conforme critérios morais.

A Ciência do Direito tem seu alicerce nessa época com os romanos, notavelmente pelo processo jurisdicional dos jurisconsultos. Apenas mais tarde, com a decadência do mundo romano, é que o processo legislativo passa a prevalecer como fonte reveladora do Direito.

---

[3] O Código de Hamurabi, baseado em antigas leis semitas e sumerinas (Código de Dungi), é considerado um dos mais antigos documentos jurídicos, e foi de notável importância para a história dos direitos babilônicos, do direito asiático e do direito hebreu. O Código apresenta dispositivos referentes ao comércio, à família, à propriedade, à herança e à escravidão, enfim, aspectos da vida da sociedade babilônica. Hamurabi (2067 – 2025 a.C.) era também denominado Kamu-Rabi. Rei da dinastia amorrita, reunificou a Mesopotâmia e fundou o Primeiro Império Babilônico.

[4] Em 462 a.C., o tribuno Tarentílo Arsa propõe a nomeação de uma comissão para redigir uma lei, que acaba resultando na primeira redação da Lei das XII Tábuas. Com muita pertinência, o historiador Tito Lívio observou que tal Lei constituía *fons omnis publici privatique juris*, ou seja, fonte de todo Direito público e privado. Essa Lei tem também grande valor por ter sido uma das primeiras a ditar normas eliminando as diferenças das classes.

Com a invasão dos bárbaros germânicos e a conseqüente desintegração da civilização romana novos usos e costumes, de povos que não estavam no grau de evolução histórica dos latinos, passam a existir no mundo europeu. O Direito medieval se forma com o encontro de elementos germânicos e romanos, atendendo as exigências éticas do cristianismo. Caracteriza-se por ser um Direito costumeiro e de caráter local, permanecendo dessa forma até o século XI, quando se inicia a volta à tradição científica romana.

Esse processo se dá com o trabalho de alguns analistas do Direito, chamados "glosadores", que re-elaboram textos redescobertos do Direito Romano, adaptando-os às novas situações de seu tempo, uma vez que a civilização cristã tinha valores que não podiam ser esquecidos e os costumes já eram outros.

A Ciência Jurídica é reconstituída lentamente com os glosadores até a época do Renascimento e das grandes descobertas, quando surge a corrente dos "comentaristas" ou dos "cultos", embasados de cultura filosófica e humanística e preparadores do nascimento da compreensão racionalista do Direito como expressão da razão humana. O homem, nesta época, não apenas se lança aos mares em busca de novas terras, mas também aperfeiçoa seus meios de lidar com a natureza. Aos poucos vão surgindo grandes nações, como a portuguesa, a espanhola e a francesa.

Com o desenvolvimento das técnicas de comércio os reis se deparam com a necessidade da coordenação ou ordenação de leis então dispersas, bem como de regras costumeiras que se revelavam desconexas ou particularistas. São criadas as "ordenações", consolidação de leis e normas consuetudinárias.

Ensina Miguel Reale que:

"... já aparecem, do século XV ao século XVIII, várias Ordenações que constituíram o elemento fundamental da vida jurídica dos povos modernos. O século XVIII, como devem saber, representou um momento fundamental na vida política, especialmente em virtude do trabalho realizado pelos ´Enciclopedistas`, bem como pelos pensadores ingleses, notadamente no campo da Economia Política e da Ética. Nesse século, com reflexos poderosos em outros países, pensou-se em lançar a base de uma Ciência Jurídica de caráter puramente racional, nos moldes pregados pelos ´jusnaturalistas`, ou seja, pelos adeptos de um Direito Natural puramente racional, até o ex tremo de pretenderem que, acima do sistema do Direito positivo, haveria um outro Direito, ideal, expressão mesma da razão humana".[5]

Jean Jacques Rousseau, com a sua obra *Do Contrato Social*, é um dos grandes expoentes da tendência teórica de se atingir o Direito a partir de um trabalho racional, traduzindo a lei como expressão racional da vontade humana coletiva. Para Rousseau, a lei, única expressão legítima da vontade geral, é o Direito, não se admitindo que o costume prevaleça em detrimento da lei. Mas é com o Código de Napoleão que se tem o marco fundamental da codificação, afirmando a supremacia da lei sobre as demais fontes do direito.

A "Escola da Exegese" pretendia construir o Direito baseado no Código Civil, e lançou as bases para o Direito contemporâneo. Os benefícios propiciados por essa escola foram a clarificação dos conceitos, a disciplina dos institutos jurídicos e sua sistematização lógica.

O Direito brasileiro, filiado à tradição romanística, também é marcado pela afirmação da supremacia do processo legislativo.

Quanto aos Estados Unidos da América e à Inglaterra, apesar de suas tradições jurídicas vinculadas à *common law*, cresce a cada dia a influência do processo legislativo como forma maior de disciplinar as relações sociais.

Feitas essas considerações iniciais acerca da evolução histórica do Direito, em especial de sua fonte, passa-se a estudar a história do Direito da Concorrência.

II.1. Introdução

O objetivo deste item do trabalho é tratar a concorrência e o Direito da Concorrência a partir de tópicos históricos, já que não se tem a pretensão de fazer uma abordagem de toda evolução da história.

Porém, a importância do presente item não é apenas destacar os pontos da defesa da concorrência na história. Mais do que isso, uma análise da evolução da história, principalmente a partir do início do capitalismo, e

[5] REALE, Miguel. *Lições Preliminares de Direito*. 21ª ed. São Paulo: Saraiva, 1994. p. 151.

mesmo que aqui relatada em tópicos, permitirá uma interpretação dos acontecimentos passados, a compreensão do presente e traçar perspectivas para o futuro. Certamente a contribuição deste item do trabalho é de grande valor para abordar o tema da Área de Livre Comércio das Américas, a ALCA.

Em sua *Filosofia da História*, Georg Wilhelm Friedrich Hegel, escrevendo acerca da história refletida, assinala que esta ultrapassa o presente, não com relação ao tempo, mas sim ao espírito. Para o filósofo alemão, uma modalidade de história refletida é a *pragmática*, segundo a qual mesmo os acontecimentos sendo diversos, o geral, o essencial, o contexto é único. "Reflexões pragmáticas, por mais abstratas que sejam, são na verdade o presente e vivenciam os relatos do passado para a vida atual"[6].

Ocupar-se neste trabalho de um item dedicado à História não é mero preciosismo ou gosto por esta disciplina. Trata-se de uma maneira de entender a presença da defesa da concorrência em diversos momentos, como foi sendo feita sua aplicação e aprimoramento, bem como sua importância em cada tempo. Outrossim, tal análise permite compreender a atuação dos Estados, a necessidade da concorrência e, sobretudo, o que se pode aplicar dos acontecimentos passados na integração comercial das Américas.

Conforme escreveu Hegel[7]:

"... Os destinos dos povos e nações, seus interesses, condições e problemas são outro domínio; predica-se aos governantes, aos estadistas e, principalmente, aos povos instruírem-se por meio da experiência da história. Porém, o que a experiência e a história ensinam é que os povos e os governos jamais aprenderam coisa alguma da história, e não seguiram o ensinamento que ela poderia ter inspirado".

Portanto, passa-se a analisar os tópicos históricos do Direito da Concorrência, com olhos atentos ao contexto histórico e o que se pode experimentar da história para debater a Área de Livre Comércio das Américas e nela aplicar o Direito da Concorrência.

[6] in *Filosofia da História*, 2ª ed., Brasília: UNB, 1999. p. 14.

[7] in *Filosofia da História*, 2ª ed., Brasília: UNB, 1999. p. 15.

II.2. Tópicos Históricos do Direito da Concorrência no Mundo

II.2.1. A Concorrência antes do Capitalismo

Ao contextualizar a concorrência na história, percebe-se que ela é algo recente no mundo do Direito, iniciando-se apenas no final do séc. XIX quando o Estado começa a dar destaque as questões sociais, e passa a intervir nas relações sócio-econômicas e jurídicas, encerrando assim o Liberalismo e inaugurando uma nova fase do Capitalismo, que de certa forma retoma sua origem e regra, a *intervenção estatal*[8]. Contudo, a competição não é algo que só se estabeleceu recentemente, muito pelo contrário, a idéia da concorrência sempre permeou o relacionamento entre os homens.

II.2.1.1. A Antiguidade Clássica

Na Grécia antiga, já havia a regulamentação dos monopólios estatais para gerar consideráveis receitas ao governo e, em períodos de dificuldades econômicas, fazer com que não faltassem "produtos" para as populações das cidades[9].

Já os monopólios privados não tinham uma proibição *per se* na Grécia Antiga. Em 374 a.C. utilizou-se a palavra monopólio na *Política* de

---

[8] Conforme escreve Alysson Leandro Mascaro: "As raízes históricas do pensamento jurídico atual passam todas por um nó, que vai determinar grande parte das posições, negações e debates da jusfilosofia de nossos dias: a passagem do pensamento moderno para o contemporâneo. Razões muito claras demonstram essa importância: o pensamento moderno é o primeiro capítulo de um só sistema de relações sociais e econômico-produtivas que perdura até hoje, o capitalismo. Assim, questões muito ligadas ao problema capitalista, como a questão do Estado, inauguram-se, como o capitalismo, na Idade Moderna, e se estendem até os dias atuais. Ao mesmo tempo, muitas outras idéias e problemáticas modernas ainda até os dias atuais perseguem o temário da filosofia geral, política e do direito. Entender o caminho da transformação na passagem do mundo moderno para o contemporâneo é poder também entender razões e implicações de tais temas". in *Introdução à Filosofia do Direito*. São Paulo: Atlas, 2002. p. 13.

[9] A cidade de Silembria, por exemplo, restringiu por um ano o consumo de fermento de sua população somente ao necessário, depois vendeu o produto ao mercado externo com preço elevado. Outras cidades, como Pitocle e Atenas, defendiam o monopólio estatal do chumbo para elevar o preço praticado. Aparentemente os monopólios estatais na Grécia Antiga tinham pouca duração.

Aristóteles para aquelas situações em que pessoas monopolizavam lagares[10] e ferro e que em tempos de alta procura os revendiam com altos lucros[11].

Em Ática, região de solo improdutivo, mas alta densidade populacional, todos os grãos consumidos pela população eram praticamente importados. Os abusos dos comerciantes e importadores eram coibidos por diversas leis que, ao mesmo tempo incentivavam a importação e limitavam os estoques dos comerciantes, fixando, inclusive, o lucro máximo que poderia ser auferido pelo comerciante. O controle do governo era intenso e a pena para quem transgredisse as leis era a morte.

Com as guerras travadas em 337 a 338 d.C. na região onde escoava o comércio internacional de grãos, o preço dos grãos e de produtos derivados teve uma significativa elevação. O funcionário encarregado pelo comércio de grãos, supostamente para atender o "interesse público", aconselhou os comerciantes a não mais concorrerem entre si e a praticarem preços razoáveis para a mercadoria, formando-se uma espécie de associação e inviabilizando qualquer concorrência entre seus membros.

Em Roma, a existência dos monopólios estatais, como o de sal, garantia grande parte das receitas do Estado. Tiberius, aproximadamente 30 d.C., em comunicado ao Senado introduz a palavra monopólio na língua latina. Já em 79 d.C. Plinius se refere às reclamações de cidadãos em razão dos excessos de monopólios.

O Édito de Zenão, de 483 d.C., regulamentou a política dos monopólios que vinha sendo adotada por Roma, principalmente no final do Império, com a grande concessão de monopólios de distribuição de alimentos aos particulares mediante retribuição, para aumentar os recursos do Estado. No Édito de Zenão foram também regulamentados os acordos de preço, a fim de impedir, dentre outros, o açambarcamento de mercadorias, o abuso de preços, e garantir, em linguagem atual, preços de mercado.

[10] Lagares é o plural de lagar, espécie de tanque utilizado para espremer e reduzir a líquido determinados frutos, em especial uvas e azeitonas.

[11] Outra passagem que merece destaque depreende-se de relato feito por Aristóteles acerca da estratégia comercial adotada por Tales de Mileto, conforme escreve Paula A. Forgioni: "Este filósofo, prevendo uma abundante safra de azeitonas, alugou todos os lagares das cidades de Mileto e Chio. Chegada a época da colheita, detinha, com exclusividade, os instrumentos necessários a seu processamento, podendo cobrar por sua utilização o que hoje chamaríamos de ´preço de monopólio`". in *Os Fundamentos do Antitruste*. São Paulo: Revista dos Tribunais, 1998. p. 32.

As normas reguladoras dos monopólios visavam proteger a população do que hoje se chama abuso do poder econômico. Neste sentido, o Código de Justiniano, 533 d.C., proíbe determinadas práticas de monopólio.

II.2.1.2. A Idade Média

Na Idade Média é que se encontram institutos que trazem maiores semelhanças com a concorrência em seu estágio atual. O monopólio nesse período histórico era exercido diretamente pelo Estado, ou por particulares que recebiam a concessão do Estado mediante retribuição, e acabam apresentando aspectos característicos das grandes concentrações capitalistas contemporâneas. Mas são as associações de artesãos, chamadas corporações de ofício, que oferecem diversas normas de concorrência e são os exemplos mais ricos do período.

Na Baixa Idade Média[12] se consolida a posição das cidades de Gênova e Veneza como monopolistas das especiarias e artigos de luxo do Oriente[13]. Os comerciantes dessas cidades distribuíam com exclusividade as mercadorias vindas do Oriente não só para o sul da península Itálica, como também para as demais regiões da Europa, estabelecendo *rotas comerciais terrestres*.

Dentre as rotas comerciais terrestres, duas merecem destaque, pois ligavam nessa época toda a Europa: a Rota do Norte e a Rota Mediterrânea, que tinham como ponto central o condado de Champagne.

A região de Champagne ficou marcada por ser onde as mais importantes *feiras medievais*[14] se desenvolveram, como as de Bar, Lagny, Paris, Provins, Reims e Troyes. Para estas feiras convergiam comerciantes e clientes compradores das mais diferentes regiões da Europa[15].

---

[12] Idade Média Ocidental: Alta Idade Média – do século IV ao século IX; Feudalismo – apogeu nos séculos IX, X e XI; Baixa Idade Média – do século XI ao século XV.

[13] Especiaria é a expressão que designa os produtos especiais até então desconhecidos no continente europeu, como a canela, a noz-moscada e a pimenta do reino, utilizadas como condimentos (temperos) e na conservação de alimentos. Já os artigos de luxo eram as jóias, porcelanas, perfumes, sedas e tapetes.

[14] Feiras medievais eram locais fixos de comércio, de caráter continental, para onde se dirigiam os mercadores de várias regiões da Europa, com o propósito de venderem seus produtos e realizarem o câmbio das moedas.

[15] Algumas dessas feiras medievais acabaram se transformando em povoados e aldeias que evoluíram formando cidades e que atualmente são importantes centros urbanos, tais como Paris e Londres.

Foi no contexto das feiras medievais que apareceram e se desenvolveram os elementos do *pré-capitalismo comercial*, entre eles: as primeiras moedas; os primeiros bancos; as notas promissórias; vales; cheques; letras de câmbio; companhias de navegação, transporte e frete (aluguel); e companhias por ações.

As feiras medievais atingiram o seu apogeu no séc. XII e XIII, e começaram a declinar a partir do séc. XIV. Entre os fatores que explicam o declínio das feiras medievais estão: o declínio do sistema feudal; a sedentarização do comércio; e o desenvolvimento das cidades[16].

Em meio ao renascimento do comércio, agora com o surgimento das cidades, os artesãos de interesses comuns se reúnem para proteger suas pretensões, surgindo com isso as *corporações de ofício*[17]. O surgimento espontâneo das corporações de ofício a partir da associação dos agentes econômicos se assemelha às associações atuais ou cartéis. É nesse momento que aparecem várias regras de concorrência que de algum modo inspiram os legisladores até hoje[18].

[16] Essas cidades, na medida em que foram evoluindo, organizaram a sua produção e distribuição, isto é, o comércio. Instalam-se as corporações de ofício, as guildas e as hansas ou ligas. As corporações de ofício eram associações de indivíduos que possuíam um mesmo ofício, a mesma profissão. As guildas eram associações de mercadores que tinham por objetivo facilitar o intercâmbio comercial dentro das cidades. As hansas ou ligas eram o conjunto de cidades, cujos mercadores se associaram para monopolizar o comércio de uma dada região. A mais importante foi a chamada Liga Hanseática, que congregava cerca 90 cidades, das quais se destacam Bremem, Frankfurt, Hamburgo e Lübeck.

[17] Como objetivos das corporações tem-se: evitar a concorrência, mantendo um equilíbrio entre oferta e procura; estabelecer o chamado justo preço / justo lucro, controlando o preço das mercadorias, uma vez que a Igreja proibia a prática da usura e o ideal cristão é contra a exploração do semelhante; controlar a qualidade dos produtos, estabelecendo que a qualidade é mais importante que a quantidade; dar assistência social aos integrantes das corporações, tanto é que cada corporação de ofício tinha o seu santo protetor / santo padroeiro e organizava festas para prestar auxílio aos seus companheiros; e estabelecer salários. As corporações de ofício também definiam regras de solidariedade entre seus membros, regras para evitar a concorrência desleal e sua moral encaixava-se nas determinações da Igreja.

[18] Notadamente, duas tendências normativas disciplinavam a atividade das corporações de ofício. Uma era a dos próprios estatutos das corporações de ofício, colocadas pelos próprios artesãos ou comerciantes para organizar suas atividades e, de certa forma, neutralizar a concorrência entre eles. A outra, eram os estatutos das Comunas, com o objetivo de regular a atividade das corporaçoes, impondo, inclusive, normas de conduta

Em linhas gerais, do ponto de vista concorrencial, as corporações de ofício inibiam as diferenciações entre os produtos que permitiriam a competição, tanto pela uniformização do preço, quanto pela qualidade.

As corporações de ofício estavam perfeitamente adaptadas à época que surgiram. No final da Idade Média elas entram em decadência, mas renascem na Idade Moderna, associadas aos Estados Nacionais (nações modernas). Significa que as regras e os objetivos serão impostos pelo Rei, que representa o Estado, a Nação.

A partir da Baixa Idade Média também se observou na Europa Ocidental a utilização dos transportes marítimos para fins comerciais. Inicialmente, os transportes marítimos ocupavam uma posição secundária, mas aos poucos as *rotas marítimas do comércio*[19] foram adquirindo importân-

---

obrigatórias aos seus membros, a fim de preservar o interesse do consumidor. Tanto é, que se tentava coibir abusos de preços dos comerciantes, principalmente daqueles de gêneros de primeira necessidade, pelo mecanismo das feiras de comércio. Assim, os agricultores deviam cumprir as exigências de levar suas mercadorias em determinadas praças de comércio, em horas preestabelecidas, tudo para se viabilizar a concorrência. Em Florença, por exemplo, o açambarcamento de mercadorias era proibido e os acordos monopolísticos eram punidos com multas. Na cidade que seria, ainda, o berço do Renascimento, ao fim do dia um fiscal cortava a cauda dos peixes postos à venda e não comercializados, para informar o consumidor no dia seguinte que o produto não era fresco. Por outro lado, os estatutos das corporações de ofício dispunham três grupos de normas, bastante pertinentes ao estudo da defesa da concorrência. O primeiro grupo estabelecia o monopólio da corporação. O segundo fixava as regras de conduta que deviam ser observadas pelos membros da corporação e que inviabilizavam qualquer concorrência entre eles. E o terceiro grupo de normas que estabelecia o poder de fiscalização econômica e a jurisdição da corporação sobre seus membros. Neste sentido, algumas corporações limitavam a capacidade de produção de seus membros por meio do controle do número de operários e instrumentos de trabalho e também pela quantidade de matéria-prima que poderia ser adquirida. Outras corporações estabeleciam os preços que deveriam ser praticados, incluindo-se a igualdade nas condições e prazos para o pagamento. No caso de pagamento de salários em mercadorias, o que permitiria a venda abaixo do preço acordado, ou de qualquer outro desrespeito às normas da corporação, o faltoso poderia ser suspenso ou excluído da corporação com o cancelamento de sua matrícula, bem como sua inscrição em um "livro negro" e a proibição dos demais comerciarem com ele. Percebe-se que se buscava controlar a atividade econômica. Evidentemente, o descontentamento com o desrespeito ao "consumidor" era notório, principalmente para os estudiosos. Os doutores da Igreja, destaque à Santo Tomás de Aquino, desenvolvem nessa época da história teorias sobre o "justo preço" que deveria ser praticado pelos cristãos e condena o lucro injusto e a usura (cobrança de juros por dinheiro emprestado).

[19] A partir do séc. XIV desenvolveu-se uma *rota comercial marítima* muito importante.

cia, na medida em que se verificava ser o transporte marítimo mais barato ao transporte terrestre, devido a ausência de direito de passagem[20].

É na Baixa Idade Média que tem início o *processo de centralização do poder político*, que vai dar origem à formação das Monarquias Nacionais[21]. A formação das Monarquias Nacionais constitui na progressiva centralização política nas mãos dos Reis e isto significou a aglutinação, a conquista e a compra das terras da nobreza feudal, e assim o Rei foi alargando os domínios de seu feudo e acabando por formar e delimitar as fronteiras do seu reino[22].

Em função do *renascimento comercial e urbano*, começa a se desenvolver uma camada social intermediária, a nascente *burguesia mercantil* (comercial). Neste contesto da Baixa Idade Média, os servos e vilões[23]

Ela partia de Gênova ou Veneza na península Itálica e, navegando pelos Mares Tirreno ou Adriático atingiam o Mar Mediterrâneo, alcançando Marselhe e Montpellier na França, Barcelona e Cadiz na Espanha, Lisboa e Porto em Portugal, Bordeaux no norte da França, Antuérpia na Bélgica e Amsterdã na Holanda. O fato dos mercadores pararem de quando em quando para restabelecerem suas provisões e água, no litoral dos Mares Adriático, Tirreno, Mediterrâneo e do Oceano Atlântico, faz com que estes locais acabem se transformando em aldeias, povoados, que vão evoluindo, surgindo centros comerciais, cidades portuárias de grande expressão. Nestas cidades as atividades mercantis foram se avolumando e isto contribui para que a camada burguesa se enriqueça. Esses burgueses é que mais tarde irão contribuir financeiramente com os reis absolutistas, financiando o *processo de expansão marítima e comercial* dos sécs. XV e XVI. Como objetivos da expansão marítima temos: a procura de um novo caminho para as Índias para romper o monopólio do comércio no Mar Mediterrâneo detido pelas cidades italianas; a procura de metais preciosos com o esgotamento das reservas européias de ouro e prata; a procura de novos mercados consumidores já que a Europa se recupera das crises do séc. XIV; a procura de alimentos e escravos; e a expansão do cristianismo.

[20] No contexto do Sistema Feudal existiam vários tipos de benefícios, dentre os quais o direito de passagem, pelo qual um nobre podia cobrar pedágio daqueles que passassem / transitassem por suas terras.

[21] No processo de centralização do poder político o rei se alia a nascente burguesia mercantil e dela extrai recursos para combater a nobreza e formar as Monarquias Nacionais, também denominadas Estados Modernos ou Nações Modernas ou Reinos Modernos.

[22] Na medida em que o Rei foi conquistando, comprando as terras da nobreza feudal, os nobres foram perdendo poder político, pois o que dava poder político era possuir terras. Dessa forma, o Rei aumentava o seu poder político.

[23] No contexto da sociedade feudal encontram-se os vilões, antigos habitantes das vilas romanas, antigos proprietários rurais do Baixo Império Romano. Eram considerados homens livres e embora possuíssem direitos e deveres em relação ao

da Europa Ocidental[24] que apareceram no campo se transformam em camponeses assalariados.

O Rei teve papel fundamental no processo de centralização do poder político, pois é o Rei que representa o Estado, a Nação; delimita seu território, organizando as fronteiras e estabelecendo os limites geográficos de seu reino; organiza um sistema de pesos e medidas; impõem um sistema monetário; e unifica as leis. Tudo isso contribui para facilitar o comércio e para estabelecer um *mercado nacional*, porque: o Rei apóia e é apoiado pela burguesia; concede à burguesia privilégios e *monopólios*, principalmente no comércio marítimo e colonial; recebe os impostos que a burguesia paga e com esse dinheiro pode se lançar no *processo das grandes navegações* e organizar um exército[25]; com o exército organizado o Rei oferece paz, segurança e ordem para a burguesia realizar com tranqüilidade suas transações comerciais; conseqüentemente vai desenvolver o *Regime Absolutista* e o *Sistema Mercantilista.*

II.2.2. A Concorrência a partir do surgimento do Capitalismo

II.2.2.1. A Idade Moderna

O Absolutismo Monárquico foi o regime político desenvolvido pelos Reis na Idade Moderna que concentrou todos os poderes em suas mãos. Os Reis não deviam satisfação a ninguém, somente a Deus (teoria do absolutismo do direito divino).

---

senhor feudal, a sua vida era melhor que as dos servos da gleba, pois as suas obrigações eram menores. Dentro dos feudos exerciam atividades, ofícios, tais como moleiro, sapateiro, ferreiro e marceneiro, mas aos poucos foram desaparecendo e seus descendentes transformados em servos da gleba.

[24] Em algumas regiões da Europa Oriental verificou-se que os servos e vilões foram mantidos em um regime de servidão ou escravidão.

[25] Num primeiro momento o Rei organiza um exército de mercenários, num segundo momento o exército passa a ser nacional, com artilharia e infantaria. Na medida em que o exército vai sendo organizado, a Cavalaria vai perdendo prestígio e a nobreza que já perdeu terras (poder político), vai também perder poder militar. A Cavalaria medieval representava um código de conduta entre cavaleiros, nobres europeus, com ideais cristãos e militares de bravura, piedade, honra, lealdade e sacrifício, valores empenhados pelas Cruzadas. O surgimento e apogeu da Cavalaria data dos séculos XII e XIV, com declínio a partir do século XV.

Para a burguesia, a concentração dos poderes nas mãos dos Reis era importante para a formação de um *mercado nacional*, significando o fim dos particularismos feudais. A unificação das leis, dos pesos e medidas e das moedas, favoreceu uma maior circulação de mercadorias e conseqüentemente o desenvolvimento do comércio.

Com o Regime Absolutista se tem o *Mercantilismo*, cuja política econômica desenvolvida pelos Reis na Época Moderna consistiu na *constante intervenção governamental na economia* e tinha como objetivos básicos o enriquecimento do Estado e o enriquecimento do próprio Rei.

O Mercantilismo tinha como princípios básicos: a *balança comercial favorável*, exportar mais do que importar; *protecionismo alfandegário*, taxar significativamente os produtos importados de forma que esses não venham a concorrer com os produtos nacionais; *pacto colonial*[26], o comércio externo da colônia é monopólio (exclusividade) da metrópole; e por fim, o *metalismo*[27], como objetivo central do mercantilismo que era a acumulação de metais preciosos, ou seja, a procura de metais preciosos já que uma nação seria mais rica que a outra na medida em que possuísse uma maior quantidade de metal estocado.

No Mercantilismo surge a distinção entre os *monopólios lícitos* e os *ilícitos*. Os monopólios lícitos eram aqueles desempenhados diretamente pelo Estado ou por particulares mediante concessão. Basta lembrar do monopólio da metrópole no comércio com suas colônias (pacto colonial). Assim, permitia-se que as metrópoles estocassem metais (ouro, prata) originados desse comércio monopolista, que ia do "produto" comercializado até o transporte das mercadorias (companhias privilegiadas). Para inviabilizar qualquer concorrência com a metrópole era proibida a instalação de manufaturas nas colônias para o processamento de matéria-prima.

A grande vantagem para o Rei com esse sistema consistia em que como soberano, detentor do poder de conceder monopólios e exclusividades, recebia, em contrapartida, impostos e taxas pagas pelo monopólio, o que assegurava a entrada de recursos nos cofres do reino[28]. Esta etapa do capitalismo é

[26] pacto colonial ou exclusivo colonial ou exclusivismo colonial ou exclusivismo.

[27] metalismo ou bulhonismo ou bulhionismo.

[28] Analisando Weber, verifica-se que a existência de um direito objetivo rigoroso constituiria a única forma segura de garantir uma vinculação à normas objetivas em geral, aspiradas por interesses privados econômicos e que o governante quer favorecer

chamada de *capitalismo comercial* ou fase de acumulação primitiva de capitais, cujas principais fontes eram a exploração das colônias e o tráfico negreiro.

Nesse período os grandes colonizadores da América, Portugal[29] e Espanha[30], não se preocupavam em desenvolver suas economias (manufaturas) e, por isso, acabavam utilizando o ouro e a prata que exploravam

---

e cuja lealdade quer ganhar em benefício de seus interesses fiscais e políticos. Coube aos interessados burgueses exigir um direito claro, inequívoco, livre de arbítrio administrativo irracional e de perturbações irracionais causadas por privilégios concretos. Este direito garantiria de forma segura o caráter juridicamente obrigatório de contratos e funcionaria de modo calculável. A racionalização do Direito dá-se em grande parte pela aliança entre interesses governamentais e da camada burguesa. A orientação política do capitalismo, tanto pelos interesses de monopólios quanto dos mercantilistas primitivos, mostra-se interessado na criação e conservação do poder do governante, diante das classes e também da burguesia. O governante quer a ordem, a unidade e a homogeneidade do seu Estado, e as classes burguesas aspiram segurança e a aplicação do Direito.

[29] Com a vitória de D. João, mestre de Avis, na Batalha de Aljubarrota (1383 / 1385), inicia-se uma nova dinastia em Portugal, a de Avis. Com D. João I, Portugal se destaca por ser um Estado Moderno, centralizado, em condições para iniciar a expansão marítima e comercial. Esta precoce centralização determina o predomínio português nas *grandes navegações*. A dinastia de Avis é predominantemente mercantil e com ela se tem a expansão marítima portuguesa, que começa em 1415 com a tomada de Ceuta, no norte da África. No final do séc. XVI outra crise dinástica atinge Portugal, com o desaparecimento do rei D. Sebastião na batalha de Alcácer-Quibir, norte da África (1578). Sobe ao trono seu tio, o Cardeal D. Henrique, que morre pouco depois, em 1580. Portugal passa ao domínio espanhol. É a chamada *União Ibérica* (1580 – 1640), época de Felipe II, Habsburgo. Em 1640 ocorre a chamada *Restauração*, termina o domínio espanhol e tem início a dinastia de Bragança, com D. João IV. Para livrar-se do domínio espanhol Portugal contou com o auxílio da Inglaterra e, como conseqüência, é obrigado a assinar o *Tratado de Methwen* (panos e vinhos). A balança comercial portuguesa fica deficitária e este déficit é coberto com ouro e diamante do Brasil. Como conseqüência Portugal cai sob influência econômica inglesa (o ouro do Brasil vai ajudar também a Revolução Industrial na Inglaterra em 1760)

[30] A Espanha tem origem na metade do séc. XV com o casamento de Fernão de Aragão e Isabel de Castela; inicia-se a centralização do poder. Em 1492, o navegador Cristóvão Colombo navegando por Ocidente à procura de um caminho para as Índias descobre o Continente Americano. No séc. XVI, com Felipe II, Habsburgo, tem-se o Absolutismo e a Espanha vive o seu século de apogeu, é o país mais rico da Europa. Começa a conquista e a colonização da América Espanhola e grandes remessas de ouro e prata chegam à Espanha. Desenvolve-se o mercantilismo chamado bulhonismo (metalismo). A Espanha não desenvolve sua economia e precisa comprar tudo dos países vizinhos. Assim, seu metal precioso acaba direcionado, principalmente, para França, Holanda e Inglaterra, neste contribuindo para a Revolução Industrial de 1760.

nas suas colônias americanas para comprar de outros reinos praticamente tudo que necessitavam, em especial da Inglaterra[31].

No final do séc. XVI inicia-se a contestação da legalidade da concessão dos monopólios pelos reis. Na Inglaterra, os tribunais começam a se manifestar quanto à matéria[32], tanto é, que após o julgamento de alguns casos a reação aos monopólios concedidos pelo Estado ganha maior repercussão, resultando na aprovação pelo Parlamento, em 1624, do *Statute of Monopolies*, que impedia a concessão de monopólios pelo rei. Limitava-se, também, o poder do soberano.

A Idade Moderna era a época do chamado *Antigo Regime*, das monarquias nacionais absolutistas de direito divino (política), do mercantilismo e do pacto colonial (economia), e da sociedade estamental determinada pelo nascimento das pessoas (social)[33]. O Absolutismo contou com o apoio de

[31] O ouro e a prata que vão para a Inglaterra é o capital necessário para viabilizar financeiramente a Revolução Industrial de 1760.

[32] Como relata Paula A. Forgioni, "O primeiro pronunciamento judicial completo, colocando os princípios gerais da *common law* acerca dos monopólios (e também sobre o poder real de concedê-los), foi o chamado ´caso dos monopólio`, de 1603. Para que não se façam interpretações equivocadas desse episódio, convém ressaltar que não havia, à época, a concepção de livre iniciativa ou liberdade de comércio como uma forma de atingirem-se os ideais de liberdade econômica ou eficiência. Mesmo assim, com o escopo de justificar a posição que tomavam, os julgadores apontam alguns dos efeitos danosos do monopólio para a economia e, conseqüentemente, para o bem comum". in *Os Fundamentos do Antitruste*. São Paulo: Revista dos Tribunais, 1998. p. 48.

[33] Num primeiro momento a burguesia só quer riqueza e consegue obtê-la com o Comércio Marítimo e o Comércio Colonial. Numa segunda fase quer cultura e envia seus filhos para as Universidades (Economia e Direito). Já num terceiro estágio quer prestígio e *status* e vai alcançá-los por meio da Política Casamenteira e Compra de Títulos. Por fim, numa quarta etapa quer poder político e o consegue por meio das Revoluções (Revoluções Burguesas ou Liberais ou Constitucionais). Exemplos dessas revoluções: Revolução Gloriosa, 1688, séc. XVII, na Inglaterra – *Bill of Rights*, não houve derramamento de sangue; Revolução Francesa, 1789, séc. XVIII, na França – *Liberte, Egualité, Fraternité*, Declaração dos Direitos do Homem; Revolução do Porto, 1820, séc. XIX, em Portugal – As cortes portuguesas exigem o retorno de D. João VI a Portugal; Revolução Russa, 1917, séc. XX, na Rússia – Esta foi a revolução de fevereiro / março, liderada pelo partido menchevista / menchevique, cujo grande líder foi Kerenski. Para a nobreza feudal o poder real significava sua tentativa de sobrevivência, não só em virtude dos seus atritos com a burguesia, como também uma defesa ante as crises inerentes à própria sociedade feudal do final da Idade Média, especialmente no tocante as Rebeliões Camponesas, as *Jacqueries*.

filósofos e juristas, chamados *teóricos do Absolutismo*, que defenderam o regime, dentre os quais se destacam: Maquiavel[34], Jean Bodin[35], Thomas Hobbes[36], Jaques Bossuet[37] e Hugo Grotius[38]. Já o regime de produção protecionista desse período[39] tinha como destaque Colbert[40] e Cromwell[41].

[34] Nicolau Maquiavel, italiano do séc. XVI, destaca-se pela sua obra *O Príncipe*. Sua máxima: "os fins justificam os meios"; e as idéias principais: o sonho da unificação da Itália por Lorenço de Medici; conselhos como tomar o poder e como mantê-lo; a política não estava subordinada à leis éticas, morais ou religiosas, mas sim aos interesses do Estado. É considerado um filósofo que lança as bases do Estado Moderno / Absolutista.

[35] Jean Bodin, francês do séc. XVI, destaca-se pela sua obra *A República / Os 6 Livros de A República*. Suas idéias principais: origem do Estado semelhante ao da família patriarcal, e como nela o pai tem autoridade sobre seus membros, o Rei tem autoridade sobre seus súditos; a origem do poder é divina; admite parlamentos / assembléias meramente consultivas, não podendo legislar.

[36] Thomas Hobbes, inglês do séc. XVII, destaca-se pela sua obra *Leviatã*. Suas máximas: "o homem é o lobo do próprio homem" e "o Estado é um monstro todo poderoso"; suas idéias básicas: a origem contratual do Estado; a origem do poder é civil / secular, dada pelos próprios homens; não admite rebeliões, pois elas acabam com a ordem, considerada um bem supremo; não admite parlamentos que limitem o poder do governante. Thomas Hobbes apoiou o Absolutismo dos reis Stuarts.

[37] Jaques Bossuet, francês do séc. XVII, destaca-se pela sua obra *Política: baseada nas sagradas Escrituras*. É o grande defensor da origem divina do poder, busca justificativas para suas idéias na bíblia. Jaques Bossuet viveu na época de Luiz XIV e apoiou o absolutismo real.

[38] Hugo Grotius (Crotius), holandês do séc. XVII, destaca-se pela sua obra *Do Direito da Paz e da Guerra*. Suas idéias básicas: aceita internamente o Absolutismo; externamente defende que todo país, por menor que seja, deve ter sua independência e sua soberania respeitadas; defende o chamado *mar aberto* (liberdade de comércio nos mares) em oposição ao chamado *mar fechado* (pacto colonial). Hugo Grotius é considerado o pai do Direito Internacional.

[39] Para ilustrar esse período, interessante citar *O Mercantilismo de Colbert*, segundo o qual: "Creio que facilmente concordamos com esse princípio: A grandeza e a pujança de um Estado se medem pela abundância das moedas que ele possui. Além da grande vantagem que produzirá uma maior entrada de dinheiro no país, é certo que, por meio das manufaturas, 1 milhão de pessoas que padecem no desemprego e na miséria, ganharão sua subsistência; que um número tão considerável quanto esse ganhará a vida na navegação e nos portos; que a multiplicação quase infinita dos barcos multiplicará na mesma intensidade a grandeza e o poder do Estado (...)". in *Princípios de política econômica expostos por Colbert ao Conselho de Comércio*, citados por J. Monnier: Histoire, vol. IV, p. 319.

II.2.2.2. O Iluminismo

O Iluminismo, também chamado Ilustração ou Era das Luzes, tratava-se de um conjunto de idéias políticas, econômicas, sociais, culturais, religiosas, jurídicas e educacionais, que apareceram nas obras de grandes filósofos do final do séc. XVII e principalmente do séc. XVIII, com o objetivo de criticar, modificar e acabar com o chamado Antigo Regime. Na Europa essas idéias eram defendidas pela burguesia em luta contra as classes privilegiadas (clero e nobreza) para o fim do Regime Absolutista. Nas Américas eram defendidas pela aristocracia rural contra a burguesia mercantil européia objetivando a Independência.

As idéias e *valores iluministas* defendiam: o *racionalismo*, a razão passa a ser aceita como a única fonte de conhecimento e tudo deve ser explicado por ela[42]; a *concepção mecanicista* ou *newtoniana do Universo*, segundo a qual o Universo é regido por leis naturais, fixas e imutáveis, que nem Deus, nem os homens, podem modificar[43]; o *Estado é um mal neces-*

[40] O apogeu francês data do séc. XVII e foi chamado de Colbertismo ou Colbertista em razão de Colbert, controlador geral de finanças do rei Luiz XIV. Colbert deu ênfase às manufaturas, principalmente as de luxo (seda), que eram extremamente regulamentadas, controladas e privilegiadas pelo Estado, o que lhe rendeu algumas críticas. Desenvolveu a frota mercante e a Marinha de Guerra, e as Companhias Privilegiadas de Comércio (destaque para a Cia. Francesa das Índias Orientais e a Cia. Francesa das Índias Ocidentais). Também desenvolveu o Império Colonial Francês em função dos interesses da Metrópole.

[41] O apogeu inglês data do séc. XVII e era baseado no comércio e manufatura de panos e de lãs. Seu grande nome foi Oliver Cromwell, líder da Revolução Puritana (1642/1649) e responsável pelas chamadas Leis de Navegação. As mais importantes Leis de Navegação foram as de 1651/1654 e estabeleciam que todo produto que chegasse à Inglaterra deveria ser transportado por embarcações de origem do produto ou por embarcações inglesas. Com isso, o comércio holandês foi altamente prejudicado, o que motivou as chamadas Guerras de Navegação, que culminaram com a derrota da dos holandeses e o domínio inglês nos mares (séc. XVIII). Cromwell preocupou-se também com as manufaturas de panos e de lãs, em desenvolver o Império Colonial Inglês (produzir em função do interesse da Metrópole) e em criar as Companhias de Comércio Privilegiadas (*e.g.*, Cia. Inglesa das Índias Ocidentais e Cia. Inglesa das Índias Orientais).

[42] Associar principalmente a Descartes, considerado o pai do racionalismo moderno. Seu pensamento era chamado cartesiano, e a frase "penso, logo existo" é a síntese de suas idéias. Com o racionalismo não mais se aceita, por exemplo, a existência de classes privilegiadas e defende a igualdade de todos perante a lei.

[43] Os economistas vão aceitar essas idéias e concluir que a economia também tem suas

sário, o ideal seria o homem viver em uma sociedade natural, mas como isso é impossível foi organizada uma sociedade civil, surgiu o Estado, que deve garantir ao homem seus direitos naturais, a liberdade e a felicidade que tinham na sociedade natural[44]; a *tolerância religiosa*, imposição do desenvolvimento do regime capitalista[45]; o *deísmo*, os deístas acreditam em Deus, mas Ele não interfere mais em sua criação; a *liberdade de pensamento* e a *expressão do pensamento*[46]; a *laicização da educação e da cultura*, uma educação leiga, não mais religiosa, controlada pela Igreja[47]; a *teoria do bom selvagem*, o homem é bom por natureza e a sociedade o perverte, o corrompe[48]; e *novas idéias no campo jurídico*[49]. As idéias de conjunto aparecem na chamada *Grande Enciclopédia Francesa*[50].

leis naturais, como a de "oferta e procura". Portanto, não aceitam a interferência do Estado na vida econômica; defendem o chamado *laissez-faire*, o Estado só interfere para garantir a ordem e a propriedade privada.

[44] John Locke com sua obra *Segundo Tratado do Governo Civil* é considerado o pai do liberalismo político. Montesquieu em sua obra *O Espírito das Leis* defende pela primeira vez a divisão tripartidária do poder em executivo, legislativo e judiciário, exercidos por pessoas diferentes para evitar o acúmulo de poderes nas mãos de uma pessoa só e para que um poder possa fiscalizar o outro. Jean Jacques Rousseau defende em sua obra *O Contrato Social* a chamada teoria da soberania popular, segundo a qual o poder emana do povo e em seu nome deve ser exercido. É a chamada democracia, governo da maioria. Rousseau é considerado o pai da democracia moderna, Clístenes é considerado o pai da democracia grega.

[45] Voltaire em sua obra *Cartas Inglesas* foi crítico da Igreja Católica Francesa e por isso acabou sendo expulso da França. Foi para a Inglaterra onde demonstrou admiração pela forma de governo inglês e pela tolerância religiosa. Os filósofos em sua maioria não eram ateus, acreditavam em Deus, mas criticavam a intolerância da Igreja e a ignorância do clero.

[46] Associar principalmente à Voltaire e sua frase: "Não concordo com uma única palavra do que dizes, mas defenderei até a morte vosso direito de dize-la".

[47] Em Portugal, por exemplo, na segunda metade do séc. XVIII o Marquês de Pombal persegue e expulsa os jesuítas de Portugal e suas colônias.

[48] Rousseau em sua obra *O Emílio* revoluciona as noções de educação. Já em sua obra social *Discurso Sobre Origem da Desigualdade Social* Rousseau defende a idéia de que a desigualdade social tem sua origem na existência da propriedade privada, critica na realidade a grande propriedade capitalista, defendendo os pequenos proprietários. Foi o único filósofo iluminista que criticou a propriedade. Essa crítica de Rousseau pode ser analisada à luz da concorrência como uma manifestação contrária à existência de grandes agentes econômicos ocupando o lugar de pequenos e diversos competidores.

[49] Cesare Beccaria em sua obra *Dos Delitos e Das Penas* defende o fim de torturas e

Os principais nomes do Iluminismo foram Descartes, Isaac Newton e John Locke, precursores do séc. XVII; Montesquieu, Voltaire e Rousseau, grandes filósofos políticos; Cesare Beccaria, grande jurista; Diderot e D'Alambert, dirigentes da *Grande Enciclopédia Francesa*; e os economistas fisiocratas franceses Quesnay, Gournay e Turgot, segundo os quais a fonte de riqueza era a agricultura, e os economistas clássicos ou liberais ingleses Adam Smith, Malthus e David Ricardo, que defendiam o trabalho como fonte de riqueza.

Com o Iluminismo, a atuação e intervenção estatal na economia começam a ser modificada. Em 1776, Adam Smith[51] em a *Investigação sobre a Natureza e as Causas da Riqueza das Nações*, escreve sobre a "mão invisível", expondo que o Estado não deveria intervir no mercado, pois ele se auto-regularia pelas leis da oferta e da procura.

A concorrência passa a ser encarada como a solução para os danos causados pelos monopólios, e em condição de regular os mercados e propiciar o bem-estar do consumidor, independentemente da intervenção estatal.

II.2.2.3. As Revoluções Liberais

No final da História Moderna ocorrem as chamadas *Revoluções Liberais* ou Constitucionais ou Burguesas, que pretendem acabar com o

julgamentos secretos, o fim da pena de morte, a igualdade na aplicação das leis independentemente da posição social da pessoa, apenas o culpado deve pagar por suas faltas isentando sua família e a irretroatividade das leis. Algumas de suas idéias serão utilizadas por déspotas esclarecidos como José II, rei da Áustria, Frederico II, rei da Prússia, e Catarina II, czarina da Rússia

[50] Trata-se de uma obra burguesa, dirigida por Diderot e D'Alambert, feita pela e para a burguesia.

[51] Adam Smith (1723-1790) serviu de base para o pensamento liberal, definindo um programa econômico inglês durante o séc. XIX. Entendia Adam Smith que a produtividade advinda do trabalho significava a riqueza verdadeira de um país. O mercantilismo, pelo qual determinava-se a riqueza em razão da concentração de metais em uma nação, foi bastante combatido por Smith, que ao mesmo tempo se contrapunha aos fisiocratas que valorizavam a agricultura. Para ele deveria ser praticada a política livre-cambista. Com isso, a ação do trabalho se destinaria às nações que possuíssem condições naturais favoráveis, como solo e clima. Em contraposição aos privilégios monopolistas defendeu a total liberdade de iniciativa. Lembrar ainda, nesse contexto, da "mão invisível", que permitia que a luta por interesses individuais resultasse em benefícios a todos.

chamado Antigo Regime[52]. Os objetivos dessas revoluções eram: *politicamente*, monarquias constitucionais que caminhassem para parlamentos; *economicamente*, liberalismo econômico ou política do *laissez-faire*, total liberdade econômica e a conseqüente luta das Colônias pela independência; *socialmente*, sociedade capitalista com grande mobilidade social, determinando a posição das pessoas pela posse de dinheiro.[53]

As Revoluções desse período (Liberais na Europa[54] e Movimentos de Independência nas Américas) receberam influência das idéias do Iluminismo.

No Reino Unido, a Revolução Gloriosa (1688/1689) significou a vitória do Parlamento (legislativo) sobre o absolutismo real (executivo). Com ela a burguesia está com o poder político[55] e o utiliza conforme seus

---

[52] No final do séc. XVII a França atinge o apogeu de seu absolutismo; na mesma época ocorria na Inglaterra o fim do absolutismo com a chamada Revolução Gloriosa. Assim, no séc. XVIII a França caminhará para uma Revolução Política, a Revolução Francesa (1789), enquanto a Inglaterra para uma Revolução Econômica, a Revolução Industrial (1760).

[53] Na Inglaterra do séc. XVII o rei Jaime VI, da Escócia, família Stuart, herda o trono inglês e passa a ser o rei Jaime I da Inglaterra. Tem-se, então, a chamada Grã-Bretanha, integrada por Inglaterra, País de Gales e Escócia (o conjunto dos países da Grã-Bretanha e a Irlanda do Norte constituem o Reino Unido). No reinado de Carlos I, também absolutista, ocorre um choque entre o Rei e o Parlamento, culminando com a Revolução Puritana (1642/1649), cujo líder era Oliver Cromwell. Com a derrota do rei e sua decapitação, Cromwell proclama a República, a Crommonwealth (1649/1659). Cromwell dissolve o parlamento e estabelece a ditadura. Esse período que dura até a morte de Cromwell foi chamado Protetorado, visto que Oliver Cromwell tinha o título de Lorde Protetor. A Restauração dos Stuarts se dá com Carlos II, mas pouco depois, no reinado de Jaime II, também absolutista, estoura a Revolução Gloriosa (1688/1689) e com ela o fim do absolutismo do direito divino. É uma Revolução Burguesa, começa a Monarquia Constitucionalista (Parlamentar).

[54] Em 1830 e 1848 a Europa Continental foi abalada por uma série de revoluções de caráter liberal ou nacionalista, que procuram realizar unificações, caso da Itália e da Alemanha. Outras tinham caráter republicano e algumas de caráter socialista. Mesmo não tendo influenciado as Revoluções de 1848, cumpre lembrar que nesse mesmo ano Marx e Engels publicam o *Manifesto Comunista*: "proletariado do mundo inteiro, uni-vos", internacionais proletárias.

[55] O Parlamento convida os holandeses Guilherme de Orange e sua mulher Maria Stwart para serem os novos monarcas da Inglaterra. A condição era que teriam que jurar um documento liberal chamado *Bill of Rights* (Declaração dos Direitos). O *Bill of Rights* influenciará outros documentos liberais, por exemplo, a Declaração de Independência dos Estados Unidos da América – 1776 e a Declaração dos Direitos do Homem e do Cidadão (França) – 1789. Guilherme de Orange e Maria Stwart aceitam e se tornam os primeiros monarcas constitucionais ingleses.

interesses econômicos[56]. A Revolução Gloriosa influencia outras Revoluções Liberais, como a Americana (Guerra de Independência dos Estados Unidos da América – 1776), e a Francesa (1789). Do ponto de vista jurídico-filosófico, ela foi justificada por John Locke[57].

No continente americano ocorreu a Guerra de Independência dos Estados Unidos da América, que teve como causas externas: as idéias liberais defendidas pelos filósofos iluministas[58]; a nova política inglesa de colonização que após 1763 aplica as leis mercantilistas já existentes e estabelece novas leis restritivas em relação as suas 13 colônias[59-60]. Como causas

[56] Funda, por exemplo, no final do séc. XVII o Banco de Londres, que se tornou a maior instituição financeira da Europa.

[57] John Locke, inglês que se destaca com a obra *Segundo Tratado do Governo Civil*. Locke é considerado o pai do liberalismo político. Suas principais idéias são: a origem civil do poder; o Estado é um mal necessário e deve ter seus poderes limitados por uma Constituição, que deve garantir os chamados Direitos Naturais do Homem, tais como o direito a vida, a liberdade, igualdade perante a lei e de propriedade privada.

[58] Essas idéias eram difundidas na Europa pela imprensa e pela maçonaria.

[59] Esta nova política é conseqüência da Guerra dos Sete Anos, que teve início na América com choques entre colônias inglesas e francesas por causa de terras. Levada à Europa a guerra foi travada entre Inglaterra e França. A vitória foi inglesa e culminou com a assinatura do Tratado de Paris, pelo qual o Canadá passava para o domínio inglês, a Inglaterra ganharia terras que ficavam a oeste das 13 colônias e também ganharia feitorias francesas na Índia (base para a futura colonização inglesa). A Inglaterra gastou muito com a Guerra e pretendia estabilizar sua situação financeira com os impostos a serem pagos pelas colônias.

[60] Dentre as leis restritivas estabelecidas pela Inglaterra tem-se a Lei do Selo, a Lei do Melaço e a Lei do Chá. A resposta colonial será o boicote ao comércio inglês. Os comerciantes ingleses prejudicados, acabam pressionando o Parlamento e este revoga a maioria das leis. Os colonos também argumentam que esses impostos são ilegais porque foram votados pelo Parlamento, onde eles não tinham representação. Os choques irão começar em 1774, quando ocorre um incidente chamado *The Boston Tea Party*, quando os colonos jogam carregamentos de chá ao mar. A resposta inglesa é a declaração das chamadas Leis Intoleráveis: o porto de Boston é interditado até o pagamento dos prejuízos; o governador de Massachussetts passaria a ter poderes extraordinários; as reuniões seriam proibidas; tropas inglesas iriam para Massachussetts e seriam alojadas e pagas pelos colonos. A resposta colonial foi a reunião do Primeiro Congresso Continental da Filadélfia, o qual possuía representantes de 12 colônias, não tinha caráter separatista e pede a revogação das Leis Intoleráveis, em nome dos direitos dos colonos. A Inglaterra não cede e têm início os conflitos armados entre colonos e ingleses. Como conseqüência, reúne-se o Segundo Congresso Continental da Filadélfia, o qual possuía representantes

internas tem-se: a grande aceitação pelos colonos das idéias iluministas; os colonos tomaram consciência de sua força ao vencerem a Guerra dos 7 anos; a não aceitação da nova política colonial inglesa após 1763[61]. A Declaração de Independência foi publicada em 04 de julho de 1776[62-63].

Importante destacar que nos Estados Unidos da América foi onde frutificaram, em primeiro lugar, as idéias do Iluminismo, e onde foi dado o primeiro golpe no colonialismo Europeu nas Américas, rompendo o pacto colonial. A Independência Norte-americana inicia as chamadas *Era das Re-*

das 13 colônias e era separatista; George Washington é nomeado chefe das tropas coloniais e Thomas Jefferson é o encarregado de presidir uma comissão para redigir a Declaração de Independência (1776), que deveria conter uma declaração de direitos.

[61] Os colonos de um modo geral querem o fim do pacto colonial, a liberdade de comércio. Além disso, os colonos do sul querem terras a oeste para a agricultura, terras que anteriormente eram doadas e agora são vendidas. A Inglaterra também começa a controlar o lucrativo comércio de pele com os índios, feito anteriormente pelos colonos.

[62] Os principais nomes da Independência dos Estados Unidos da América foram: George Washington – comandante do exército colonial e futuro primeiro presidente; Benjamin Franklin (inventor do pára-raio) – destaque à sua atuação diplomática à procura de auxílio na Europa para os colonos, obtendo êxito junto à Espanha e principalmente à França, que envia corpos de tropas comandados pelo Marquês de Lafayette, auxílio vital para os colonos; Thomas Paine – inglês, idealista e revolucionário. Escreve panfletos, destaque ao *Common Sense*. Posteriormente participará da Revolução Francesa; Thomas Jefferson (inventor da lâmpada) – comandou a comissão que redigiu a Declaração de Independência, publicada em 04 de julho de 1776. Entre seus objetivos estava obter ajuda externa. Baseada no *Bill of Rights* da Inglaterra e nos ideais liberais de John Locke. Traz como novidade o direito natural do homem de buscar a felicidade.

[63] Após várias batalhas entre colonos e ingleses, em 1781 os colonos vencem a Batalha de York Town. A Inglaterra reconhece sua derrota e negocia a independência dos Estados Unidos da América, reconhecida oficialmente dois anos mais tarde (1783) pelo Tratado de Versalhes. De 1783 a 1787 os Estados Unidos da América foram uma República Confederativa. O sistema não deu certo e em 1787 foi adotada uma República Federativa. A Constituição foi elaborada e George Washington eleito o primeiro presidente. A Independência das 13 colônias não significou muito para a Inglaterra, já que a maioria das colônias era de povoamento e não completava a economia metropolitana, e as colônias do sul continuavam a fornecer-lhe algodão e consumir-lhe artigos manufaturados. Muitos historiadores consideram que a verdadeira Guerra de Independência Norte-Americana foi a Guerra de Secessão (1861/1865), quando os estados do sul passaram a viver em função do norte e não mais da Inglaterra. Com o término desta guerra teremos um grande arranque industrial norte-americano.

voluções Atlânticas. Influenciará os movimentos liberais na Europa (Revolução Francesa) e nas Américas (movimentos em prol da Independência)[64].

Enquanto alguns países, influenciados pelas idéias do iluminismo, realizavam Revoluções Burguesas, outros países, via de regra economicamente mais atrasados, adotavam principalmente na segunda metade do séc. XVIII o *Despotismo Esclarecido*[65].

O Despotismo Esclarecido ocorreu em alguns países europeus e significou que reis ou ministros procurariam realizar reformas visando centralizar o poder e modernizar seus reinos. No campo econômico desenvolvem uma política econômica mercantilista. Geralmente realizam reformas econômicas, religiosas, educacionais e jurídicas, sem deixar de serem absolutistas. Pode-se definir o Despotismo Esclarecido como reformas do Estado pelo Estado ou reformas de cima para baixo, para evitar que elas ocorressem de baixo para cima.

Os países que estiveram submetidos ao Despotismo Esclarecido foram Áustria[66], família dos Habsburgos; Prússia[67], família Hokenzollern; Rússia[68], família Romanoff; Espanha[69], família Bourbons; e Portugal[70], família Bragança.

[64] No Brasil, influenciou a Inconfidência Mineira (1789) e a Inconfidência Baiana/Revolta dos Humildes/Revolta dos Alfaiates (1798).

[65] Voltaire foi o filósofo iluminista que apoiou o Despotismo Esclarecido, ele aceitava um governo forte sendo ele esclarecido.

[66] Europa Central, não participava da expansão marítima comercial, burguesia fraca e pequena, nobreza e clero muito fortes, grande número de servos da gleba. A Igreja Católica é muito forte.

[67] Norte da Europa, não participa da expansão marítima comercial, burguesia fraca e pequena. A nobreza, chamada *jünker*, é forte e o clero também. É um país basicamente agrícola (Europa Verde), grande número de servos da gleba.

[68] Europa Oriental e Ásia (Europa Verde) não participam da expansão marítima comercial, burguesia muito pequena e fraca. A nobreza, chamada *boiardos*, é muito forte, como o clero grego ortodoxo (Igreja Ortodoxa), grande número de servos da gleba. É um país enorme que desenvolveu uma política de expansão territorial e com uma população muito heterogênea.

[69] Muito parecido com o que será visto, a seguir, em Portugal, só que estará sob a dependência econômica da França.

[70] Europa Atlântica, foi o primeiro na expansão marítima comercial e forma um grande Império Colonial nos séculos XV e XVI. Sua burguesia era relativamente fraca e pequena, a nobreza com características feudais era muito forte, o clero também forte,

Contudo, a maioria das reformas propostas pelos déspotas não apresentou resultados práticos e seus países continuaram, de modo geral, economicamente atrasados[71]. Num pequeno espaço de tempo estouram as Revoluções Liberais em diversos países da Europa.

Muitas das *Revoluções Liberais de 1830* tinham caráter nacionalista e visavam à independência, como a da Bélgica, da Polônia e da Itália. Na França ocorreram os melhores movimentos liberais e na Inglaterra, onde não se teve revolução, reivindicações eleitorais satisfizeram a burguesia, mas não o proletariado, o que ensejou o Movimento Cartista ou Cartismo, que fazia suas reivindicações apresentando um documento chamado Carta do Povo.

Poucos anos mais tarde ocorrem as *Revoluções de 1848*, também chamadas *primavera dos povos*. Algumas eram de caráter liberal e nacionalista como na Áustria, na Hungria, na Prússia e na Itália; algumas de caráter republicano como na França, mas a grande novidade é o surgimento do *socialismo utópico* e *marxista*[72].

---

destaque aos jesuítas que formavam um "Estado dentro do Estado" (detinham o monopólio da educação e da cultura). A Inquisição, subordinada ao Estado, era forte. No final do séc. XVI Portugal cai sob o domínio espanhol (União Ibérica, 1580/1640) e em seguida cai sob a influência econômica inglesa (*e.g.* Tratado de Methwen, 1703). Destaque ao Marquês de Pombal, primeiro ministro do Déspota José I, 1750/1777.

[71] Deve-se ressaltar que o Despotismo Esclarecido não ocorreu na Inglaterra, já é uma monarquia constitucional que por conta da Revolução Gloriosa submeteu o Rei ao Parlamento e esta fazendo nesta época (séc. XVIII) sua Revolução Industrial, e na França, onde as classes privilegiadas impedem qualquer reforma, ocorreu a Revolução Francesa.

[72] Acerca de Karl Marx, interessante registrar que com o surgimento do capitalismo é que ocorreria o aparecimento do Estado. Assim, Marx entende que o Estado só surge por causa do capitalismo. De um lado existiria uma super estrutura (Estado / Direito / Valores), e de outro uma infra-estrutura (Relações de Produção - Capitalismo), uma se inter-relacionando com a outra e justificando-a. O Direito estaria diretamente ligado à relação social. O Capitalismo teria o Direito como um garantidor da propriedade privada e da liberdade dos negócios, o que se tornou marcante no século XIX. Seria então a fase de conquista do capitalismo o fortalecimento do Direito. Posteriormente, o Estado do bem-estar social ganha força (*wellfare state*), o direito social começa a ser considerado, seguido pelo direito dos consumidores e o surgimento das agências reguladoras, o que se verifica no caráter intervencionista de importantes cartas constitucionais do século XX.

II.2.2.4. A Revolução Francesa: Ruptura Social

Em 14 de julho de 1789 ocorreu a grande revolução que definitivamente estabelece a quebra de um modelo social até então tolerado, que garantia os privilégios da nobreza, e deixava em segundo plano a classe burguesa, que financiava os descobrimentos e a manutenção dos reis na liderança dos Estados. A *Revolução Francesa*, que se inicia simbolicamente com a queda da Bastilha, prisão francesa e símbolo do Antigo Regime e suas arbitrariedades, foi uma revolução feita pela e para a burguesia francesa[73], que utilizou o povo[74], classe desprivilegiada, como instrumento revolucionário.

O objetivo da burguesia era acabar com o Antigo Regime, ela quer o liberalismo político e econômico, a igualdade perante a lei e acabar com os privilégios de nascimento que estabelece vantagens econômicas.

A 1ª Etapa[75] da Revolução foi de 1789 a 1792, liderada pela alta burguesia. Os interesses predominantes são os identificados com o partido girondino, moderado, adepto das idéias de Montesquieu, da Monarquia Constitucional e do voto censitário. Os principais representantes foram Thomas Paine, Marques de Lafayette e Condorcet. Esta fase já era suficiente para a burguesia que teve seus anseios alcançados.

---

[73] A burguesia fazia parte do 3º Estado. Na França a assembléia composta por representantes da nação era chamada Estados-Gerais. A composição dos Estados-Gerais era: 1º Estado, Clero; 2º Estado, Nobreza; e o 3º Estado, "Resto" (burguesia, artesãos, operários, camponeses, ou seja, muito heterogêneo). Os Estados-Gerais eram convocados pelos reis, e possuíam um caráter absolutista. Porém, um rei absolutista não tem o costume de convocar os Estados-Gerais. Na França em 1614 o rei Luiz XIII havia convocado pela última vez os Estados Gerais, que só serão convocados novamente em 1788 pelo rei Luiz XVI para se reunirem em maio de 1789, em sua tentativa desesperada de evitar a Revolução. Em janeiro de 1789 o 3º Estado reivindica o voto por cabeça e o dobramento do 3º Estado, visto que o 1º e o 2º Estados tinham 300 representantes cada, com direito a 1 voto por Estado, enquanto o 3º Estado tinha 300 representantes com direito também a 1 voto. O resultado das votações sempre era 2 a 1. O 3º Estado não obteve êxito; inicia a Revolução e os Estados-Gerais se transformam em uma Assembléia Nacional Constituinte para redigir uma Constituição para a França.

[74] O povo era os artesãos, operários e, como eram chamados os habitantes de Paris, *sans-culottes*. O povo é que realizará as "jornadas revolucionárias", que matará, morrerá e não vai obter praticamente nada com a Revolução, principalmente em sua 1ª fase.

[75] A 1ª Etapa é dividida em duas fases. De 1789 a 1791, Assembléia Nacional Constituinte; e de 1791 a 1792, Monarquia Constitucional.

Em 26 de agosto de 1789 ocorre a *Declaração dos Direitos do Homem e do Cidadão*, de inspiração iluminista, defensora do direito à liberdade, à igualdade perante a lei, à propriedade e tolerância religiosa e de resistir quanto à opressão.

Para a concorrência, merecem destaque: o *Decreto de Allarde*, de março de 1791, que objetivava estabelecer a todos os cidadãos a liberdade de comércio e indústria, sem a necessidade de ligação com alguma corporação de ofício; e a *Lei Chapelier*, de junho de 1791, que acaba por proibir as associações profissionais (corporações de ofício), garantindo a liberdade de comércio necessária para a nova ordem pregada pelos interesses da burguesia com a Revolução Industrial e dos pensamentos liberais da época.

O período de 1792 a 1795 marca a 2ª Etapa[76] da Revolução, chamada Convenção Nacional e liderada pela pequena burguesia e camadas populares. Predomina os interesses identificados com o partido jacobino, radical, adepto das idéias de Rousseau, da República e do voto universal. Morat, Danton, Camille Desmoullins, Robespierre e Saint Just foram seus principais representantes.

Dentre as realizações ocorridas nessa etapa pode-se citar o culto a razão, o calendário Republicano, a *Lei de Tabelamento de Preços* (Lei do Máximo), fim dos vestígios feudais, fim das prisões por dívidas, tolerância religiosa, fim da escravidão nas colônias, adoção do sistema métrico decimal e voto universal.

Já a 3ª Etapa, chamada Diretoria, foi de 1795 a 1799. Inicia-se com a reação termidoriana, quando a alta burguesia retoma o controle da Revolução e a finaliza com o 18 Brumário, ou seja, 9 de novembro de 1799, golpe de Estado de Napoleão Bonaparte, dando início ao período napoleônico.

Napoleão significou interna e externamente a consolidação dos ideais burgueses da Revolução[77]. O período napoleônico, compreendido de

[76] A 2ª Etapa está divida de 1792 a 1794, Convenção Nacional; e de 1794 a 1795, Fase do Terror.

[77] Hegel, grande pensador da Alemanha da passagem do mundo moderno para o contemporâneo, concluiu que o Estado é a razão, sendo todo o direito estatal um direito justo. Esse entendimento de Hegel, antecessor de Marx, influenciou Kelsen no século XX. Ao contrário de Kant, para quem o justo estava dentro de cada indivíduo, que sabe o que é justo, e assim, o homem vivendo bem não precisaria do Estado, Hegel defende o Estado, forte, o que também contribuiu para a base do nazismo e do fascismo.

1800 a 1815, significou um avanço nas idéias liberais. Além de chocar-se com os interesses da burguesia comercial e industrial inglesa, que sentem sua hegemonia ameaçada, Napoleão também se choca com os países absolutistas que temem a expansão das idéias liberais.[78]

A queda definitiva de Napoleão se dá em 1815 na *Batalha de Waterloo*, travada na Bélgica, onde é derrotado pelo inglês, duque de Wellington e pelo prussiano Blücher. A derrota de Napoleão significou a vitória das forças conservadoras e a derrota das forças liberais. Os vencedores de Napoleão reuniram-se no *Congresso de Viena*[79] para reformular o mapa

---

Para Hegel os conflitos se resolvem transformando-se: história = tese x anti-tese = síntese. Daí entender a história como sendo de momentos, não existindo o direito natural, por exemplo. Marx, formado em Direito, embora não tenha se dedicado ao tema, doutor em Economia e com visão bastante abrangente, escreve no final de sua vida "O Capital". Estudando Marx, percebe-se que ele trouxe a visão hegeliana da dialética, visão dual: tese / anti-tese, contraposição do mundo. Para Marx, que também é dialético, a sociedade se baseia no conflito, e o Direito é a legitimação dos conflitos. *Hegel entendia que a história era movida por idéias, pelo conhecimento, daí o que saiu vitorioso na Revolução Burguesa teria sido as idéias burguesas.* Marx em sua concepção assinalava que as relações sociais é que moviam a história (materialismo histórico). Popper, um combatente dos pensamentos marxista, dizia que a pessoa lança a idéia, e a história é que iria defini-la. Contudo, na dialética de Marx supera-se um conflito para iniciar outro, e como filósofo expoente do conflito, então oposto a Kant, deve-se citar Vicco. E é nas relações de produção, que é a base da sociedade e que determina sua estrutura, que se encontra toda a forma social.

[78] Internamente Napoleão estabeleceu o *Código Napoleônico* e o *Código Civil*, transformando em leis várias conquistas da Revolução, como a *liberdade econômica*, o direito de propriedade e a tolerância religiosa. Estabeleceu também o *Código Comercial*. Externamente envolveu a França em diversas guerras, com destaque ao *Bloqueio Continental*, estabelecido em 1806 quando Napoleão invade o Santo Império Romano Germânico e pelo Decreto de Berlim determina que os países ocupados, aliados ou neutros estão proibidos de comercializar com a Inglaterra. Em 1807 Napoleão derrota a Rússia e pelo Tratado de *Tilsit* ela adere ao Bloqueio. O Bloqueio Continental, que guarda relação com o Direito da Concorrência, foi um bloqueio econômico que pretendia promover uma crise econômica-social na Inglaterra e, assim, enfraquecê-la para que Napoleão a ocupasse. Mas o resultado não foi alcançado, principalmente pelo fato da França não oferecer condições para suprir a demanda pelas manufaturas inglesas.

[79] O Congresso de Viena (1814 – 1815) tinha dois princípios básicos. Um era o da *legitimidade*, criado pelo representante francês Talleyrand, dispunha que os países europeus deveriam voltar aos seus limites anteriores à Revolução Francesa e as dinastias reinantes antes de Napoleão deveriam ser restauradas em seus respectivos tronos (na verdade, o objetivo francês era evitar que a França perdesse territórios com a derrota

político da Europa que havia sido alterado pelas campanhas napoleônicas. Foi um período de reação conservadora liderada pelo clero e a nobreza.

Importante destacar que as determinações do *Congresso de Viena* não perduraram muito, ensejando Revoluções Liberais em diversos países da Europa, conforme verificado no item anterior.

II.2.2.5. A Revolução Industrial: Ruptura Econômica

A Inglaterra possuía muitos capitais originados da Revolução Comercial; possuía mercado fornecedor e consumidor, pois tinha um grande Império Colonial que foi ampliado após 1763 com o término da Guerra dos Sete Anos, recebendo da França a Índia e o Canadá; possuía o melhor sistema bancário da Europa (Banco de Londres); possuía um excelente sistema de arrecadação de impostos; e possuía um subsolo rico em carvão e ferro.

No campo social a burguesia inglesa já está com o poder político nas mãos desde a Revolução Gloriosa e vai utilizá-lo de acordo com os seus interesses econômicos, além de dispor de numerosa mão-de-obra graças aos cercados/cercamentos. No campo político a monarquia parlamentar dá ao país estabilidade política, não há mais revoluções. No campo religioso o puritanismo criou hábitos de trabalho, poupança e moderação, e a tolerância religiosa faz com que os perseguidos religiosos da Europa busquem refúgio na Inglaterra.

Com todos esses requisitos e condições, os capitais obtidos na Revolução Comercial, principalmente com a exploração comercial e o tráfico negreiro, serão aplicados na fase de produção de mercadorias; começa na Inglaterra a *Revolução Industrial*, em 1760.

A Primeira Fase ou a *Primeira Revolução Industrial* vai de 1760 à aproximadamente 1860, estando restrita basicamente à Inglaterra. O primeiro setor mecanizado foi o têxtil[80], e ocorre a substituição da ferramenta pela

de Napoleão, e foi conseguido). O outro era o da *intervenção*, criado pelo representante austríaco Metternich, segundo o qual haveria intervenções armadas nos países onde houvesse revoluções liberais e que deveriam ser abafadas em defesa do Antigo Regime (*status quo* antes da Revolução Francesa). A responsável para realizar essas intervenções é a *Santa Aliança*, instrumento de atuação político e militar utilizado para impor as decisões do Congresso de Viena; considerada o braço armado do Congresso de Viena promove o chamado *terror branco*.

[80] O algodão tem mercado consumidor, principalmente nas colônias, e tem mercado fornecedor, sul dos EUA, Maranhão (Brasil) e no séc. XIX a Índia. A indústria do algodão é nova e não sofre restrições do regime corporativo ou mercantilista.

máquina e como conseqüência o desenvolvimento do *sistema fabril*. Importância deve ser atribuída ao binômio carvão e ferro, e o desenvolvimento da metalurgia e da siderurgia. Utiliza-se o vapor como fonte de energia[81].

A Segunda Fase ou *Segunda Revolução Industrial* inicia-se a partir de 1860, atingindo no continente europeu Bélgica, França, norte da Itália, Alemanha e Rússia. Fora da Europa a Segunda Revolução Industrial atinge dois países: os Estados Unidos da América (EUA), após 1865 com o término da Guerra de Secessão[82], e o Japão após 1868[83], o grande Imperialista do Oriente[84]. A energia elétrica[85] e o petróleo despontam como novas fontes de energia. Aparece o aço (processo Bessemer) e o motor de explosão. Ocorrem grandes revoluções nos meios de comunicação[86], nos meios de transporte[87], na agricultura[88] e na pecuária[89].

Na Segunda Revolução Industrial a partir do *capitalismo industrial* desenvolve-se o *capitalismo financeiro*, ou seja, a aliança do capital industrial com o bancário, visto que os industriais necessitam de capital

---

[81] James Watt inventou a máquina a vapor.

[82] O fim da Guerra de Secessão é considerado por muitos historiadores a "verdadeira" independência norte-americana.

[83] Após 1868, ocorre no Japão a Revolução Meije ou Era das Luzes, e o Japão inicia seu processo de modernização; termina o Shogunato, fase do Japão feudal, e começa o Mikado, Japão moderno. O Japão se tornará o grande imperialista do extremo oriente.

[84] Ao comentar a passagem do Japão agrícola para se tornar a grande potência do Oriente, escreve Alvin Toffler: "... No Japão, a Restauração Meiji, começando em 1868, repetiu em termos inequivocamente japoneses a mesma luta entre passado agrícola e futuro industrial. A abolição do feudalismo, em 1876, a rebelião do clã Satsuma, em 1877, a adoção de uma constituição estilo ocidental, em 1889, foram reflexos da colisão da Primeira e Segunda Onda no Japão – passos na estrada para o surgimento de uma potência industrial de primeira grandeza". in *A Terceira Onda*. São Paulo: Record, 6ª ed., 1986. p. 37.

[85] Associar à invenção do dínamo por Foraday, que transforma a energia mecânica em elétrica.

[86] Telefone (Grahan Bell), telégrafo com fio (Samuel Morse), telégrafo sem fio e rádio (Marconi), e no final do séc. XIX o cinema (Lumière).

[87] Locomotiva à vapor (G. Stenphenson), barco à vapor (R. Fulton), automóvel e derivados (Henry Ford), e avião (Santos Dumont).

[88] É a mecanização, tem-se a invenção da máquina de descaroçar algodão (Eli Whitney) e o uso de adubo químico.

[89] Estudos de genética e aperfeiçoamento de rebanhos.

para contratar operários, construir grandes fábricas, possuir estoques de matérias-primas, máquinas e uma adequada administração. Desenvolve-se também uma nova política econômica, a política do *laissez-faire* ou liberalismo econômico, que não aceita mais a intervenção do Estado na vida econômica. Contudo, o resultado dessa liberalização foi o surgimento de grandes sociedades anônimas, grandes conglomerados de empresas (*holdings*) e acordos internacionais para dividir mercados e limitar a concorrência (cartéis), superando a fase do *capitalismo liberal e concorrencial*.[90] O chamado *imperialismo* ou neo-colonialismo é acirrado, principalmente na segunda metade do séc. XIX[91]. Surge o proletariado e novas doutrinas sociais, como o socialismo[92], o anarquismo[93] e o sindicalismo[94].

Para a análise do Direito da Concorrência, interessante verificar que nesse período inicia-se nos EUA um processo de fomento comercial, com a produção em massa, a duplicação dos quilômetros de estradas de ferro, o aparecimento de monopólios e oligopólios decorrentes muitas vezes de integrações verticais, a urbanização da população e a oferta de mão-de-obra.

A economia em franca expansão faz com que a concorrência tome cunhos predatórios entre as empresas, como a disputa das estradas de ferro pela clientela. Os empresários de diversos setores logo perceberam que a concorrência não era benéfica para eles, razão pela qual optavam por firmar acordos de atuação no mercado e assim neutralizar a concorrência; adotavam a cartelização. Porém, a prática cartelizadora não garantia aos membros do cartel que os acordos estabelecidos entre eles seriam respeitados por todos os integrantes, diferentemente do que ocorria com as corporações de ofício na Idade Média.

---

fornecedor, sul dos EUA, Maranhão (Brasil) e no séc. XIX a Índia. A indústria do algodão é nova e não sofre restrições do regime corporativo ou mercantilista.

[90] Nos EUA, por exemplo, aparecem os trustes, na Alemanha os cartéis e no Japão as zaibatsu.

[91] Ocorre a primeira corrida por colônias na África e na Ásia; esta partilha afro-asiática será uma das causas da 1ª Grande Guerra Mundial.

[92] Socialismo Utópico – Charles Marie Fourlier, Lois Blanc, Saint Simon, Proudhom, Robert Owen; Socialismo Científico ou Marxismo – Marx e Engels; Socialismo Cristão – representado pela Igreja Católica por meio da Encíclica *Rerum Novarum* (1891) do Papa Leão XIII.

[93] Bakunin, Kropotkin e Tostoi.

[94] George Sorel.

Passa-se, então, a utilizar um tradicional instituto anglo-saxão, o *trust*. Pelo *trust*, o industrial transferia o poder derivado de suas ações a um *trustee*, em troca de um *trust certificate*. Os agentes econômicos que atuavam num mesmo mercado tinham uma administração centralizada, evitando com isso a concorrência e garantindo o lucro de suas atividades. O primeiro e mais famoso de todos os trustes foi o *Standard Oil*, de 1882, administrado por Rockfeller, que assegurou o controle da indústria americana do petróleo por muitos anos.

O que ocorreu nos Estados Unidos da América foi a diminuição do número de empresas concorrentes e a reunião do poder econômico em poucos agentes econômicos; era um típico momento de concentração.

Não demorou muito e a população, dentre os quais consumidores, agricultores, trabalhadores e pequenos empresários, bem como a imprensa, principalmente a partir de 1880, contesta a concentração do poder econômico, os preços de monopólio, a sujeição de diversos agentes do mercado ao poder econômico e as práticas comerciais consideradas imorais para eliminar a concorrência. Assim, a liberdade de atuação no mercado pregada pelo Liberalismo começa a ser contestada nos EUA no final do século XIX.

Enquanto a contestação ao modelo concentracionista ganhava força, empresários e economistas defendiam que a concorrência consistia em fator regulador do mercado, garantidora do incremento da produção e da expansão da indústria. A evolução natural conduziria a substituição da concorrência entre as empresas pela colaboração, quando só os agentes mais fortes resistiriam. Assim, interpretando Adam Smith e Charles Darwin no modelo liberal, aplicar-se-ia no campo da Economia e do Direito a *seleção natural* aos derrotados pelos mais fortes na concorrência.

A bandeira do antitruste, também face ao seu grande apelo popular da época, faz com que os candidatos à presidente dos Estados Unidos da América nas eleições de 1888 defendessem a criação de uma lei que fosse capaz de controlar o poder econômico. O Senador John Sherman apresentou nesse mesmo ano um projeto de lei acerca dessa matéria que foi discutido pelo Congresso norte-americano.

É então promulgado em 1890 o *Sherman Act*[95], considerado o

[95] O *Sherman Act* foi promulgado numa época (final do séc. XIX) em que os direitos sociais despontavam no mundo como algo necessariamente a ser protegido pelo Estado. Sua preocupação com a proteção dos consumidores contra os malefícios de monopólios e cartéis e, portanto, o aparecimento de um Direito da Concorrência, tem origem

marco legal do antitruste[96]. Nesse contexto é promulgado em 1914[97], também nos EUA, o *Clayton Act* que vem complementar a lei Sherman e inspirar diversas legislações de defesa da concorrência até hoje[98].

---

relacionada às questões de trabalho. Conforme ensina Evaristo de Moraes Filho, "o Direito do Trabalho é um produto típico do século XIX. Somente nesse século surgiram as condições sociais que tornaram possível o aparecimento do Direito do Trabalho como um ramo novo da comum ciência jurídica, com características próprias e autonomia doutrinária". (apud MARANHÃO, Délio; CARVALHO, Luiz Inácio B.Carvalho. *Direito do Trabalho.* 17ª edição. Rio de Janeiro: Fundação Getúlio Vargas, 1996. p. 14 e 15).

96 A primeira lei contra os acordos restritivos da concorrência foi, entretanto, introduzida no Canadá um ano antes da Lei Sherman, em 1889. Trata-se do *Act for the Prevention and Suppression of Combinations formed in Restraint of Trade*, cujo objetivo era atacar colusões restritivas à produção. Esta lei foi incorporada três anos mais tarde ao Código Penal Canadense.

97 Nesse mesmo ano é promulgado o *Federal Trade Commission Act*, que criou a FTC, agência antitruste norte-americana. Em 1936 é promulgado o *Robson-Patman Act* e em 1950 o *Celler-Kefauver Act*, constituindo a legislação básica de defesa da concorrência dos EUA. Acerca do desenvolvimento da política antitruste norte-americana, Herbert Hovenkamp faz o seguinte comentário pertinente às legislações: *"Most of the substantive federal antitrust laws were passed in four years: 1890, 1914, 1936, and 1950. The legislative history of the Sherman Act of 1890 contains the best case for the 'efficiency' view: that Congress intended the antitrust laws to protect consumers from the high prices and reduced output caused by monopolies and cartels. The legislative history of the Federal Trade Commission Act and Clayton Act of 1914 is somewhat more concerned with the protection of small businesses from the unfair or 'exclusionary' practices of bigger firms. The legislative history of Robinson-Patman Act in 1936, and the Celler-Kefauver Amendments to the anti-mergers provisions of the Clayton Act in 1950, depart much more decisively from any consumer welfare model. In both 1936 and 1950 Congress was concerned chiefly with protecting small businesses from larger competitors who faced lower costs, even though the result of such protection would be lower total output and higher consumer prices"*. in *Federal Antitrust Policy: The Law of Competition and Its Practice.* St.Paul, Minn.: West Publishing Co., 1994. p. 50.

98 O capitalismo passa a se desenvolver a partir da concorrência. Conforme ensina Cláudio Lembo: "... o capitalismo concorrencial exige a presença de parceiros econômicos distintos que, praticando saudável competição, procuram, mediante aprimoramento dos meios de produção e prestação de serviços, diminuir custos, oferecer produtos e serviços mais qualificados e por menor preço". in *Revista de Direito Econômico* – CADE, nº 26, agosto/setembro de 1997.

Por fim, tem-se a Terceira Fase ou *Terceira Revolução Industrial*, com início no séc. XX, principalmente após a 2ª Guerra Mundial, até os dias atuais[99]. A industrialização atinge diversos países e novas fontes de energia são utilizadas como a nuclear (atômica), e com a crise do petróleo busca-se fontes alternativas, como a energia solar e o álcool. Ocorre a automatização da produção, produção em série e em massa; a melhoria nos meios de comunicação[100] e nos meios de transporte[101].

Nesta Terceira Fase ganha força o *capitalismo monopolista*, das grandes multinacionais, iniciado ainda na 2ª Revolução Industrial. Ocorre também o crescimento do proletariado, dos movimentos sindicais e aparecimento de partidos de trabalhadores.

---

[99] Interessante a análise histórica da humanidade feita por Alvin Toffler: "Até agora a raça humana suportou duas grandes ondas de mudança, cada uma obliterando extensamente culturas ou civilizações e substituindo-as por modos de vida inconcebíveis para os que vieram antes. A Primeira Onda de mudança – a revolução agrícola – levou milhares de anos para acabar. A Segunda Onda – o acesso da civilização industrial – durou apenas uns poucos 300 anos. Hoje a História é ainda mais acelerativa e é provável que a Terceira Onda atravesse a História e se complete em poucas décadas. (...) a civilização da Terceira Onda começará a cicatrizar a ruptura histórica entre o produtor e o consumidor, gerando a economia do ´prossumidor` de amanhã. Por esta razão, entre muitas, poderia – com alguma ajuda inteligente nossa – resultar na primeira civilização verdadeiramente humana da História registrada. (...) a Primeira Onda começou por volta de 8000 a.C. e que dominou a terra sem qualquer desafio até 1650 e 1750 d.C. A partir deste momento, a Primeira Onda perdeu ímpeto, enquanto a Segunda Onda ganhava força. A civilização industrial, produto desta Segunda Onda, dominou então o planeta por sua vez, até atingir a altura máxima. Este último ponto máximo histórico ocorreu nos Estados Unidos, durante a década iniciada por volta de 1955 – a década que viu os trabalhadores de colarinho branco e de serviços gerais excederem em número os trabalhadores de macacão. Esta foi a mesma década que viu a introdução generalizada do computador, o jato comercial, a pílula anticoncepcional e muitas outras inovações de alto impacto. Foi precisamente durante esta década que a Terceira Onda começou a ganhar força nos Estados Unidos. Desde então chegou – em datas um pouco diferentes – à maioria das outras nações industrializadas, inclusive a Grã-Bretanha, a França, a Suécia, a Alemanha, a União Soviética e o Japão. Hoje todas as nações de alta tecnologia oscilam sob a colisão entre a Terceira Onda e as obsoletas economias e instituições da Segunda. Compreender isto é o segredo de dar sentido a grande parte do conflito político e social que vemos em redor de nós". in *A Terceira Onda*. São Paulo: Record, 6ª ed., 1986. p. 24, 25 e 28.

[100] Aparecimento da televisão, rádio transistor e comunicação via satélite.

[101] Melhorias na aviação e aparecimento do trem bala.

Na economia a Revolução Industrial significou: (i) a revolução nos meios de comunicação, transportes, agricultura e pecuária; (ii) o desenvolvimento de uma nova política econômica (*liberalismo econômico*); (iii) a procura de colônias fornecedoras de matéria-prima e consumidoras de manufaturados (*neo-colonialismo*); (iv) a procura de zonas de influência econômica e pontos estratégicos; (v) a divisão do mundo em países adiantados ou produtores industriais e países atrasados ou produtores de matéria-prima; (vi) o investimento de capitais da Europa industrializada em outros países[102]; (vii) o interesse inglês no fim do tráfico negreiro e na independência da América Latina[103]; e (viii) o desenvolvimento intenso do sistema fabril[104]. Socialmente implicou: (i) na separação do capital e dos meios de produção e do trabalho[105]; (ii) no aumento da população européia que irá determinar uma corrente migratória principalmente para as Américas e também África e Índia; (iii) no êxodo rural[106]; (iv) no surgimento das associações operárias (*trade unions*, espécie de sindicatos) em razão do crescimento do proletariado e a pressão decorrente na burguesia; e (v) no desenvolvimento de novas doutrinas sociais como o socialismo e o anarquismo.

Em uma análise sob os aspectos históricos concorrenciais, pode-se concluir que a concorrência ganha proporções ainda maiores no Liberalismo, período marcado pela Revolução Industrial de 1760, que modificou completamente o sistema de produção. O centro de produção migra das oficinas dos artesãos para as fábricas, onde os elevados investimentos em maquinário e a necessidade de mão-de-obra empregada levam a organização de indústrias. A atividade do aprendiz e do mestre, assegurada pelas corporações de ofício, é substituída pela do empregado e do patrão, reali-

---

[102] Por exemplo, capitais ingleses investidos no Brasil em ferrovias, navegação à vapor e telégrafo na época do 2º Reinado, destacar o Barão de Mauá.

[103] A Inglaterra quer acabar com o pacto colonial e estabelecer o livre-cambismo.

[104] Sistema fabril: divisão do trabalho, especialização, produção em série, produção em massa.

[105] Existe uma luta de classes entre os capitalistas e o proletariado. No final do séc. XVIII e início do XIX, inicia-se na Inglaterra um movimento operário de quebra de máquinas (*ludita* ou *ludismo*) liderado por Ned Ludd. Os operários considerados culpados foram condenados à pena de morte.

[106] Com uma mão-de-obra abundante os salários serão baixos. Acrescenta-se, ainda, o trabalho feminino e o infantil a partir dos 5 anos de idade. A jornada de trabalho chega a 14 horas diárias.

zando este os investimentos necessários para o desenvolvimento fabril e assumindo os riscos do empreendimento. A conquista de mercados volta a ser essencial e o estabelecimento da concorrência é uma exigência.

Definitivamente as corporações de ofício e suas regras rígidas são extintas, garantindo a liberdade de atuação dos comerciantes e dos industriais e o restabelecimento da competição entre os agentes econômicos, no sentido de assegurar liberdade para disputar outros mercados com a prática de preços que lhes fosse viável. A concorrência e a organização do mercado são tidas correlatas.

No campo econômico a Revolução Industrial promoveu a grande modificação na estrutura do mercado, realizando a grande revolução no setor econômico, enquanto a Revolução Francesa[107], 1789, garantiu a ruptura com o modelo sócio-jurídico até então existente.

Porém, não obstante o aprimoramento que se dava à matéria de defesa da concorrência, acontecimentos das primeiras décadas do séc. XX fazem com que os Estados adotem uma postura diversa daquela que vinha sendo atribuída à regulamentação e no trato da economia.

II.2.2.6. O Século XX

Com a criação de novas indústrias e o crescimento dos intercâmbios internacionais a economia do continente europeu vivia constantes progressos, mas aos poucos as grandes potências européias começam disputar os territórios disponíveis. Tal fato guarda total relação com o imperialismo dos anos de 1871 a 1914 e as relações internacionais dessa época.

[107] Segundo Celso Delmanto, "... anteriormente à Revolução Francesa não se podia cogitar de infração concorrencial, pois inexistia, até então, a verdadeira competição. (...) antes do movimento francês as profissões estavam rigidamente controladas pelas corporações e vigoravam monopólios nas poucas indústrias que, mercê de decretos, exerciam a fabricação com prática exclusividade. O trabalho dos artesãos achava-se regulado por aquelas suas próprias associações, que impediam qualquer possibilidade de competição, com a estipulação de preços, modelos e serviços. Além de tudo, o campo da possível disputa estava limitado às próprias cidades e regiões dos artífices. Foi aquela Revolução política que deu, em 1791, o sinal de partida para a corrida da competição, e, poucas voltas depois, já a revolução industrial agitava a sua bandeira, aumentando a velocidade da carreira: iniciava-se a liberdade de disputar". in *Crimes de Concorrência Desleal*. São Paulo: José Bushatsky Editor, 1975. p. 5 e 6.

Enquanto a Inglaterra destacava-se por ser a maior detentora de capitais, a França dispunha de importantes formas de pressão, decorrência de seu poder econômico sobre diversos Estados. Diferentemente da Rússia, da Itália e do Império Austro-Húngaro, que não tinham condições de combater a hegemonia franco-britânica, a Alemanha com o desenvolvimento de sua indústria exportadora despontou como nação a oferecer uma concorrência equilibrada às demais potências[108]. Mas os europeus também tinham dois novos concorrentes, um vindo da América e outro do Oriente. Os Estados Unidos da América e o Japão, em razão dos seus consideráveis progressos econômicos e das fortes marinhas de guerra, passavam a ter importante participação dentro de alianças e conferências.

O crescimento armamentista no início de 1914 sinalizava que a paz era precária. Em julho desse mesmo ano estoura a crise no dia 28 de junho com o assassinato, em Sarajevo, do arquiduque herdeiro do Império Austro-Húngaro, Francisco Ferdinando. Com esse fato o Imperador da Áustria tentou eliminar a influência sérvia nos bálcãs, atitude endossada pela Alemanha, que em 03 de agosto declara guerra à França. A Inglaterra, temerosa de que França e Rússia não conteriam a ameaça de uma possível hegemonia alemã, e assim perigosa aos interesses britânicos e ao equilíbrio europeu, interfere no conflito em 4 de agosto.

Inicia-se a 1ª Grande Guerra Mundial (1914-1918) com França, Rússia, Inglaterra, Sérvia e Bélgica (Entente) contra a Alemanha e o Império Austro-Húngaro. Com o decorrer dos tempos outros países vão se envolvendo no conflito.

---

[108] A *nova mentalidade política* da época ditava o desejo dos Estados conseguirem prestígio e poder. Os *grandes choques imperialistas* eram inevitáveis, já que cada nação colonizadora visava à consolidação de seus domínios. Importante também destacar que as *relações internacionais de 1871 a 1890* foram marcadas pela sagacidade de Bismark, que além de transformar a Alemanha em uma grande potência, buscou uma nova ordem européia com a confirmação do poder alemão. Já as *relações internacionais de 1890 a 1914* ficam marcadas pelo fim das desavenças entre Inglaterra e França e, com isso, a constituição de uma ação comum denominada *Entente Cordiale*. Nesse ínterim, estoura em *1905 a primeira crise marroquina* e a aliança franco-russa se aproxima da Entente Cordiale, surgindo a *Tríplice Entente*. Ocorre também de *1908 a 1909* a *tensão balcânica* e a *crise na Bósnia* e em *1911 a segunda crise marroquina*. De *1912 a 1913* o continente europeu observa *as guerras dos bálcãs*.

Evidentemente os armamentos para os beligerantes tinham grande importância, o que levou as nações mobilizarem suas indústrias, representando uma verdadeira intervenção do Estado na economia.[109-110]

Os bancos credores dos países da Entente exercem grande pressão na política do presidente norte-americano Wilson, que, com a destruição de navios de guerra de bandeira estadunidense, intervém no conflito em 02 de abril de 1917, defendendo a liberdade e a democracia.

Em meio à guerra despontam correntes pacifistas, na Suíça, por exemplo, onde socialistas, como Lênin, defendiam a subordinação de tudo à causa da revolução proletária, já que a luta pela paz seria apenas a luta pela realização do socialismo. Somavam-se a essas correntes pacifistas ideais de sindicalistas na Alemanha, na França e, principalmente, na Rússia[111]. Com o tempo vão desencadear greves.

---

[109] Conforme escreveu Paula A. Forgioni, "Já no primeiro quartel do século XX têm lugar alguns acontecimentos que modificam a postura do Estado em face da regulamentação e condução da economia. Em 1914, inicia-se a Primeira Grande Guerra. Os Estados vão divisando que, como disse Comparato, as guerras não se ganham apenas nos campos de batalha. Verifica-se, pois, uma atuação no sentido de organizar a economia, direcionando-a para a guerra. Um surto de regulamentação estatal da atividade econômica se faz presente, não obstante tenha sido julgado por muitos como temporário e eventual". in *Os Fundamentos do Antitruste*. São Paulo: Revista dos Tribunais, 1998. p. 77.

[110] Outro episódio da guerra relacionado ao comércio foi o bloqueio dos portos declarado pelos aliados em 1914 à Alemanha, o que levou o país do *Reich* a recorrer de portos neutros, tais como Roterdã, Bergen e Compenhague. Com as Ilhas Britânicas declaradas em 1915 zona de guerra pela Alemanha, prontamente a Inglaterra estende o bloqueio comercial às mercadorias que tinham como fim atender aos alemães. Tal medida não agradou as nações neutras que mantinham comércio com a Alemanha. A Alemanha, para paralisar a economia inglesa, adotou como estratégia de guerra atacar todo navio inimigo ou neutro que navegasse em águas tidas como zona de guerra. Os submarinos alemães torpedeiam navios comerciais norte-americanos, o que sensibiliza os Estados Unidos com a guerra e com a causa inglesa e francesa.

[111] Na frente do Leste, a Revolução Russa de março de 1917 põe fim ao regime czarista. O novo governo, integrado por burgueses liberais e democratas socialistas moderados, mantém o país na Guerra. Porém, a força da pressão revolucionária faz com que os alemães facilitem o retorno de Lênin. Em novembro de 1917 os bolchevistas tomam o poder. A fim de garantir a Revolução Russa, Lênin, Vladimir Ulianov, estabelece com os alemães um armistício em dezembro de 1917, e assina em 03 de março de 1918 o Tratado de Brest-Litovsk, encerrando os combates entre os países. Foi também Lênin, teórico marxista e homem atuante, que conduziu definitivamente o país ao socialismo.

A desagregação das potências ligadas à Alemanha, em razão de movimentos revolucionários internos, e a ameaça da ofensiva aliada, contribuem para o enfraquecimento desses países. Em 09 de novembro de 1918, com a abdicação de Guilherme I, é proclamada, em Berlim, a República Alemã. O novo governo, logo em 11 de novembro do mesmo ano, assina em Rethondes um armistício, pondo fim a Primeira Guerra Mundial[112]. Em 28 de junho de 1919 é assinada a Paz de Versalhes[113].

Evidentemente a concorrência nesses países sofre uma estagnação, pois os Estados é que traçam planos dizendo o que cada indústria iria produzir e como seria feita essa comercialização[114], a fim de reerguer as nações que participaram e sofriam com as causas da guerra.

[112] Essa guerra tão longa que assolou a Europa resultou em uma perda de mais de 9 milhões de vidas, além de diversos mutilados e vítimas de epidemias e sub-alimentação. Um quinto dos homens entre 20 e 40 anos na França e na Alemanha foram mortos, exigindo a participação das mulheres nos postos de trabalho, contribuindo para a emancipação feminina. Na Europa Balcânica, a Polônia Oriental, o Ocidente Russo, o Nordeste Francês e a Bélgica têm algumas cidades e estradas e instalações portuárias destruídas, além dos campos arrasados. As enormes dívidas externas e a inflação provocam a depreciação de diversas moedas.

[113] Em janeiro de 1919 trinta e dois Estados se reuniram em Paris para a Conferência de Paz. Os Estados derrotados foram convocados apenas para assinar os tratados redigidos pelos vencedores, cujas decisões na verdade eram tomadas pelo Conselho dos Quatro, integrado por Wilson (EUA), Clemenceau (França), Lloyd George (Inglaterra) e Orlando (Itália). O armistício de Compiègne foi assinado com a Alemanha suspendendo as hostilidades, atendendo a proposta de Wilson de uma *paz sem vencedores* como solução para a I Guerra. Contudo, dos 14 pontos formulados no Tratado de Paz de Versalhes, apenas 3 acabam aceitos. A Alemanha encontra-se numa situação desfavorável. A Polônia é recriada em território que pertencia aos alemães, constituindo um corredor polonês que dividia a Alemanha. A Alemanha também teve proibida sua marinha-de-guerra, e seu exército limitado a uma força de auto-defesa. A França recebe a Alsácia-Lorena e a Sociedade das Nações fica com a tutela do Sarre. Os alemães ainda ficam devedores de uma enorme dívida de guerra a eles imposta que, em caso de não pagamento, resultaria na perda do Ruhr. Começa a surgir na Alemanha um sentimento militarista e revanchista, promovendo a ascensão do nazismo. A Alemanha então se rebela ao Tratado de Versalhes; a II Guerra Mundial era questão de anos.

[114] Apenas para exemplificar, durante a Primeira Guerra Mundial, toda a indústria de motocicletas voltou-se para a produção militar. Com a suspensão na Inglaterra da fabricação para civis, a Harley-Davidson (norte-americana) se tornou referência para motociclistas de vários países europeus, tendo despachado antes do fim da Guerra mais de 20 mil motos para o antigo continente. Nos anos de confronto da Segunda

Por outro lado, outros países lucraram com a Guerra, tanto com a necessidade de suas indústrias terem que atender seus mercados internos, até então acostumados com importações, quanto aos mercados externos, cujas indústrias tiveram o seu *business* modificado para atender as exigências da Guerra, ou simplesmente desapareceram. O Canadá criou suas primeiras indústrias, o Brasil e a Austrália desenvolvem a indústria têxtil, o Japão amplia suas indústrias metalúrgicas, químicas e têxteis e os Estados Unidos da América assumem no contexto mundial o papel de primeira nação.

Em 1921, na Rússia, numa tentativa de encerrar a animosidade de diversos setores da nação, Lênin adota uma política mais flexível e inaugura a *Nova Política Econômica* (NEP), que abandona a construção imediata do socialismo em favor dos *domínios econômicos do capitalismo de Estado*. Inicialmente, o resultado econômico da NEP foi bastante positivo, pois contribui para o crescimento agrícola e industrial. Exemplo disso, a modernização de grandes indústrias com a importação de máquinas.[115] A Rússia se transforma em uma grande potência mundial e em 1922 recebe o apoio dos povos não russos do antigo império czarista e formam a União das Repúblicas Socialistas Soviéticas (URSS).[116]

Grande Guerra a Harley-Davidson viu sua produção voltada para o uso militar, e até o fim da Guerra haviam despachado cerca de 90 mil motos para a Europa. Pelo seu desempenho o governo norte-americano conferiu-lhe um prêmio de excelência em produção em tempos de guerra.

[115] Alvin Toffler escreve que: "Na Rússia também irrompeu a mesma colisão entre forças da Primeira e da Segunda Onda. A revolução de 1917 foi a versão russa da Guerra Civil americana. Não foi combatida primordialmente, como pareceu, pelo comunismo, mas uma vez mais pela questão da industrialização. Quando os bolcheviques eliminaram os últimos vestígios que restavam da servidão e da monarquia feudal, empurram a agricultura para scgundo plano c, conscicntcmcntc, acclcraram o industrialismo. Tornaram-sc o partido da Segunda Onda". Prossegue Alvin Toffler, e ao comentar o aparecimento da United States Steel, a primeira companhia resultante de "uma concentração de fundos inimagináveis em qualquer período anterior", destaca que: "(...) Com efeito, grandes companhias tornaram-se aspectos característicos da vida econômica em todas as nações industriais, inclusive sociedades socialistas e comunistas, onde a forma variava, mas a substância (em termos de organização) permanecia muito semelhante". in *A Terceira Onda*. São Paulo: Record, 6ª ed., 1986. p. 37, 38 e 44.

[116] Com a morte de Lênin em 1924, inicia-se uma disputa para sua sucessão entre Stálin, Josif Vissarionovich Djugachvilli, que defendia a solidificação do socialismo na URSS e somente depois sua exteriorização, e Leon Trotsky, defensor da difusão dos ideais do socialismo pela Europa e a rápida subversão do capitalismo. Stálin acaba

Na Itália, as incertezas e o descontentamento das classes mais pobres com o pós-guerra representavam uma crescente que desagradava a burguesia e os grandes proprietários. Com isso, esses dois segmentos da sociedade passam a apoiar os fascistas, um grupo de políticos liderado por Mussolini e decidido a conter o avanço revolucionário pela força.[117] Outros países da Europa, diante das dificuldades do pós-guerra, também sucumbem a regimes ditatoriais, como Portugal, Espanha, Hungria, Iugoslávia, Turquia, Polônia, Bulgária e Grécia.

A França, apesar de vitoriosa, teve parte de seu território devastado, compreendendo as regiões mais ricas e industrializadas. Os salários dos trabalhadores foram reduzidos e o custo de vida aumentou, agravando a condição de vida do operariado e da classe média. Diante desse quadro, o Conselho Geral dos Trabalhadores (CGT) fez reivindicações como uma jornada mínima de oito horas e igualdade salarial entre homens e mulheres. Em 1926, o presidente Poincaré conseguiu estabilizar a moeda e a indústria se recuperou, inclusive com uma balança comercial favorável, fazendo da França uma exceção na Europa, até a crise de 1929.

A Inglaterra teve grandes dificuldades para se adaptar às necessidades econômicas do pós-guerra. Além da substituição do carvão pela eletricidade e pelo petróleo, a concorrência com a produção industrial de paí-

---

vitorioso e se consagra o único dirigente da URSS. A NEP, que viabilizou a restauração da Rússia quando terminada a guerra civil, não era a política adequada para Stálin implementar o *industrialismo*. Tem início na URSS a *era dos planos qüinqüenais*, com o objetivo de desenvolver a produção de energia, as grandes indústrias de base, indústrias de transformação e a fabricação de bens de consumo. A URSS estava isolada da economia mundial, com trocas internas, sem superproduções ou desemprego. Com a economia planificada, os resultados foram extraordinários, tanto que a URSS foi único país a não sentir os efeitos da crise que assolou o mundo em 1929.

[117] Para encerrar as divergências do pós-guerra causadas por instabilidades econômicas, Mussolini, dentre outras medidas estabelece em 1927 a *Carta do Trabalho* (*Carta del Lavoro*), pela qual, apenas dois sindicatos teriam representatividade, um patronal e outro de trabalhadores, proibindo greves e *lock-outs* e o arbitramento estatal de todo e qualquer conflito trabalhista. Mussolini também implantou uma política para aumentar a natalidade no país, absorvendo essa crescente mão-de-obra em grandes empreendimentos públicos, tais como auto-estradas, aquedutos, pontes e estações ferroviárias. Com o aumento da capacidade hidroelétrica a indústria teve grande progresso, inclusive com construções navais e aeronáuticas. O aumento da produção de trigo e a conseqüente redução de importações também representaram avanços na agricultura.

ses como Brasil, Argentina e México, implicaram na redução das exportações inglesas. O crescente conflito social e a ineficácia dos poderes públicos aumentavam as dúvidas entre o liberalismo e o intervencionismo.

Na Alemanha a insatisfação da população era generalizada. Eleita uma Assembléia Constituinte, reunida em Weimar, foi elaborada uma Constituição em agosto de 1919, estabelecendo a Alemanha como uma República Parlamentar. Contudo, o exército e a alta burguesia se mostraram mais fortes que a República de Weimar. O sentimento anti-semita também começa a surgir, atribuindo a judeus e marxistas o insucesso alemão na Guerra. O nacionalismo vai conquistando espaço na sociedade e o Partido Nacional-Socialista Trabalhador Alemão (NAZI), liderado por Adolf Hitler, começa a despontar com um programa que denunciava judeus, marxistas e estrangeiros e prometia trabalho a toda população.

Os Estados Unidos da América foram os grandes beneficiados da Guerra, pois enriqueceram com as exportações de matérias-primas e produtos industrializados para atender os mercados da Europa e também da Ásia e da América do Sul.[118]

[118] Após um grande crescimento econômico norte-americano, a Europa não conseguia absorver os elevados estoques americanos de produtos e mercadorias, o que resultou na profunda depressão de 1920 e 1921. Em meio a esse cenário econômico, o republicano Warren Harding é eleito presidente dos EUA e, ligado ao grande empresariado (*big business*), abstém-se de qualquer intervenção no domínio econômico e, receoso da concorrência das indústrias européias e japonesas e do Canadá na área agrícola, eleva as tarifas protecionistas. Nos anos seguintes, de 1923 a 1929, o crescimento da produção industrial norte-americana atingiu 64%, com destaque também a indústria de bens-de-consumo e a implantação do *the american way of life*, cujo símbolo era o automóvel. A indústria adotava como regra a produção em massa, pois a padronização dos produtos além de facilitar a fabricação em série, a produtividade aumentava com o emprego sistemático da mecanização. A concentração de empresas ganhou destaque, e os *trusts* e as *holdings* dominaram a economia. Exemplos que podem ser citados é o caso da United States Steel Corporation, dependente do grupo Morgan e controladora de 60% da produção de aço, a General Motors e a Ford, detentoras de dois terços da indústria automobilística, e no mercado de refinação e distribuição de petróleo a quase hegemonia da Standard Oil e a Socony e Vaccum, do Grupo Rockfeller, e a Gulf Oil, do Grupo Mellon. As estruturas da economia capitalista aparentemente eram sólidas. Os governos apenas atuavam com relação a problemas monetários e aduaneiros, recusando-se a qualquer intervenção econômica. Com o crescimento da capacidade e da produção mundial a concorrência ficou bastante acirrada e os países industrializados, travando diversas guerras econômicas, constituem blocos

Em meio à prosperidade, que erroneamente os americanos acreditavam permanente, não obstante pontos fracos da economia como o desemprego agravado pela mecanização das indústrias e a crise agrícola, resultado dos baixos preços das mercadorias e a conseqüente impossibilidade dos agricultores adimplirem seus empréstimos, desponta a crise causada também pela superprodução e pelas especulações. Entre 1925 e 1929 as cotações em Wall Street cresceram duas vezes mais à produção industrial que, por sua vez, não registrava aumentos no consumo.

No início de outubro de 1929, banqueiros e investidores de Wall Street, temerosos com o resultado apresentado por diversos índices e as estatísticas que revelavam uma baixa no preço do ferro, aço e cobre, mas, sobretudo, em produtos industriais como o automóvel, indicativo da prosperidade norte-americana, ordenaram a venda maciça de ações. Contudo, o agravamento do pânico ocorreu em 24 de outubro, com o "*crack* da bolsa de Nova York". Nessa data, conhecida como a *Quinta-feira Negra*, 16 milhões de títulos foram lançados no mercado sem encontrar compradores.

Os bancos americanos em uma tentativa para superar as suas dificuldades cessam a oferta de créditos aos outros países e repatriam capitais investidos à curto prazo. A mobilidade de capitais que outrora possibilitou a prosperidade de países, agora revelava a face ruim e perigosa da interdependência econômica. Exceção à URSS, onde já não mais existiam os fundamentos econômicos do capitalismo internacional, o mundo inteiro sofre os efeitos da crise de 29.

Diversos incidentes sociais, agravados pelo desemprego generalizado, assolaram principalmente grandes potências, reaparecendo o anti-semitismo e as idéias do nazismo. Numerosos comerciantes e pequenos industriais faliram diante da impossibilidade de concorrer com grandes empresas, muitas das quais protegidas do Estado. A crise também demonstrava a incapacidade dos governos liberais em lidar com a situação, que exigia a intervenção Estatal. Aos poucos o Estado começa a atuar na economia. O desemprego foi combatido com grandes obras públicas. Em troca da ajuda financeira a algumas empresas o Estado passava a ter certo poder e controle

internacionais que além de fixar quotas de produção, também repartiam mercados e delimitavam zonas de exploração. Nesse sentido, produtores franceses, alemães, belgas e luxemburgueses fundam em 1926 o Cartel do Aço, e em 1928 a Standard Oil of New Jersey, a Royal Dutch Shell e a Anglo-Iranian criam o Cartel Internacional do Petróleo.

sobre elas. O Estado, mais do que um simples árbitro e organizador da economia, revelou-se forte interventor, regulamentando produção, fixando taxas de produção e salários e conciliando interesses contraditórios.[119]

Nos Estados Unidos da América o então presidente Herbert Hoover recusava-se a uma intervenção direta do governo federal no domínio econômico, numa tentativa de sanar a crise com medidas paliativas, como a deflação, a estocagem e a ajuda às empresas. O governo do republicano Hoover se mostrou incapaz e a sua impopularidade possibilitou a vitória do democrata Franklin Roosevelt, tido como uma possibilidade de mudança e solução para a crise.

Com uma política intervencionista do Estado na vida econômica, Roosevelt inaugurou em 1933 uma nova fase da história sócio-econômica, e porque não também jurídica, num programa de reformas denominado *New Deal* (nova distribuição). Com medidas fortes e pontuais, como a suspensão temporária de créditos bancários, o ajuste de preços e salários e a realização de grandes obras públicas para absorver mão-de-obra ociosa, o *New Deal* se mostrava a resposta do capitalismo às exigências impostas pela crise de 1929.[120]

---

[119] Assinala Paula A. Forgioni: "Assim, muito embora sempre se tenha verificado a atuação do Estado na economia, a partir do início do século XX, a quantidade de normas emanadas aumentou sensivelmente, de forma a fazer ver uma interferência não apenas episódica, mas organizada e sistemática. O Estado passa a dirigir o sistema, com o escopo de evitar as crises". in *Os Fundamentos do Antitruste*. São Paulo: Revista dos Tribunais, 1998. p. 78.

[120] A estabilidade econômica foi então sendo alcançada com medidas que objetivavam o aumento geral do consumo, o controle da produção e a regulamentação da concorrência. O *Agricultural Adjustment Act* (1933) pretendia com o fornecimento de crédito aos agricultores resolver a situação de catástrofe da agricultura norte-americana, o *National Industrial Recovery Act* (1933) objetivava a redução significativa da taxa de desemprego e viabilizar ganhos às empresas e salários aos trabalhadores, tanto que se estabeleceu entre patrões e empregados da indústria e do comércio o Código de Concorrência Local, assegurando aos trabalhadores um salário mínimo e liberdade sindical. Tal medida contribui fortemente para o desenvolvimento sindical e em 1935 a *Lei Wagner* ratificou a liberdade sindical e o direito de greve. O *New Deal*, apesar do ritmo lento da retomada econômica e da morosa redução do desemprego, foi uma fase de destaque na história contemporânea norte-americana, tanto que Roosevelt foi reeleito e governou por mais de doze anos. A ingerência do Estado nas áreas de atuação até então da iniciativa privada, e a interferência do governo federal no campo da livre concorrência, significou a transferência do centro motor da economia de Wall Street para Washington. "No desempenho dessa sua nova função de direção da economia, o Estado utiliza instrumentos jurídicos que lhe permitem 'estabilizar, estimular e dirigir o rumo de sua economia sem

Na Alemanha os efeitos da crise de 1929 também eclodiram. Prova disso, as eleições de 1932. Os nazis, nessa ocasião, conquistaram 230 assentos no *Reichstag* (Parlamento), o que correspondia a 37,3% dos votos. Tal fato foi possível graças ao apoio dado pela burguesia que, empobrecida, deixa os partidos moderados e deposita suas confianças no nacional-socialismo. Por influência do ex-chanceler Von Papen, bastante ligado aos industriais alemães, o presidente Hindenburg nomeia em 1933 Adolf Hitler, que havia acatado os interesses da alta burguesia, para chanceler alemão. [121]

No Oriente, o Japão obteve resultados positivos com a 1ª Guerra Mundial, uma vez que o fim da concorrência com a indústria européia, e até mesmo norte-americana, possibilitou suas exportações para a Ásia, Austrália e América Latina, bem como o desenvolvimento de sua produção química e metalúrgica.[122]

---

apelar para a ditadura e substituir um sistema baseado na propriedade por um sistema de poder ostensivo`. Esses instrumentos viabilizarão, mediante a direção do comportamento dos agentes econômicos, não apenas a preservação, mas a condução do mercado. Daí falarmos em técnicas de direção sobre o mercado, de que se utiliza o Estado em sua função de implementação de uma política pública". Paula A. Forgioni, in *Os Fundamentos do Antitruste*. São Paulo: Revista dos Tribunais, 1998. p. 79.

[121] O governo nacional-socialista implantado pelo *Führer* introduziu um dirigismo Estatal para controlar o trabalho e a produção, mas sem abalar as estruturas capitalistas do país. Integrou os organismos agrícolas, industriais e comerciais para adequar a produção e viabilizar as diretrizes governamentais. O Estado também fixava a jornada de trabalho, salários e as margens beneficiárias das empresas, e suprimiu o direito de greve e a liberdade sindical. Os planos quadrienais se iniciam em 1933 com os objetivos primordiais de reduzir o desemprego e revitalizar a indústria e o rearmamento. O segundo plano quadrienal começa em 1937 com o intuito de tornar a Alemanha independente das importações de matérias estratégicas, nacionalizando a produção de produtos sintéticos como carburantes, petróleo e borracha. O resultado foi surpreendente e em 1939 a indústria alemã já era a segunda maior do mundo. A organização do Estado Alemão foi estabelecida por Hitler como a nova ordem para marcar mil anos de história. Essa política foi implementada num Estado totalitário, nacionalista e racista. "Como é sabido por todos, a economia alemã, principalmente desde o final do século XIX, é bastante cartelizada. O governo, por sua vez, não somente permitia os cartéis como incentivava sua criação e desenvolvimento. Sob o regime nazista, o fenômeno acentua-se ainda mais", Thomas Janicki e Hans Jürgen Ruppelt, *Germânia Federale*, in *Concorrenza e controllo delle concentrazioni in Europa*, org. Patrizio Bianchi e Giuseppina Gualtieri, Bologna: Il Mulino, 1993, p. 247-277, *apud* Paula A. Forgioni, in *Os Fundamentos do Antitruste*. São Paulo: Revista dos Tribunais, 1998. p. 83.

[122] Contudo, após um período de prosperidade econômica o Japão sofreu as conseqüências

Na China a Guerra de 1914 possibilitou o desenvolvimento da indústria, com importantes repercussões para a sociedade. A burguesia, na verdade, foi a grande beneficiária e durante a Guerra dominou a indústria leve, notadamente a têxtil. Para assegurar a ordem social, a burguesia defendia a unificação política e a independência nacional, que poderia libertar a indústria chinesa da concorrência estrangeira.

As relações internacionais em 1932 iniciam uma fase de grande instabilidade, agravada pela crise econômica e a política imposta pelas ditaduras. As crises internacionais se agravam até 1939 e precipitam a Segunda Guerra Mundial.[123]

---

da depressão e em 1921 o desemprego inspirou a propagação do comunismo pelo país. Nessa época, a economia e a política do país era manipulada pelos aristocratas (*zaibatsus*). Os trustes eram bastante comuns, como o Mitsubishi, que reunia bancos e companhias marítimas, e financiava o liberal Partido Minseito, defensor da expansão pacífica, e o Mitsui, controlador da indústria pesada, e ligado ao conservador Partido Seiyuai, defensor da expansão armada. Os militares, que não simpatizavam nem com os liberais, nem com os conservadores, comandados pelo general Araki e apoiado pelos nacionalistas passam a dominar o cenário político japonês em 1930. A conquista da Manchúria em 1931 marca a grande expansão nipônica que irá resultar na entrada do Japão na 2ª Guerra Mundial.

[123] As nações européias vão se afastando uma das outras em razão do nacionalismo econômico, e a política armamentista como alternativa à estagnação industrial e ao desemprego vai ganhando espaço nos países. As diferenças entre as grandes potências também dividiam os Estados em ricos e em insatisfeitos. Estados Unidos da América, França e Inglaterra, detentores de 80% do ouro mundial e de grandes reservas de divisas, exerciam também significativa influência em regiões da América Latina, Ásia e África, o que permitiu a esses países afrontarem a crise em melhores condições. Já a Alemanha, Itália e Japão, desprovidos de ouro e divisas e vendo restrito os créditos estrangeiros, encontravam-se paralisados. Exigiam, então, como condição mínima de sobrevivência nacional, o acesso às matérias-primas e aos mercados, bem como direito às colônias e às zonas de influência econômica. Em 1938, as indecisões e as divisões entre os países europeus contribuíram para as iniciativas nazistas, que passaram a dominar as relações internacionais. A Inglaterra, por exemplo, não enxergava nas questões da Europa Central problemas essenciais à sua segurança nacional, e defendia uma política de apaziguamento. A França, por outro lado, com iniciativas imprecisas face ao temor alemão não representava obstáculos ao *Reich*. A URSS até que tentou cooperar com a Liga das Nações, mas percebeu que estava isolada já que a segurança coletiva era pouco provável face às indecisões inglesas e francesas. Os Estados Unidos da América defendiam o seu isolacionismo, tanto que em 1937 são votadas no Senado leis de neutralidade, que proibiam a venda de armamentos aos países beligerantes.

A *Segunda Grande Guerra* se inicia em 1939 com operações militares isoladas e aparentemente sem qualquer propósito. Em pouquíssimas semanas, a partir de 1º de setembro, a Polônia caiu sob domínio alemão. Os soviéticos, em 18 de setembro, penetram nos territórios que lhe foram cedidos no então recente acordo com os alemães. O que se viu no inverno de 1939 a 1940 foi as potências procurarem aumentar suas influências sobre zonas estratégicas economicamente.

No final de maio de 1940 as *panzerdivisionen*, regimentos mecanizados alemães, abrem ofensivas sobre a França, ao norte e ao sul. Com a derrota dos franceses a Inglaterra se viu isolada na guerra contra Alemanha e Itália. O presidente dos EUA, Roosevelt, persuadido de que uma vitória do Eixo comprometeria os interesses norte-americanos, assina com Churchill a Carta do Atlântico, selando a solidariedade entre as potências anglo-saxônicas e estabelecendo os princípios que reorganizaria o mundo pós-guerra.

Apesar das diversas conquistas do Eixo e de seu esforço diante das outras nações, em 1943 o equilíbrio de forças começa a dar sinais de estar diferenciado e a superioridade material dos aliados garantiu-lhes o domínio decisivo na evolução do conflito. Em maio de 1945 a Segunda Guerra Mundial se encerra na Europa, e em agosto na Ásia, com resultados catastróficos, números bem mais impressionantes do que os da Primeira Guerra.[124]

Encerrada a Segunda Guerra, as antigas potências, Inglaterra, França, Alemanha e Japão, estavam restritas a um papel secundário, tendo o cenário mundial apenas duas grandes potências, EUA e URSS, em torno das quais se agrupavam os demais países; iniciava-se outra guerra, a Guerra Fria.

Interessante notar que no campo da concorrência, os países signatários do Tratado de Potsdam[125], EUA, URSS, França e Inglaterra, receosos

[124] As perdas humanas ultrapassaram cinqüenta milhões, e os bombardeamentos destruíram instalações industriais, meios de comunicação, portos, ferrovias e rodovias. Os Estados europeus estavam endividados e suas moedas sofrendo forte inflação. Os EUA, por outro lado, apesar dos 300 bilhões de dólares gastos no conflito tiveram um aumento de sua produção industrial de 75% e passaram a deter 80% do ouro mundial. O presidente norte-americano Truman lidera um plano de reconstrução da Europa (Plano Marshall) e de bloqueio ao avanço do comunismo (Doutrina Truman), também para evitar que a superprodução associada a provável falta de consumo conduzissem a um desequilíbrio econômico semelhante ao da crise de 1929 (política do *Fair Deal*, continuação do *New Deal*).

[125] Em Potsdam, Berlim, no ano de 1945, reuniram-se pela terceira vez EUA, Inglaterra e URSS para discutirem o pós-Guerra.

de qualquer outra ameaça germânica, adotam a política de descartelização da economia da Alemanha, rompendo as estruturas de seus principais grupos empresariais, tais como IG Farben, Bayer, Hoechst e BASF, que tinham atuação em diversos setores da economia, como carvão, ferro, químico, plásticos, engenharia pesada, bancos, dentre outros.[126]

A Guerra Fria entre os blocos capitalista e socialista persiste até o final da década de 1980, quando o presidente dos EUA, Ronald Reagan, já no final de seu mandato, intensifica entendimentos com o presidente soviético, Mikhail Gorbatchev, resultando em profundas transformações no mundo socialista. Além de representarem o fim da Guerra Fria, tais mudanças no cenário global confirmaram os EUA como grande potência mundial.

O Japão, por sua vez, representou para os EUA a contenção do socialismo no Extremo Oriente, e nos anos 90 os nipônicos concretizavam sua hegemonia econômica na Bacia do Pacífico.

A Europa, ciente de que havia perdido a hegemonia mundial, viu em acordos supra-nacionais a alternativa para alcançar uma reaproximação entre os países e a possibilidade da recuperação política e econômica. [127]

II.3. Tópicos Históricos do Direito da Concorrência no Brasil

II.3.1. A Concorrência no Brasil até 1822

Há pouco mais de 500 anos o Brasil havia sido descoberto[128]. No passar destes séculos, muita história se tem para contar, algo impossível de

[126] Segundo ensina Calixto Salomão Filho, "... Na prática, houve só um verdadeiro caso de fracionamento industrial, o do IG Farben Konzern. Altamente envolvido e comprometido com o esforço bélico alemão, esse conglomerado, formado por empresas que iam do setor siderúrgico ao químico, exatamente pela variedade das áreas em que estava envolvido, foi facilmente fragmentado, originando empresas que eram monopolistas em suas áreas, Höechst, Bayer e BASF". in *Direito Concorrencial: as estruturas.* São Paulo: Malheiros, 1998. p. 336.

[127] Esse tópico será aprofundado no item XI – O Direito da Concorrência na União Européia.

[128] "Os mantos de ervas flutuantes surgiram à frente da frota na terça-feira, 21 de abril, apenas dois dias após a celebração da Páscoa. Ventava leste franco – o que significava que a esquadra de Cabral poderia navegar com facilidade para oeste, sem pôr em risco o objetivo de atingir a Índia o mais rápido possível. Na manhã seguinte, 22 de abril,

ser feito no presente trabalho: um porque este não é o foco do mesmo, outro porque tal abordagem necessita competência para o desafio. A proposta, entretanto, é lançar tópicos da história do Brasil e identificar situações em que se possam constatar o Direito da Concorrência, razão pela qual se pede desculpas por eventuais saltos ou lacunas deixadas no decorrer deste item.

A opção de primeiro abordar a história mundial para depois ingressar na brasileira visa facilitar o estudo. Justifica-se essa escolha pela razão de que o Brasil sempre teve o reflexo do que acontecia no mundo. Pode-se até dizer que o mundo não era "globalizado", mas o mundo já era um só e as influências (e dependências) inevitáveis.

II.3.1.1. O Descobrimento do Brasil

Após a crise de retração econômica do séc. XIV (peste negra, diminuição da população, falta de alimentos, êxodo rural, super valorização do trabalho artesanal e revoltas camponesas), a Europa depara-se com outra crise, de crescimento econômico (aumento da população, necessidades de matéria-prima, falta de moedas e altos preços das especiarias), algo que só poderia ser resolvido com a exploração de novas terras[129]. Tem-se, então, a *Expansão Marítima Comercial Européia dos sécs. XV e XVI.*[130]

---

com vento ainda soprando de leste, o vôo rasante dos fura-buxos levou os homens a repicarem os sinos e se apinharem nos tombadilhos. (...) Então, acerca de 70 quilômetros da costa, nas *horas de véspera*, mais com alívio e prazer do que com surpresa ou espanto, o capitão e seus pilotos, os marinheiros e os soldados, os sacerdotes e os degredados, acotovelados todos à mureta das naus, puderam vislumbrar o cume de *um grande monte mui alto e redondo* erguendo-se no horizonte longínquo. (...) A seis léguas da costa (ou cerca de 36 quilômetros), a armada lançou âncoras. Elas mergulharam 34 metros no mar esverdeado antes de tocar o fundo arenoso. Estava descoberto o Brasil". in BUENO, Eduardo. *A Viagem do Descobrimento: a verdadeira história da expedição de Cabral.* Rio de Janeiro: Objetiva, 1998. Coleção Terra Brasilis; 1. p. 11 e 12.

[129] Para Portugal e Espanha a exploração de novas terras também significava a expansão do cristianismo.

[130] O pioneirismo de Portugal nas grandes navegações se deve a uma série de fatores. Sua precoce centralização política com a Revolução de Avis, a existência de uma burguesia comercial rica e envolvida nas atividades pesqueiras e desenvolvida pela Rota do Comércio Marítimo do séc. XIV que ligava o sul ao norte da Europa, ser o país mais ocidental da Europa com uma costa voltada ao Atlântico e a existência da Escola de Sagres (de artes náuticas) onde foram desenvolvidas diversas técnicas de navegação, como as caravelas, a bússola, o astrolábio, o uso das velas redondas e o

Com o objetivo de fundar uma feitoria em Calicute na Índia, e de reforçar o domínio português no oceano Índico e o monopólio das especiarias pela rota do cabo (contorno da África, ultrapassagem do cabo das Tormentas – posteriormente chamado cabo da Boa Esperança - e chegada ao Índico), a esquadra capitaneada por Pedro Álvares Cabral partiu do rio Tejo, Lisboa, em 09 de março de 1500, avistando o Monte Pascoal, na Bahia, aos 22 de abril de 1500, data oficial do descobrimento do Brasil.[131]

Nos trinta anos que sucederam a descoberta, o Brasil esteve relegado a um segundo plano, havendo apenas a exploração comercial do pau-brasil feito a partir do escambo com os índios. A exploração do pau-brasil, que servia para tingir tecidos, era estanco, ou seja, monopólio comercial instituído pela Coroa Portuguesa. Por falta de capitais Portugal arrenda a exploração do pau-brasil a particulares. Este período é chamado Pré-Colonial.

II.3.1.2. O Brasil Colônia

O início efetivo da colonização do Brasil se deu com a expedição colonizadora de Martim Afonso de Souza, nos anos de 1530 a 1532, com o objetivo de explorar as costas brasileiras até a bacia do Rio da Prata, com-

desenvolvimento da cartografia. A Expansão Marítima Portuguesa teve uma primeira fase, onde prevaleciam os interesses da nobreza em conquistar e saquear reinos mulçumanos do norte da África (interesses cruzadísticos), e uma segunda fase, na qual os interesses da burguesia mercantil preponderaram e a expansão rumou em direção às Índias com o contorno do litoral ocidental da África (périplo africano). Uma das conseqüências da expansão marítima foi o fim do monopólio de especiarias que até então detinham Gênova e Veneza.

[131] O primeiro desembarque e contato com os índios se deram em 23 de abril, com a primeira missa sendo celebrada pelo franciscano Frei Henrique de Coimbra (capelão da frota) em 26 de abril. A posse oficial do Brasil data de 01 de maio de 1500. E, logo aos 02 de maio a esquadra de Cabral segue viagem para as Índias, enquanto a caravela comandada por Gaspar de Lemos tornava a Portugal, levando consigo a carta de Pero Vaz de Caminha (escrivão da frota). Muito se discute acerca da descoberta do Brasil. Teria sido ela uma causalidade ou intencional? Para os defensores da causalidade restam as justificativas da tempestade na altura de Açores, a existência de uma corrente marítima, calmarias (falta de ventos) nas costas da África e a falta de menção de novas terras na ordem de Cabral. Para os adeptos da intencionalidade as justificativas são a recusa por Portugal da "Bula Inter-Coetera", a presença na frota de Cabral de pilotos experientes e a continuação tranqüila da viagem rumo à Índias, logo após um feito grandioso.

bater invasores estrangeiros, povoar e fundar vilas, organizar entradas para o interior em busca de ouro, plantar cana-de-açúcar e instalar engenhos. Foi com a lavoura canavieira que se deu a colonização. A explicação da escolha da cana-de-açúcar estava, dentre outros pontos favoráveis, na existência de um mercado consumidor na Europa.[132]

A organização político-administrativa do Brasil Colônia esteve primeiramente sob o regime das capitanias hereditárias (1532 – 1759), doações de terra feita a particulares pela Coroa que não dispunha de recursos para defender o território dos ataques estrangeiros, contudo só as capitanias de São Vicente (Martim Afonso de Souza) e Pernambuco (Duarte Coelho) prosperaram. Foram extintas definitivamente em 1759 quando o Marquês de Pombal era o primeiro ministro de Portugal.[133]

---

[132] Interessante observar que a unidade de produção era o engenho de açúcar, que se enquadrava como uma *plantation*, ou seja, organizado de acordo com o sistema mercantilista. O engenho era um monopólio real, que se resumia na grande propriedade, na monocultura, na produção para o mercado externo e no trabalho escravo. A sociedade colonial era rigidamente estratificada, com o senhor de engenho no topo, uma camada intermediária sem expressão e na base uma massa de escravos. A escolha do trabalho escravo negro teve suas razões. Além de já existir um comércio de escravos negros que dava lucros à burguesia portuguesa, a Igreja, principalmente os jesuítas, era contra a escravização dos índios. Mas, sobretudo, porque o trabalho escravo criava na colônia uma economia complementar a metrópole, com a produção voltada para o mercado externo. Caso fosse escolhido o trabalho livre surgiria a pequena propriedade e, conseqüentemente, um mercado interno. Paralelamente ou subsidiariamente ao ciclo da cana-de-açúcar ocorreu o ciclo econômico da pecuária no Nordeste, séc. XVII, voltada para o mercado interno e utilizando o trabalho do índio e do mestiço semi-assalariado. Sua grande conseqüência foi a colonização do interior do Nordeste. A partir da segunda metade do séc. XVII o açúcar no Brasil começou a entrar em declínio com a expulsão dos holandeses que aqui estavam, e que iniciam uma nova área produtora de açúcar nas Antilhas, forte concorrente do açúcar brasileiro no mercado internacional.

[133] Posteriormente tivemos as Câmaras Municipais, que representavam o poder local da elite dominante ("homens bons") e zelavam pela segurança, abastecimento, festas, comércio das cidades e eram independentes financeiramente do Poder Central. Em 1640, após a Restauração (libertação de Portugal da dominação espanhola imposta pela União Ibérica), ocorre uma maior centralização na administração colonial, com reflexo direto nas Câmaras Municipais. O Governo Geral foi implantado em 1548 (e com duração até 1808) diante do fracasso das Capitanias Hereditárias, da necessidade de um governo mais centralizado na Colônia que refletisse a própria centralização da Metrópole (Absolutismo Monárquico), a centralização do poder militar e uma maior intervenção do Estado na administração para cobrar mais impostos. Durante a União Ibérica (1580-

Entre os anos de 1750 a 1777, o Brasil ficou sob a administração de Sebastião José Carvalho de Melo, o Marquês de Pombal, primeiro ministro do Rei José I. A forma de governo era o *despotismo esclarecido*, proposta iluminista que propunha reformas feitas pelo governo para o bem da população. Em Portugal, Pombal pretendia a industrialização, libertar seu Estado do domínio do capital inglês, enfraquecer a nobreza, modernizar a educação e diminuir a influência dos jesuítas. Em sua política para o Brasil destaca-se a transferência da capital de Salvador para o Rio de Janeiro, em razão do ciclo do ouro[134] que transfere o centro econômico do Nordeste para a região Sudeste, e a criação de duas novas Cias. de Comércio, a de Pernambuco e Paraíba, e a do Grão-Pará e Maranhão.

A Mineração (ciclo do ouro) possibilitou a formação de um mercado interno na Colônia, a formação de camadas médias urbanas, maior integração econômica entre as diversas regiões do Brasil e o início dos movimentos de contestação ao Sistema Colonial. A partir de 1780 o declínio da mineração abre espaço ao Renascimento Agrícola, com destaque ao açúcar, café, algodão e fumo, e o Brasil passa a ser um fornecedor da Europa e dos Estados Unidos da América.

Com a morte de D. José I em 1777 o Marquês de Pombal é destituído do governo, subindo ao trono Dona Maria I, a Louca. Seu governo, chamado de "viradeira", foi completamente oposto ao anterior, pois privilegiava a nobreza tradicional e os jesuítas.

Mas, a partir da segunda metade do séc. XVII o Sistema Colonial da época moderna inicia sua crise, crise que se acentua no séc. XVIII com o início do processo de industrialização europeu e a necessidade de merca-

1640) o Brasil deixa de ser administrado pelas Ordenações (conjunto de leis) Manuelinas e submete-se às Ordenações Filipinas. Em 1604 a Espanha cria o Conselho das Índias para administrar o Brasil. Com o fim da União Ibérica, D. João IV, de Bragança, assim que coroado Rei de Portugal, vê na exploração do Brasil a oportunidade de recuperar economicamente Portugal. Cria o Conselho Ultra-Marino (1642) para controlar toda a administração colonial e as Companhias de Comércio (em 1649 foi criada a Cia. Geral do Comércio do Brasil e em 1680 a Cia. Geral do Comércio do Maranhão) que detém o monopólio do comércio na Colônia, numa retomada do Mercantilismo.

[134] Merece destaque as Bandeiras, cuja busca do ouro também fazia parte da atividade econômica. Os Bandeirantes penetravam no território e acabavam fundando cidades. Assim, além de ocupar o território, o bandeirismo teve como conseqüência o início de um novo ciclo econômico no Brasil.

do consumidor de manufaturas e de mercado fornecedor de matéria-prima. Os monopólios do Sistema Colonial prejudicavam o livre fornecimento de matéria-prima e mercadorias para a Europa e o trabalho escravo nas colônias inviabilizava a formação de um mercado consumidor. As idéias iluministas contestam os privilégios da nobreza, o absolutismo monárquico, os monopólios e o mercantilismo.

Verifica-se que desde o ciclo do pau-brasil, e ainda nos anos da colonização, marcados pelos ciclos da cana-de-açúcar e da mineração, a política da Coroa Portuguesa era eminentemente fiscalista, impondo ao Brasil o pagamento de impostos para abastecer os cofres da Metrópole. O progresso econômico e cultural da Colônia era descartado, e os monopólios da Coroa visavam apenas grandes lucros com a exploração colonial. Evidentemente, nesta fase não se pode falar em defesa da concorrência, visto que a concorrência inexistia.

A situação brasileira era marcada por um "total" monopólio de "mão-dupla". Tanto para exportar, o Brasil só poderia vender para Portugal, quanto para importar, a Colônia só podia comprar da Metrópole. Como não poderia ser diferente, o interesse da elite colonial brasileira que tenta romper com a exploração imposta pela Metrópole, e a penetração das idéias liberais, geram revoltas nativistas e emancipacionistas[135].

II.3.1.3. A Família Real no Brasil

De 1808 a 1821, passamos por uma importante fase da nossa história, denominado Período Joanino. Na Europa, Napoleão Bonaparte, em pleno processo de expansão das idéias da Revolução Francesa, seguia conquistando monarquias absolutistas, exceção à Inglaterra, com quem a França tinha rivalidades comerciais. Napoleão então assina o Decreto de Berlim ou Bloqueio Continental, em 1806, proibindo que seus aliados comercializassem com a Inglaterra, numa tentativa de isolá-la economicamente. Pela Paz de Tilsit os países europeus concordam com o Bloqueio, menos Portugal que era aliado e dependia economicamente dos ingleses.

[135] Revoltas Nativistas queriam apenas modificar algo imposto pela Metrópole (exemplo, Revolta de Beckman, Guerra dos Emboabas e dos Mascates). Já as Emancipacionistas pretendiam a separação do Brasil de Portugal e até a proclamação de repúblicas (exemplo, Inconfidência Mineira e Inconfidência Baiana).

Diante da recusa, Napoleão assina com a Espanha o Tratado de Fountainebleau em 1807, pelo qual a Espanha permitia a passagem das tropas napoleônicas pelo seu território para atacar Portugal. As colônias portuguesas seriam então divididas entre Espanha e França e a Dinastia de Bragança destituída da Coroa Portuguesa. Não restava outra alternativa a Portugal, a não ser aceitar a sugestão inglesa de transferir o Estado Português para o Brasil. Para tanto, Portugal e Inglaterra assinam um acordo secreto estabelecendo que os navios portugueses seriam comboiados pela armada inglesa, os navios mercantes portugueses protegidos pela marinha inglesa, a Inglaterra reconheceria apenas a Dinastia de Bragança no trono Português e Portugal se comprometia logo que chegasse no Brasil a assinar um Tratado de Comércio favorável aos ingleses.

Logo que chegou em solos brasileiros, D. João adota medidas econômicas em sua política interna que apresentam grandes significados para o Brasil, em que pese em certos aspectos prejudiciais ao desenvolvimento da indústria e da competição no mercado.

A primeira medida foi o *Decreto de Abertura dos Portos do Brasil às Nações Amigas*, assinado na Bahia aos 28 de janeiro de 1808, sob influência do intelectual brasileiro José da Silva Lisboa, o Visconde de Cairu[136]. Com essa decisão o Brasil poderia comercializar com todas as nações amigas de Portugal (entende-se Inglaterra), mantendo certos produtos como o pau-brasil e o sal estancados. A conseqüência foi a ruptura do Pacto Colonial, a grande entrada de produtos ingleses, o aumento do capital circulante e das operações de crédito[137], aumento de casas comerciais inglesas e francesas no Rio de Janeiro e a diminuição de chances de industrialização do Brasil. Contudo, esse decreto significou praticamente a independência do Brasil no ponto de vista econômico.

A segunda medida foi o *Decreto de Liberdade de Manufaturas no Brasil*, assinado em 01 de abril de 1808, anulando o Alvará de 1785 de D.

[136] Conforme escreve Paula Forgioni: "É incontestável a influência que exerciam, à época as obras e os estudos desenvolvidos pelo Visconde de Cairu, para quem D. João VI criou, no Rio de Janeiro, a cadeira de ciência econômica. A teoria do liberalismo econômico entrava, assim, no Brasil, através do filtro de Cairu, adaptada aos gostos dos senhores de escravos, exaltando o ´velho e bom` paternalismo da coroa". in *Os Fundamentos do Antitruste*. São Paulo: Revista dos Tribunais, 1998. p. 94 e 95.

[137] Contribuiu para a fundação em 1808 do Banco do Brasil.

Maria I. Contudo, esse decreto não surtiu efeito, pois o mercado brasileiro já estava sob o domínio das manufaturas inglesas, inviabilizando qualquer tentativa de concorrência por uma eventual manufatura nacional.

A terceira medida, e a mais aguardada pelos ingleses, foram os *Tratados de Comércio* de 1810. No total foram três tratados. O de Aliança e Amizade, o de Comércio e Navegação e o dos Paquetes. Com esses tratados os produtos ingleses pagariam nas alfândegas brasileiras taxas de importação de 15% *ad valorem*, enquanto os produtos portugueses pagavam 16% e produtos de outros países 24%. Era uma política livre cambista. Como conseqüência não existiu qualquer possibilidade da industrialização vingar no Brasil, e ainda aumentou a dependência do Brasil em relação à Inglaterra.[138]

Apesar das medidas tomadas por D. João VI aparentemente poderem auxiliar no fomento da indústria no Brasil, não existia a possibilidade das "indústrias" brasileiras concorrerem com as inglesas. Neste cenário também não se pode pensar em concorrência, pois o Governo adotava medidas que a inviabilizava.

Em 1815 reuniu-se o Congresso de Viena ou Santa Aliança, organizado pelos países europeus que haviam derrotado Napoleão e defendiam a volta das antigas Dinastias e o retorno da configuração do mapa europeu anterior as conquistas de Bonaparte. Para poder participar do Congresso, Portugal legitima sua presença no Brasil elevando a Colônia à categoria de Reino Unido a Portugal e Algarves.

Enquanto a Família Real estava no Brasil, eclodiu a Revolução Liberal ou Constitucional do Porto que pretendia instaurar uma monarquia constitucional, tanto que foi criado um Parlamento para elaborar a Constituição Portuguesa, e defendia a re-colonização do Brasil, pois a exploração colonial era a única forma da burguesia portuguesa recuperar-se economicamente. Vitorioso o movimento, as cortes de Lisboa começam a exigir o retorno de D.João.

[138] A evolução desses tratados foi a seguinte: Em 1816 os produtos portugueses também passam a pagar uma tarifa de 15%. Em 1827, com o Brasil já independente, esses tratados foram revalidados com uma cláusula secreta segundo a qual o Brasil se comprometia a acabar com o tráfego negreiro em 3 anos. Essa política livre cambista sofrerá uma tentativa de modificação em 1844, no 2ª Reinado, com as Tarifas Alves Branco (tarifas de 30, 40 e até 60% *ad valorem*), política protecionista.

Em abril de 1821 D. João VI[139] volta a Portugal e jura a nova Constituição, mas deixa no Brasil seu filho D. Pedro de Alcântara como Príncipe Regente.

D. Pedro I governa provisoriamente de abril de 1821 a setembro de 1822, sob a pressão das cortes portuguesas para o seu retorno a Lisboa e a ameaça da re-colonização[140]. Aos 07 de setembro de 1822 proclama a Independência do Brasil, sendo coroado seu Imperador em 01 de dezembro desse mesmo ano.

II.3.2. O Brasil após a Proclamação da Independência

II.3.2.1. O Brasil Império

O Primeiro Reinado, assim chamado os anos de D. Pedro como Imperador do Brasil (1822-1831), manteve a aristocracia rural no governo, orientando a política nacional de acordo com os seus anseios. Tanto é, que na política externa continuou a aliança com a Inglaterra, a maior compradora dos produtos brasileiros, e na política interna nenhuma transformação ocorreu no sistema econômico e social. O quadro econômico também não era favorável, já que o Brasil amargurava fase bastante difícil dada à má situação de seus produtos (açúcar, algodão, fumo e couro) no mercado internacional; estava-se diante de uma das mais longas crises econômicas[141], que só viria a

[139] O Período Joanino é importante para entender o caráter da independência do Brasil. Foi uma independência sem grandes rupturas e conflitos, ou seja, foi um arranjo político entre a elite brasileira (aristocracia rural) e a elite portuguesa que veio com a Família Real. Isso explica a manutenção do regime monárquico, da escravidão e da grande propriedade agro-exportadora.

[140] Diante disso, em 09 de janeiro de 1822 D. Pedro se une com a aristocracia rural e diz "fico" no Brasil. Aos 16 de janeiro do mesmo ano D. Pedro organiza um ministério de brasileiros encabeçado por José Bonifácio de Andrade e Silva. Em 04 de maio D. Pedro decreta o "cumpra-se", estabelecendo que qualquer lei que viesse de Portugal só seria acatada se consentida por ele. No dia 13 desse mesmo mês D. Pedro recebe o título da maçonaria de "defensor perpétuo do Brasil". Em 03 de junho convoca eleições para deputados que formariam uma Assembléia Nacional Constituinte para elaborar no ano seguinte uma Constituição brasileira. Em 01 de agosto decreta a proibição do desembarque de tropas portuguesas no Brasil.

[141] A crise econômica gerou dificuldades financeiras ao governo imperial. Quanto menos se exportava, menos capital se tinha para importar, e o governo se deparava com a sua

ser superada em meados do século com a cafeicultura. O Brasil passava por uma crise econômico-financeira que desencadeou mais crises e revoltas[142].

Todas essas crises e revoltas, somadas as agitações políticas do Primeiro Reinado, que também não foram poucas, acabam levando D. Pedro I a abdicar o trono brasileiro em favor de seu filho D. Pedro II, com 5 anos de idade.

Nos anos de 1831 a 1840, o Brasil esteve sob o Período Regencial, cujo destaque se dá à consolidação da independência de 1822, o controle direto do governo pela aristocracia rural e o início de conflitos entre classes, o que caracterizou a agitação do período.

A classe dominante tinha seus interesses considerados como "interesses nacionais", e exercendo o seu domínio na economia e no aparelho do Estado consolidou o seu poder apoiada num liberalismo de fachada e com a subordinação dos militares. Porém, a classe dominante era obrigada a sujeitar-se aos grandes grupos econômicos de outras nações, já que dependia do mercado externo que comprava suas exportações.

Mas foi nesse período que teve início o mais importante fato econômico da nossa história durante o século XIX, o surto cafeeiro. O café rapidamente tornou-se o produto-base da economia brasileira numa época de crise econômica e financeira e de escassez de capitais disponíveis. Mais do que isso, pela primeira vez o Brasil detinha o controle do conjunto produção-comercialização, o que resultou num lucro ainda maior.

Em 22 de julho 1840 D. Pedro II, ainda com 14 anos, teve antecipada sua colocação no trono, num dos golpes bem mais armados da história do Brasil, executado pelos progressistas. Encerra-se a Regência e tem início o Segundo Reinado (1840-1889), com um ministério nomeado por D. Pedro II e integrado por membros do Partido Liberal.

O Segundo Reinado ficou marcado por um período de paz interna e de tranqüilidade pública, com progresso e a economia em expansão, elei-

---

principal fonte de recursos, as taxas alfandegárias, bastante reduzidas. Além de não poder aumentar os impostos de importação, em cumprimentos aos Tratados de Comércio de 1810, também não podia criar taxas sobre as exportações, algo que contrariava os interesses da aristocracia rural.

[142] Como a Confederação do Equador, 1824, violentamente reprimida pelo Imperador, algo que liquidou sua popularidade no Nordeste, então a região mais populosa do Brasil.

ções democráticas, e acima de todos o Imperador. Porém, o suposto avanço econômico e uma tida paz política revelaram mais tarde uma economia subdesenvolvida e uma democracia quase nula.

Foi também no Segundo Reinado que se travou entre o Paraguai e a Tríplice Aliança, constituída por Brasil, Argentina e Uruguai, a Guerra do Paraguai, a mais duradoura e sangrenta guerra travada no continente sul-americano, de novembro de 1864 a março de 1870, com conseqüências históricas para os países envolvidos.[143]

Com o fim da Guerra o Brasil teve sua dívida externa aumentada exageradamente, e o exército saiu bastante fortalecido, transformado numa verdadeira instituição, tanto que quase duas décadas mais tarde iria derrubar a monarquia.

Durante o séc. XIX o Brasil ainda não tinha condições econômicas, financeiras, sociais e políticas para dar início ao seu processo de industrialização, contudo ocorreram momentos de crescimento da indústria, tanto é que se não fosse determinados fatores, o séc. XIX poderia ter encerrado com um número bem maior de indústrias. Para compreender esse momento histórico, pode-se dividi-lo em três fases.

Na primeira fase, de 1822 a 1843, o Brasil ainda estava atrelado aos Tratados de Comércio de 1810, com taxas alfandegárias reduzidas e a conseqüente dependência do mercado interno aos produtos importados. Além disso as indústrias que teriam um mercado consumidor, como a têxtil, não

[143] Dentre os motivos que ensejaram o conflito existiam questões que inquietavam os países do Prata. O Paraguai já no séc. XIX oferecia à sua população um padrão médio de vida superior a qualquer outro país latino-americano, garantindo-se a todas as famílias moradia, alimentação, vestuário, emprego e o fim do analfabetismo. Era um país sem dívida externa, que explorava suas próprias riquezas e apresentava uma promissora industrialização. Toda essa prosperidade e independência econômica não eram bem vistas pelos países vizinhos e por algumas potências externas, em especial a Inglaterra, que temia que Argentina e Brasil vissem na política paraguaia um exemplo de prosperidade muito mais concreta do que ficar na dependência de empréstimos externos. Somando-se o interesse argentino em 1/3 do território paraguaio, bem como a abertura desse mercado para produtos estrangeiros, com o interesse brasileiro numa ampla região no norte do Paraguai e a possibilidade de navegar tranqüilamente nos rios Paraná e Paraguai, e ainda o interesse inglês em manter a dependência de Brasil e Argentina aos seus empréstimos, a Inglaterra custeou uma longa guerra que arruinou o Paraguai por completo. A Tríplice Aliança saiu vitoriosa.

tinham o apoio do governo que ainda estava preso às Leis de D. João VI. As agitações políticas no Primeiro Reinado e na Regência também cerceavam o crescimento industrial.

A segunda fase, de 1843 até 1875, inicia-se com novas tarifas alfandegárias, a Lei Alves Branco, que determinava que mercadorias diferentes pagariam taxas diferentes. Os objetivos arrecadatórios da Lei causaram um aumento no preço dos produtos importados e, somando-se isso aos capitais disponíveis graças ao fim do tráfico negreiro, possibilitou o surgimento de várias indústrias.

Destaque merece ser dado a Irineu Evangelista de Souza (1813-1889), o Barão de Mauá. Empresário e político brasileiro, considerado um símbolo do sucesso no meio empresarial, foi fundador de inúmeras indústrias, dentre as quais a fundição e estaleiro naval da Ponta da Areia, em Niterói, de onde saíram tubulações pesadas, pontes metálicas para estradas de ferro e 72 navios mercantes e de guerra, em apenas 11 anos. Em pouco tempo já detinha a maior indústria naval do país. Defendia que o sucesso do Brasil estava na industrialização, liderando, para tanto, iniciativas como a construção do sistema de iluminação a gás no Rio de Janeiro, a primeira ferrovia brasileira e a instalação dos primeiros cabos submarinos.

Mas interesses de uma minoria se sobrepuseram aos interesses de toda a nação, condenando a industrialização. A pressão dos capitalistas ingleses, somada aos anseios dos comerciantes importadores e a indiferença da classe dominante, com interesses na agricultura, culminaram, dentre outros absurdos, que em 1860, por exemplo, a lei alfandegária Silva Ferraz reduzisse a taxa sobre importação de navios de 60% para apenas 5%. Evidentemente, o estaleiro de Ponta da Areia se viu totalmente desprotegido face a concorrência voraz da maior indústria naval do mundo aquela época, a inglesa. O Barão de Mauá, maior banqueiro e industrial do Brasil e uma das maiores riquezas não resistiu e quebrou, o que dizer de empresários nem tão poderosos.

Na terceira fase, de 1875 até o final do séc. XIX, os industriais se unem na defesa dos seus interesses, criando em 1881 a Associação Industrial. A tese defendida pela Associação Industrial do protecionismo alfandegário e o resultante equilíbrio na balança de pagamentos do país, conseqüência do crescimento industrial nacional e da diminuição das importações, agradou o governo e prosperou, tanto que em 1900 o Brasil já contava com pouco mais de mil fábricas, contra as duzentas existentes em 1881.

No final de 1880 a monarquia estava enfraquecida, desatualizada politicamente, administrativamente ineficiente e cada vez mais com menos adeptos e grupos dispostos a defender o Imperador. Em 1889 o Partido Republicano dispunha das condições necessárias para proclamar a República. Ao amanhecer do dia 15 de novembro, o ministério de D. Pedro II é deposto, e nessa tarde a República é oficialmente proclamada.

Durante o Império também não se pode falar numa verdadeira competição no mercado entre agentes econômicos. Os produtos importados que abasteciam o mercado brasileiro impossibilitavam qualquer tentativa de concorrência por uma indústria nacional. E quando algum destemido brasileiro ousava concorrer com a indústria estrangeira, o poder econômico e financeiro de tais grupos era tão forte junto à elite agrária brasileira, dependente das exportações e ligada ao Imperador, que rapidamente medidas eram tomadas para destruir a tentativa de industrialização e assim minar a concorrência. Basta lembrar de Mauá e a ausência de medidas protecionistas que defenderiam o desenvolvimento industrial nacional.[144]

[144] Max Weber assinala em sua obra *Economia e Sociedade* que em diversos casos de codificação, dificilmente devem ter interferido de modo direto interesses econômicos de pessoas privadas. Ao contrário, precisamente o mais antigo exemplar, relativamente completo e singular em sua forma de todas as codificações conservadas, o Código de Hamurabi, permite com alguma probabilidade concluir que existia uma camada relativamente forte de interessados na troca de bens e que o rei, em seu próprio interesse político e fiscal, desejava dar apoio à segurança jurídica desse comércio. Weber também aponta que os conflitos existentes são em grande parte conseqüência inevitável de ser a legalidade intrínseca à lógica de todo o pensamento jurídico formal inconciliável com as ações juridicamente relevantes dos interessados e com seus acordos, fechados para obter efeitos econômicos e orientados em expectativas economicamente qualificadas. Ora, trazendo esses entendimentos à realidade de análise da conjuntura sócio-econômica da defesa da concorrência, deve-se fazer um estudo atento acerca desta realidade. Para o empresário investir no país, ele exige, além da estabilidade monetária e um mercado consumidor (ou que sirva como centro exportador), a segurança jurídica para produzir e comercializar o seu produto, inclusive com o combate aos abusos que possam vir a ocorrer dentro de um mercado concorrencial. O poder econômico acaba influenciando o Governo a adotar certas normas legais e econômicas favoráveis aos interesses das empresas, que acabam permitindo uma arrecadação interessante para o Estado, além de beneficiá-lo pela conquista do apoio político, determinante para sua manutenção (ou de seu partido) no poder. Percebe-se da lição de Weber que o interesse político e fiscal do governante acaba por atender aos interesses dos empresários, situação que é favorável a ambos.

II.3.2.2. O Brasil República

II.3.2.2.1. A República Velha

Com a Proclamação da República em 1889 até o ano de 1930 ocorreu a Primeira República, também chamada República Velha. Esta fase da história ficou marcada pelo domínio político das oligarquias agrárias dos grandes fazendeiros, em especial os cafeicultores, que assumiram o controle dos governos paulista e federal. Diferentemente das oligarquias que "reinavam" no Brasil Império, os cafeicultores paulistas eram modernos, dinâmicos e empresariais, algo que também possibilitou a participação da classe média e da emergente burguesia industrial no cenário político.

No Governo Provisório presidido por Deodoro da Fonseca, destaque seja feito ao Ministro da Fazenda, Rui Barbosa. Representando os interesses da nascente burguesia e da classe média, grupos que desejavam o desenvolvimento das atividades econômicas, em especial a indústria, o Ministro da Fazenda encampou uma política industrialista baseada em dois elementos: o aumento das taxas alfandegárias de importação para a proteção da indústria nacional contra a indústria externa, e a emissão de papel-moeda para o aumento do dinheiro em circulação em estímulo aos negócios e a produção.

Não é surpresa que uma vez mais, grandes grupos econômicos e financeiros internacionais, principalmente da França e Inglaterra, e os importadores e a oligarquias agrárias combateram severamente essa política industrialista. Interessante observar a relação entre tais brasileiros e os agentes internacionais. Por um lado, os estrangeiros não queriam perder um comprador de suas mercadorias e ainda ter mais um *player* como concorrente, por outro a elite agrária não queria sofrer represálias e deixar de exportar, pendendo assim para o lado dos grupos estrangeiros. Aqueles que arruinaram Mauá estavam de volta.

Após um início excelente e a formação de um grande número de empresas, ocorreu uma forte especulação nos mercados de capitais, ocorrendo diversas falências e o agravamento da inflação. O *Encilhamento*, como ficou conhecida a conseqüência da política de Rui Barbosa, terminou com a sua renúncia e o abandono da política industrialista em 1891.

Em 24 de fevereiro de 1891 foi promulgada uma nova Constituição, a segunda da história e a primeira republicana. Ela sofreu uma pequena reforma em 1926 e vigorou até 1930. Tanto a Constituição Federal de

1891, quanto a de 1824 se encaixam num contexto ideológico do liberalismo político-econômico, no qual na defesa do direito da propriedade assegura-se a plena liberdade de iniciativa no mercado. O Estado é assim um garantidor das liberdades individuais no mercado, descartando qualquer lei que viesse por normas na atuação dos agentes.

Com Floriano Peixoto na presidência (1891-1894), a classe média e a burguesia, que iniciava, estavam no poder, e mesmo não dispondo de todas as condições para alterar a estrutura sócio-econômica brasileira, introduziram importantes medidas de política econômica: empréstimos às indústrias, taxas alfandegárias protecionistas e medidas favoráveis às classes mais pobres. Contudo, em 01 de março de 1894 realizou-se eleição para a escolha do sucessor de Floriano Peixoto. O eleito, Prudente de Moraes, representante da oligarquia cafeeira paulista, significou a derrota de todos que buscavam a independência econômica do país com o fortalecimento da economia gerado pela industrialização.

De 1894 a 1909 as oligarquias estiveram no domínio, e Prudente de Moraes (1894-1898) retomou a antiga política do Império da agricultura e estreitas relações com os grupos financeiros externos. A presidência de Campos Salles (1898-1902) em nada mudou para melhor, só para pior. Campos Salles, que representava os ideais típicos das oligarquias, adotou uma política exportadora (café) e importadora (todos os demais produtos), prejudicando seriamente a indústria e a condição de vida da população.

Rodrigues Alves (1902-1906), paulista, fazendeiro e cafeicultor, realizou um governo que equilibrou as finanças, controlou a inflação e a economia retomou o ritmo, inclusive com o crescimento da indústria. Seu sucessor, Afonso Pena (1906-1909), mineiro, enquadrava-se na política "café-com-leite", e o aspecto mais importante de seu governo foi a defesa dos preços do café, que estavam em baixa. De 1909 a 1910 Nilo Peçanha exerceu a presidência.

Durante os anos de 1910 a 1919 o Regime Oligárquico sofre os seus primeiros abalos. Nesse período, que compreendeu a Primeira Guerra Mundial, disputas entre facções oligárquicas e o aparecimento de grupos oposicionistas dentro do Exército derrubaram diversas oligarquias estaduais.

No governo de Hermes da Fonseca (1910-1914) a parte financeira amargurou um momento muito difícil, e novos empréstimos foram feitos junto aos grupos financeiros internacionais. De 1914 a 1918 o governo foi de Wenceslau Braz, afetado, positivamente em alguns aspectos, negativamente em outros, com a Primeira Grande Guerra.

Com a Guerra (1914-1918) a economia brasileira foi abalada com carestia, desemprego e baixa dos salários reais, tanto que eclodiram greves operárias. Por outro lado, a redução das importações contribui para um surto de industrialização, já que diversos produtos passaram a ser fabricados em território nacional. A indústria, ainda secundária na economia, não poderia ser mais desprezada pelo governo.

Eleito Rodrigues Alves, ele logo no início de seu mandato veio a falecer, assumindo interinamente Delfim Moreira (1918-1919). Nesse período rompe a política "café-com-leite", tendo início o período do declínio das oligarquias (1919-1930).

Epitácio Pessoa (1919-1922), diante de uma situação financeira ainda razoável, realizou algumas grandes obras, em que pese o declínio do crescimento industrial decorrente do fim da Guerra. No setor financeiro ainda ocorreu uma valorização do café, mas a situação do país não era boa. Durante os anos de 1922 a 1926 Artur Bernardes esteve à frente do governo, marcado por muita agitação política com o governo adotando uma violenta e generalizada repressão política. Washington Luiz (1926-1930) tentou pacificar a situação política.

A Primeira República obteve transformações sócio-econômicas bastante significativas, apesar de lentas. Houve um crescimento da população de 14 milhões para 37 milhões, a rede ferroviária aumentou de 8 mil quilômetros para 32 mil quilômetros, surgiram novos cursos e faculdades e a atividade industrial cresceu das 900 fábricas em 1889 com 54.200 operários, para 18.800 fábricas com 450.000 operários em 1930. A maioria das indústrias era têxtil e de alimentos, concentrando-se 55% das fábricas em São Paulo e no Distrito Federal (Rio de Janeiro).

II.3.2.2.2. A Segunda República

Em 1930, diante da insatisfação que tomava o país, uma Revolução sai vitoriosa, com Getúlio Vargas assumindo a presidência provisoriamente com a suspensão da Constituição de 1891, fechamento do Congresso Nacional e das Assembléias Estaduais e a nomeação de interventores federais em substituição aos governadores. Iniciava-se a Segunda República, que perdurou por 34 anos. Neste período, o Brasil foi evoluindo progressivamente e as principais tendências foram: a importância do mercado interno para o setor econômico, rápido processo de industrialização, a indústria desponta como o principal setor da economia, o grupo social mais rico do país passa a ser a burguesia industrial, fortalecimento da classe média, crescimento do proletariado urbano, aumento do processo de urbanização em especial nas regiões Sul e Sudeste, declínio das oligarquias e dos governos estaduais, consolidação do Estado Nacional, crescente intervenção econômica do Estado, e crescente influência econômica e política do capital estrangeiro, agora preponderantemente o norte-americano ao invés do inglês.

Os anos 30 foi a época do "populismo", baseado no culto a Getúlio e na concessão de direitos previdenciários e trabalhistas, como o salário mínimo, jornada de trabalho diária de 8 horas, férias remuneradas, indenização por demissão sem justa causa, além da legalização dos sindicatos. Teve-se ainda uma nova Constituição, a terceira da história, graças em grande parte ao empenho dos paulistas que em 1932 pegaram em armas para lutar por ela, promulgada em 16 de julho de 1934. A nova Constituição estava inserida num contexto ideológico, que teve início na Primeira Grande Guerra e se confirma nas Constituições do México de 1917 e de Weimar de 1919, segundo o qual o Estado deixa de ser simplesmente um garantidor e passa a criador de normas que irão ditar a conduta dos agentes no mercado[145].

No dia seguinte da Constituição promulgada, a Assembléia elegia Getúlio Vargas para ocupar o mandato de Presidente (1934-1938). Apesar do mandato que lhe havia sido constitucionalmente assegurado, em novembro de 1937 Getúlio promove um golpe de estado e se perpetua no poder por mais oito anos. Durante os anos de 1937 a 1938 o Brasil passou pelo Estado Novo, fortalecido pelos cafeicultores que dependiam do Estado para a manutenção dos preços do café, pelos industriais que dependiam do Estado para o crescimento das indústrias e as oligarquias e a classe média urbana que temiam o crescimento da esquerda.

Destaque deve ser dado à intervenção do Estado na economia. Nos anos de 1937 a 1940 o Estado buscou racionalizar e incentivar as ativi-

[145] Tanto é assim, que dispunha a Constituição Federal em seu art. 115: "A ordem econômica deve ser organizada conforme os princípios da justiça e as necessidades da vida nacional, de modo que possibilite a todos existência digna. Dentro desses limites, é garantida a liberdade econômica". Percebe-se da leitura desse artigo que o constituinte estabeleceu a liberdade dos agentes, mas que ela poderia ser restringida para o bem da justiça e das necessidades da nação, facultando ao Estado intervir na economia para assegurar o interesse do bem geral.

dades econômicas já existentes, contudo tal situação se modifica a partir de 1940. A instalação de grandes empresas estatais, principalmente indústrias pesadas como siderurgia, mecânica, metalurgia, mineração de ferro, geração de energia hidroelétrica e química, significou a alteração do papel do Estado que se torna o principal investidor dessas indústrias passando a atuar diretamente na economia.

Merece lembrar que a Constituição de 1937 era de inspiração fascista, nos moldes da adotada por Mussolini. Tanto que o princípio constitucional exposto no art. 135, no qual se aceitava a intervenção estatal no domínio econômico para suprir deficiências da iniciativa individual e introduzir no jogo das competições individuais o pensamento dos interesses da Nação representados pelo Estado, tinha função semelhante ao proposto na *Dichiarazione IX* da *Carta del Lavoro*, de 1927, e mais adiante ao art. 41 da Constituição da República Italiana.

Nessa linha, a Constituição de 1937 atribui ao Estado a coordenação da produção e a inserção da competição com resultados positivos à nação, cabendo ao Estado ainda o poder de repreender os crimes tidos contra a economia popular[146].

A partir desse preceito constitucional se tem o *Decreto-Lei nº 869*, de 18 de novembro de 1938, o primeiro diploma legal brasileiro destinado a reprimir práticas atentatórias à livre concorrência. Logo em seu art. 1º estabelecia que os crimes contra a economia popular, sua guarda e seu emprego seriam punidos, e no art. 2º definia a tipologia desses crimes, dentre os quais se pode citar: destruir matérias-primas ou produtos necessários ao consumo do povo para determinar alta de preços em proveito próprio ou de terceiro; receber indenização para desistir da competição; impedir ou dificultar a concorrência para obter aumento arbitrário dos lucros; açambarcar produtos necessários ao consumo do povo para dominar mercado e provocar alta dos preços; impedir a concorrência com venda de produtos abaixo do preço de custo; exercer funções de direção em mais de uma empresa com o fim de dificultar a concorrência; e fraudar de qualquer modo escriturações com o fim de sonegar lucros.

[146] Assim ditava o art. 141: "A lei fomentará a economia popular, assegurando-lhe garantias especiais. Os crimes contra a economia popular são equiparados aos crimes contra o Estado, devendo a lei cominar-lhes penas graves e prescreve-lhes processos e julgamentos adequados à sua pronta e segura punição".

O primeiro diploma antitruste brasileiro na verdade repercutiu na regulamentação de preços e na supressão dos artifícios e fraudes na venda de mercadorias. Na área específica da defesa da concorrência, pouco ou nada fez, talvez pela inexistência de um órgão especializado para se ocupar com a matéria e aplicar a lei.

Com a Segunda Guerra Mundial (1939-1945) o Brasil obteve importantes resultados. Primeiramente, o Governo de Getúlio conseguiu dos EUA o financiamento para a construção da Usina de Volta Redonda, a compra de armamentos alemães e o fornecimento de material bélico americano, enquanto não definia qual posição adotar: pró-Aliados ou pró-Eixo. Depois, o Estado Novo não admitia mais em sua política interna um regime ditatorial, algo combatido na Guerra. Getúlio não mais se sustentava no poder.

Foi ainda em 1945 que, por iniciativa do então Ministro da Justiça, Agamenon Magalhães, em 22 de junho ocorria o *Decreto-Lei nº 7.666*, a "Lei Malaia", que preceituava "atos contrários à ordem moral e econômica", dispondo em seu art. 1º dos atos considerados contrários aos interesses da economia nacional, dentre os quais merecem citação: entendimentos entre empresas que tenham por efeito elevar o preço de venda dos respectivos produtos, cercear a liberdade econômica de outras empresas e influenciar o estabelecimento de um monopólio; os atos de aquisição de terras por parte de empresas que possam resultar na supressão das pequenas propriedades; a paralisação de empresas que possa resultar na elevação dos preços das mercadorias ou no desemprego em massa; e a concentração de empresas que possa resultar na elevação de preços, restrição da liberdade econômica de outras empresas e o estabelecimento de um monopólio.

Esse mesmo Decreto-Lei criava em seu art. 19 a Comissão Administrativa de Defesa Econômica (CADE), órgão autônomo, com personalidade jurídica própria e subordinado diretamente ao Presidente da República. Dentre suas atribuições, dispunha o art. 11 que a "CADE" era competente para legitimar acordos em restrição da concorrência, desde que tivesse por efeito: o equilíbrio da produção com o consumo; regular mercado; a estabilização dos preços; a padronização ou racionalização da produção; e o estabelecimento de uma exclusividade de distribuição destinadas à satisfazer necessidades conexas.

Entretanto, no final de 1945, com a queda de Getúlio Vargas o Decreto-Lei nº 7.666/45 foi revogado. Em outras palavras significou que na prática nem foi aplicado.

Eleito presidente Gaspar Dutra para os anos de 1946 a 1951, sua política econômica baseou-se na não-intervenção do Estado na Economia, no congelamento dos salários e na total liberdade de ação para o capital estrangeiro. Porém, com resultados muito ruins, o governo modifica sua orientação e passa a intervir discretamente na economia, era o *Plano Salte* que também não prosperou. Ao menos a economia parou de piorar.

Contudo, apesar de revogado, o Decreto-Lei nº 7.666/45 teve importante influência na elaboração da Constituição Federal de 1946, que dispunha em seu art. 148: "A lei reprimirá toda e qualquer forma de abuso do poder econômico inclusive as uniões ou agrupamentos de empresas individuais ou sociais, seja qual for a sua natureza, que tenham por fim dominar os mercados nacionais, eliminar a concorrência e aumentar arbitrariamente os lucros".

Neste sentido, em abril de 1948 Agamenon Magalhães, considerado o pioneiro do antitruste no Brasil, encaminha o *Projeto de Lei nº 122*, o qual adotava as diretrizes da legislação norte-americana com as modificações impostas pelas condições político-econômicas brasileiras para regulamentar o art. 148 da Constituição Federal, na repressão de toda e qualquer forma de abuso de poder econômico.

Os anos 50 ficaram marcados pela disputa travada por dois grandes grupos pelo poder político, econômico e ideológico do país: progressistas, que defendiam estabelecer uma democracia política e econômica, e conservadores, empenhados na manutenção de uma democracia liberal, sem grandes reformas sociais e econômicas.

Reeleito para o mandato de 1951 a 1954, o governo Getúlio Vargas foi marcado por contradições, como a de ser um governo progressista, mas com um ministério conservador. Criou a Petrobrás, aprovada pelo Congresso em 1953, e em 26 de dezembro de 1951, enquanto tramitava o Projeto de Lei nº 122, é anunciada a Lei nº 1.521, que regulamentaria o julgamento dos crimes contra a economia popular, e a Lei nº 1.522, que criava a Comissão Federal de Abastecimento e Preços (COFAP), para implementar a intervenção estatal no domínio econômico pela fixação de preços, desapropriação de bens e serviços e do controle de abastecimento.

Antes de encerrar o seu mandato Getúlio suicidou-se. Deixou a *carta-testamento*, na qual denunciou "grupos nacionais e estrangeiros contrários à política nacionalista". Com a morte de Vargas, assumiu seu vice, Café Filho, que governou de 1954 a 1955. Sua política econômica era contrária à estatização e favorável ao capital externo; também não teve sucesso.

Nos anos de 1956 a 1961 o Brasil esteve sob o governo de JK, Juscelino Kubitschek, de grande habilidade política, eficiência e centralização administrativa, e apoiado pelas Forças Armadas. Um plano de ação econômica em grande escala, denominado *Plano de Metas*, objetivava 30 metas num período de 5 anos e agrupadas em 5 setores: energia, transportes, indústrias, educação e alimentos.

O então modelo econômico empregado no Plano de Metas previa o crescimento acelerado com a substituição das importações. Contudo, existia a dependência das empresas estrangeiras, que começavam a se transformar em multinacionais, pois havia a necessidade desse capital e tecnologia. O grande problema é que essas empresas forneciam apenas o que lhes interessava.

A crise do modelo econômico, baseado na industrialização por substituição de importações, causada com a recusa dos grandes grupos estrangeiros em fornecer capital e tecnologia, acirrou a luta entre conservadores e progressistas, instaurando a crise da Segunda República (1961-1964).

Em 1961 Jânio Quadros é eleito presidente, e logo que assume adota medidas financeiras e administrativas que deixam grande parte da população decepcionada com sua conduta. Desprestigiado junto à opinião pública e combatido pelo Congresso, renuncia meses depois de tomar posse.

De 1961 a 1963 o Brasil teve uma fase parlamentarista, com João Goulart (Jango) na presidência de um país em crise econômica, inflação subindo e um desequilíbrio político. Os primeiros-ministros que se sucederam no poder foram Tancredo Neves, Brochado da Rocha e Hermes Lima.

Neste período, em 1962, a COFAP é substituída pela Superintendência Nacional de Abastecimento (SUNAB), criada pela Lei Delegada nº 5, de 26 de setembro. Nesta mesma data também foi anunciada a Lei Delegada nº 4, que dispunha das políticas de intervenção no domínio econômico. As citadas leis estavam na contra-mão da direção que caminhava a defesa da concorrência, primeiro porque voltava a definir como crimes os atos contrários à concorrência, depois pela criação de órgão do Estado responsável pela fixação e controle de preços. Porém, analisando o momento histórico do País, tais medidas não causam estranheza.

Contudo, importante destacar que dias antes das Leis Delegadas nºs 4 e 5, foi publicada a *Lei nº 4.137*, de 10 de setembro de 1962. Tal Lei é decorrente da longa tramitação do Projeto de Lei nº 122, de 1948, e sua finalidade era regular a repressão ao abuso do poder econômico, conforme estipulado no art. 148 da Constituição de 1946.

A Lei nº 4.137/62 considerava em seu art. 2º as formas de abuso de poder econômico, dentre as quais: dominar os mercados nacionais ou eliminar total ou parcialmente a concorrência por meio de ajuste ou acordo entre empresas, aquisição de acervos de empresa, qualquer forma de concentração de empresa, acumulações de direção de mais de uma empresa e criação de dificuldades ao funcionamento de empresas; elevar sem justa causa os preços com o objetivo de aumentar arbitrariamente os lucros; provocar condições monopolísticas ou exercer especulação abusiva com o fim de promover a elevação temporária de preços por meio de destruição de bens de produção ou de consumo, açambarcamento de mercadorias ou de matérias-primas; retenção de bens de produção ou de consumo em condições de provocar escassez e provocar com meios artificiosos a oscilação de preços para prejudicar empresa concorrente; formar grupo econômico por meio de discriminação de preço entre compradores e subordinar a venda de um produto à aquisição de outro; e exercer concorrência desleal por meio de exigência de exclusividade para propaganda publicitária e ajuste de vantagens na concorrência pública ou administrativa. O art. 8º da Lei também criava o Conselho Administrativo de Defesa Econômica (CADE), com a finalidade de apurar e reprimir os abusos do poder econômico.

Após a realização de plebiscito, em que a população optou pelo presidencialismo, João Goulart governou sua etapa presidencialista de 1963 a 1964, promovendo as *reformas de base*, que constituíam na reforma agrária, do sistema bancário, do processo eleitoral, da legislação referente ao capital estrangeiro e remessa de lucros das multinacionais, e a reforma do sistema tributário. No campo da legislação da concorrência, em 20 de maio de 1963, o *Decreto nº 52.025* editou o Regulamento da Lei nº 4.137/62. O governo também tentou a estabilização da economia e a criação de condições para implantar as reformas de base com o *Plano Trienal*. Porém, essas medidas prejudicavam os privilégios e interesses de grupos conservadores, o que deixou o governo numa situação bastante delicada. Na noite de 31 de março, já próximo ao dia 01 de abril de 1964, inicia-se o Golpe Militar, consumado 48 horas mais tarde.

II.3.2.2.3. O Período da Ditadura Militar

O Golpe Militar representou a substituição por completo de um modelo político, democrático e com uma certa distribuição da riqueza em benefício geral, e econômico, que havia transformado o Brasil em um país próspero dentro do sistema capitalista e de certa forma independente do capital externo. Dentre os grupos sociais, econômicos e políticos, estavam do mesmo lado para a realização do Golpe a burguesia, os grandes proprietários rurais, tecnocratas e os militares, mas rapidamente os militares, assessorados pelos técnicos que ocupavam importantes cargos em órgãos estatais isolaram-se no poder. O modelo político-econômico passou a ser da ditadura política e do crescimento acelerado da economia.

Pretendia o governo atingir o desenvolvimento com o crescimento econômico, a fim de transformar o Brasil numa grande potência desenvolvida. Porém, o Brasil não detinha tecnologia e capital, e para poder realizar um crescimento rápido aumentou a taxa de re-investimento, ampliou a participação do Estado na economia, incentivou os investimentos econômicos e obteve empréstimos externos.

Quanto ao modelo econômico nacional, ele estava sustentado no capital estatal (setores como energia, transporte e siderurgia, que exigiam grandes investimentos e à curto prazo não davam lucro), multinacionais (áreas lucrativas, como indústria química, petroquímica, automobilística, eletrônica e mineração, mas que exigiam tecnologia avançada e muito capital) e empresas privadas brasileiras (com atuação no setor de alimentos, vestuários, mecânica e metalurgia, que também exigiam capitais e técnica, mas sobretudo mão-de-obra).

O desempenho econômico do modelo adotado oscilou bastante, tendo seus altos (no início) e baixos (ao final). Nos anos de 1964 a 1967, fase de todo o governo Castelo Branco e início do governo Costa e Silva, ocorreu a estabilização com a adoção do *Plano de Ação Econômica do Governo* (PAEG), cujos objetivos chaves eram a aceleração do crescimento econômico e a redução da inflação. O PAEG não teve os resultados previstos, mas contribui para o crescimento econômico dos dois anos seguintes, pois restabeleceu a confiança dos banqueiros internacionais e das multinacionais, somando-se ao congelamento de salários dos trabalhadores de menor renda e à repressão aos sindicatos e protestos populares.

Entre 1967 e 1973 ocorreu a fase do rápido crescimento, compreendida em parte do governo Costa e Silva e durante o governo de Emílio Garrastazu Médici, com o Produto Interno Bruto (PIB) tendo um crescimento real de 4,8% em 1967 para 14% em 1973. O período de 1970 a 1973 era a época denominada do "milagre brasileiro". Tal fato foi possível com a aplicação dos lucros dos grandes empresários brasileiros na ampliação de seus investimentos e aos diversos incentivos fiscais concedidos pelo governo que permitiram novos investimentos. Associa-se a tudo isso o estreito relacionamento do Brasil com o capitalismo internacional, que significou grande aumento nas exportações, os grandes investimentos de multinacionais atraídas por diversos privilégios concedidos pelo governo e os vultosos empréstimos dos banqueiros internacionais. Nesta fase a classe média foi estimulada ao consumismo, e foi às compras.

Porém, a fase do declínio marcou os anos de 1974 a 1980. Os anos de 1974 a 1979 estiveram sob a presidência de Ernesto Geisel e em 1979 já assumia o governo João Baptista Figueiredo. Apesar do país ter passado por um grande crescimento e estar entre os dez países mais ricos do mundo, não significou ter ocorrido o desenvolvimento. O "milagre econômico" não se traduziu em distribuição de renda, mas concentração para os mais abastados, enquanto os pobres tinham o seu grau de pobreza aumentado. As multinacionais aqui instaladas e a pressão do capital estrangeiro faziam com que a produção estivesse voltada para o que desse lucro, e não às necessidades da população. O governo, por sua vez, não se adaptou à nova realidade e insistia nas altas taxas de crescimento, abusando de mais empréstimos externos.

A fase da recessão, durante a ditadura, durou de 1981 a 1985, com a economia fortemente castigada. Neste período o presidente era João Baptista Figueiredo. A crise econômica aumentou ainda mais o descontentamento da população com o governo que, cada vez mais desprestigiado, viu-se obrigado a fazer concessões maiores do que esperava para a *abertura política*.

Infelizmente, apesar do crescimento e do progresso alcançado, o Brasil não obteve o desenvolvimento tão esperado e necessário. Pior, os resultados do modelo político-econômico dos militares (e tecnocratas que os assessoravam), mergulharam o país em recessão econômica, inflação, dívida externa elevada, desemprego, salários achatados, altos índices de pobreza e muita corrupção.

II.3.2.2.4. A Nova República

Com o fim do Regime Militar, tem início em 1985 a Nova República com os setores organizados da sociedade não dando conta que o mundo tinha mudado e não eram mais os anos 60, já se beirava a última década do séc. XX.

O Colégio Eleitoral, externando o anseio da maioria da população, elege Tancredo Neves para a presidência da República, mas ele falece antes de ser empossado. Em seu lugar assume José Sarney (1985-1989) que em

1986 adota o Plano Cruzado numa tentativa (fracassada) de eliminar rapidamente a inflação e manter o crescimento econômico, com a criação de uma nova moeda (Cruzado), o congelamento por um ano de preços e salários, redução das taxas de juros, desindexação da economia e desestimular a especulação financeira. Retomando a legislação de concorrência, aos 23 de janeiro de 1986 o *Decreto nº 92.323* aprovou o novo Regulamento para a Lei nº 4.137/62, revogando as disposições do Decreto nº 52.025, de 1963.

Em 1989, após 29 anos o Presidente da República seria eleito pela população. Fernando Collor de Mello, apoiado pelo setor mais retrógrado da oligarquia dominante, um então desconhecido no cenário político nacional, desponta como o "salvador da pátria" e é eleito, batendo no segundo turno das eleições o candidato do Partido dos Trabalhadores (PT), Luiz Inácio Lula da Silva, para governar de 1990 a 1994.

No governo Collor o Brasil passou pela ruptura político-econômica que definitivamente marcou o percurso do desenvolvimento da década de 90, pois além de uma política de estabilização, pretendia-se o combate à inflação e a implementação de reformas no Estado e na relação do Brasil com os demais países, numa clara tendência liberal. Porém, a forma como o projeto foi conduzido condenou-o ao insucesso. O fracasso na condução das questões econômicas, somado a postura distante do Presidente aos setores organizados da população, ao grande descontentamento da população e ainda a determinadas questões políticas, levaram Collor a sofrer o *impeachment*, assumindo a presidência Itamar Franco, para cumprir a metade restante do mandato.

No tocante ao Direito da Concorrência, fácil perceber que apesar dos esforços de Agamenon Magalhães e de todos aqueles que se empenhavam na implantação de leis eficazes de defesa da concorrência, a própria estrutura a que o Brasil estava habituado, de um Estado interventor que, inclusive, determinava preços a serem praticados, e de empresas sem competição por causa da economia então fechada, não se podia pensar em concorrência.

O cenário propício para a não existência da concorrência começou a mudar ainda no governo Collor com a abertura dos mercados, não obstante a forma precipitada como foi feito esse processo que não assegurou a empresas de diversos setores da economia o prazo de estruturação necessário para a árdua competição internacional[147].

[147] "A política industrial e de comércio exterior, que se apoiou na liberalização das importações, expondo repentinamente a indústria brasileira à competição internacional,

O governo Collor até que tentou fazer vingar a concorrência, tanto é que em 10 de maio de 1990 é criada a *Secretaria Nacional de Direito Econômico* (SNDE), por meio do Decreto nº 99.244. Quanto às legislações, em sentido contrário ao que caminhava a defesa da concorrência, em 27 de dezembro de 1990 foi publicada a *Lei nº 8.137*, pela qual os atos contrários à ordem econômica eram configurados como crimes. Logo em seguida, aos 09 de janeiro de 1991, foi publicada a *Lei nº 8.158/91* com a finalidade de instruir normas para a defesa da concorrência.

Contudo o que se viu foi uma gama de legislações distintas versando sobre um mesmo tema que, além de não contribuir com a defesa da concorrência, impedia sua aplicação aos casos concretos. A explicação é que a Lei nº 8.158/91 mantinha as definições de ilícitos da Lei nº 4.137/62, bem como o entendimento de crime contra a ordem econômica da Lei nº 8.137/90, além de fazer sua própria tipificação.

Itamar Franco, de viés antiliberal, reduziu o ritmo das reformas pretendidas por Collor, mas isso não significou que as privatizações deixaram de acontecer. Durante o seu governo se aquecia a disputa pela eleição presidencial de 1994. Os dois candidatos que despontavam eram Lula, na ascensão política das forças de esquerda, e Paulo Maluf, incapaz de garantir o consenso entre os empresários. A solução encontrada foi uma "terceira via", inicialmente com a nomeação do senador Fernando Henrique Cardoso para Ministro da Fazenda, e sua consolidação com o anúncio e implementação de um novo plano econômico, o Plano Real[148].

No quadro confuso que se encontrava a defesa da concorrência, ganha destaque o *Projeto de Lei nº 3.712-E*, de 1993, que propunha a trans-

constituiu-se, entre outras, das seguintes iniciativas: eliminação de todas as isenções, término do sistema de anuência prévia para importações, fim do anexo ´C` da Caex, suspensão da exigência de programação anual para importar e extinção das Zonas de Processamento de Exportações (ZPEs)". in FILGUEIRAS, Luiz. *História do Plano Real*. São Paulo: Boitempo, 2000. p. 88.

[148] Em 03 de outubro de 1994, quando da eleição presidencial, a inflação em Real (moeda adotada a partir de 01 de julho desse mesmo ano) estava próxima a zero, a atividade econômica em crescimento, o poder aquisitivo da população estava mantido desde 01 de março de 1994 com a introdução da Unidade de Referência do Valor - URV (referencial para a transição da moeda, mais do que um "superindexador" é considerado o embrião do Real) e a população de menor renda indo as compras já que estava livre das perdas inflacionárias e podendo pagar em prestações.

formação do CADE em autarquia e ainda dispunha sobre a prevenção e repressão às infrações contra a ordem econômica. A estabilização da moeda apresentada pelo Plano Real e o processo de desestatização, com o qual o Estado brasileiro cada vez mais deixava sua atuação de interventor para regulador, eram os elementos que faltavam para exigir o estabelecimento de uma legislação eficaz de defesa da concorrência, que prevenisse e reprimisse condutas anticoncorrenciais prejudiciais à ordem econômica.

Além do mais, a própria Constituição Federal de 1988 dispõe em seu art. 170, IV, que a ordem econômica, fundada na valorização do trabalho humano e na livre iniciativa, tem por fim assegurar a todos existência digna, conforme os ditames da justiça social, observado o princípio da livre concorrência. Por sua vez, o art. 173, §4º, determina que a lei reprimirá o abuso do poder econômico que vise à dominação dos mercados, à eliminação da concorrência e ao aumento arbitrário dos lucros.

Neste contexto é promulgada a Lei nº 8.884, de 11 de junho de 1994, a Lei de Defesa da Concorrência[149].

Em 1994 é eleito para presidente Fernando Henrique Cardoso (FHC), para governar de 1995 até o final de 1998, mas reeleito no primeiro turno das eleições seguintes governa até 2002. FHC estava decidido por um projeto de modernização neoliberal, consciente da relação de poder e dependência internacional típica da globalização financeira. Logo em seu primeiro ano FHC conseguiu a aprovação de importantes reformas constitucionais econômicas, como a quebra de monopólios estatais, igualdade de tratamento entre empresas nacionais e estrangeiras e a desregulamentação de certas atividades consideradas estratégicas.

Algo que se observava há mais tempo em diversos países, iniciado no Brasil com governo Collor e o Plano Nacional de Desestatização (PND), tendo prosseguimento no governo Itamar, ganha toda força e destaque a partir da segunda metade da década de 90 com o governo FHC e o Plano Real[150]. Essa tendência constitui reformas tributárias, administrativas e previdenciárias do Estado, e das já citadas de ordem econômica, juntamente com as "privatizações".

---

[149] A Lei nº 8.884/94 será abordada em item específico deste trabalho.

[150] Uma das matrizes básicas da elaboração do Plano Real foi o "Consenso de Washington", que delineou novos caminhos para a América Latina, pautados na estabilização e no desenvolvimento, a partir de transformações mundiais decorrentes do liberalismo, da reestruturação produtiva e da globalização.

As reformas da ordem econômica, facilmente aprovadas pelo Congresso Nacional, extinguiram os monopólios estatais de diversos setores, como o da prospecção, exploração e refino do petróleo, das telecomunicações e da geração e distribuição de energia. A alteração do conceito de "empresa nacional" objetivou garantir igualdade de condições para empresas estrangeiras atuarem no mercado brasileiro.

Dentre as diversas justificativas apresentadas e defendidas para a realização do processo de privatizações, pode-se agrupá-las e fazer uma divisão em duas vertentes: uma de natureza estrutural e outra de natureza conjuntural.

As justificativas estruturais para a realização das privatizações podem ser apresentadas como: (i) ideológica, com a defesa da livre iniciativa; (ii) eficiência, já que empresas estatais têm suas gestões muito politizadas e dificilmente atuam pelos parâmetros do mercado; (iii) mudança dos setores estratégicos, uma vez que o Estado não precisaria continuar atuando em setores anteriormente tidos como de vanguarda e em outros setores necessitaria arcar com elevados investimentos, como telecomunicações; (iv) amadurecimento e fortalecimento do setor privado; e (v) evitar o efeito *crowding-out*, isto é, evitar que o Estado esteja em setores de atuação da iniciativa privada, o que é fator de desestímulo de investimentos privados.

Já no que se refere às justificativas conjunturais para o processo de privatizações, destaca-se: (i) a credibilidade política, fundamental para atrair capitais estrangeiros e receber apoio de organismos internacionais; (ii) a crise fiscal e estabilidade da moeda, a fim de se abater a divida pública e ter orçamentos equilibrados; (iii) as limitações do investimento público, já que o Estado não consegue adequar suas empresas a enfrentar à concorrência e ao mesmo tempo ele Estado atender positivamente as áreas sociais; e (iv) os efeitos catalisadores e dinamizadores sobre a economia, o caso de se fortalecer o mercado de capitais, por exemplo.

A justificativa principal do governo FHC para a realização das privatizações era centrada em dois pontos: o atendimento das áreas sociais e a redução das dívidas públicas.

Todo esse processo fez com que o mercado recebesse novos entrantes, dispostos a disputar os consumidores em diversos setores da economia, muitos até então fechados e garantidos exclusivamente ao monopólio estatal. O processo de desestatização faz com que empresas privadas venham a ocupar setores até então exclusivos de atuação estatal. Com isso a concorrência se acirrou e muitos setores da economia vão se tornando mais eficientes para o bem dos consumidores.

A estabilidade da moeda, por sua vez, dá a garantia necessária para que investidores internacionais passem a ter o Brasil como um enorme mercado a ser explorado. Daí se falar que o plano Real não foi apenas um plano exclusivamente de estabilização monetária, mais do que isso, ele cumpriu importante papel político para implementar o projeto liberal no Brasil.

O Estado brasileiro passa então por um importante processo. De interventor, atuante direto na economia inclusive como empresário e fixador de preços[151], para regulador e garantidor da concorrência em benefício do consumidor.

Apesar dos incontestáveis avanços sócio-econômicos e democráticos da era FHC, o Brasil amargurou um fraco crescimento econômico no período de 1995 a 2002, de aproximadamente 2,3% ao ano, com o crescimento das taxas de desemprego e a persistência da concentração de renda e a manutenção de desigualdades regionais. O endividamento interno e externo também aumentou, a relação dívida líquida/PIB, que era de 28% em

[151] O Governo, além de administrador de diversas empresas de estruturas inchadas e pouco produtivas, que ofereciam produtos e serviços caros e de baixa qualidade, também determinava preços a serem praticados em diversos setores da economia. A CIP (Comissão Interministerial de Preços) convocava os dirigentes de empresas de determinados setores e acordavam, após estudos e debates, qual o preço a ser cobrado do consumidor. Evidentemente todos esses ingredientes estavam na contra-mão da globalização e, sobretudo, praticamente inibiam qualquer esboço mais concreto da concorrência. Interessante também mencionar o controle de preços exercido pela Câmara Setorial, criada no bojo de uma ação estatal sobre os preços formados no mercado, art. 23 da Lei nº 8.178/91, representava uma novidade em matéria jurídica e em metodologia interpretativa, que punha em contraste a ideologia do Estado liberal e a ideologia do Estado social, conforme escreve Marcos Peixoto Mello Gonçalves, em *Pluralismo Organizado: uma nova visão do Direito Econômico*. São Paulo: Quartier Latin, 2002. p. 21. No prefácio da obra citada, Ari Marcelo Solon (p.14) assevera que "... as Câmaras Setoriais representaram um caminho alternativo ao de corte neoliberal", e continua escrevendo que "... a escolha de um instituto que em outubro de 1992 reunia vinte e nove Câmaras Setoriais com cinco Acordos Setoriais Tripartites já celebrados, que em fevereiro de 1993 celebrou o histórico *Pacto Automotivo*, e que dois anos e meio depois foi marginalizado pela tecnocracia estatal, mostra de per si, que o Direito pode ser visto na perspectiva de um epifenômeno imbricado na correlação de forças socioeconômicas que sustentam o próprio Estado".

1995, no final de 2002 estava próxima a 60%, mesmo com a elevação da carga tributária.

Em 2002 o Brasil passa por um novo processo eleitoral e FHC não faz o seu sucessor, José Serra (PSDB). Somando 52 milhões de votos é eleito o candidato "das oposições", Luiz Inácio Lula da Silva (PT), com a promessa da construção de uma sociedade mais razoável, que combine harmonicamente a liberdade individual, a redução das desigualdades e a eficiência econômica.

Interessante destacar o que escreve Celso Furtado acerca do verdadeiro desenvolvimento, "que só ocorre quando beneficia o conjunto da sociedade. Superar as barreiras do subdesenvolvimento requer criatividade política, impulsionada pela vontade coletiva (...) o ponto de partida do processo de reconstrução do país deverá ser a participação maior do povo nas decisões"[152].

Em seu discurso de posse, em 01 de janeiro de 2003, o presidente Lula externou que: "o Brasil é um país imenso, um continente de alta complexidade humana, ecológica e social, com quase 175 milhões de habitantes. Não podemos deixá-lo seguir à deriva, ao sabor dos ventos, carente de um verdadeiro projeto de desenvolvimento nacional e de um planejamento de fato estratégico"[153]. Cumpre agora acompanhar tal projeto e participar de sua implementação por meio dos setores organizados da sociedade, a fim de, quem sabe, conseguir o tão esperado desenvolvimento nacional.[154]

No campo do Direito da Concorrência, a equipe do presidente Lula dispõe de um projeto para reformular o Sistema Brasileiro da Concorrência (SBDC), elaborado ainda no governo FHC, e que não foi encaminhado pela Casa Civil ao Congresso Nacional, no final de dezembro de 2002, a pedido da equipe de transição do atual governo que optou por estudar melhor a matéria.

---

[152] in *O Novo Brasil*. Revista Carta Capital, ano IX, nº 221, 25 de dezembro de 2002, p. 44.

[153] in Revista Carta Capital, ano IX, nº 222, 08 de janeiro de 2003, p. 24.

[154] Entretanto, é interessante verificar, desde já, o que pensam aqueles que estão diretamente ligados ao presidente Lula. Waldir Pires, Corregedor-Geral da União, afirma que: "A função para a qual fui nomeado trata de mobilizar a população no combate à corrupção e aos desvios de dinheiro público, portanto, de retomar a seriedade republicana do processo democrático" (in Revista Carta Capital, ano IX, nº 222, 08 de

janeiro de 2003, p. 27). O presidente do BNDES, Carlos Lessa, assinala que: "O BNDES deve ser um construtor do futuro, não um prisioneiro do mercado, como vem sendo até hoje. Como o próprio nome diz, ele é um banco de desenvolvimento. Por isso deve entrar em áreas onde as instituições privadas não querem" (in Revista Carta Capital, ano IX, nº 222, 08 de janeiro de 2003, p. 29). Já na agricultura, que sempre teve grande importância para a economia do Brasil, afirma Roberto Rodrigues que: "Há muita contradição na cadeia produtiva. Se conseguirmos encontrar uma política de banda de preço em que todos do setor estejam satisfeitos, será ótimo. O governo não pode interferir muito nessas coisas, mas sim fomentar conversações. Eventualmente pode tomar algum tipo de decisão mais forte também. Ao mesmo tempo, vamos trabalhar de forma vigorosa na política de comércio exterior" (in Revista Carta Capital, ano IX, nº 222, 08 de janeiro de 2003, p. 29). Já o Ministro do Desenvolvimento, Indústria e Comércio Exterior, Luiz Fernando Furlan, que se ocupa dessa importante pasta para o progresso do país, declara os objetivos para o país ao expor que: "Foi simbólico que o presidente anunciasse o Celso Amorim, o Roberto Rodrigues e eu no mesmo conjunto, porque esse trio vai trabalhar pró-exportações. Se tivermos uma melhor coordenação, poderemos utilizar melhor os recursos. Vai haver um grande esforço de promoção comercial de produtos e empresas brasileiras no exterior. A nossa outra grande cruzada é o acesso aos mercados, a luta contra o protecionismo, jogando duro nas negociações em que o Brasil estiver envolvido, de forma que nós tenhamos contrapartidas muito concretas para poder acessar esses mercados. Pela primeira vez a exportação é uma prioridade explícita de governo" (in Revista Carta Capital, ano IX, nº 222, 08 de janeiro de 2003, p. 32). No campo econômico, Luiz Gonzaga Belluzzo, comentando o discurso de posse do Ministro da Fazenda, Antônio Palocci, que com sua política pretende em curto prazo juros baixos e um saudável crescimento, aponta que: "O superávit fiscal será o necessário para estabilizar a dinâmica da dívida, o regime de metas de inflação e o câmbio flutuante serão mantidos e aperfeiçoados. A *pièce de résistance* oferecida na manhã de 2 de janeiro foi a autonomia operacional do Banco Central" (in Revista Carta Capital, ano IX, nº 222, 08 de janeiro de 2003, p. 30). Todos esses discursos assinalam uma forte atuação do Brasil na economia, tanto com a participação direta do Estado, quando necessário, como uma intensa participação no comércio mundial. Mais uma vez, o Direito da Concorrência deverá estar presente para assegurar a competição nos mercados e garantir o bem-estar econômico dos consumidores. Fora isso, e como melhor será visto em item adiante, o Direito da Concorrência também se revela eficiente meio para se implantar políticas públicas e executar os planos de Estado e de Governo.

LIVRO 2 - O DIREITO DA CONCORRÊNCIA

III. CONCEITOS E FINS DO DIREITO DA CONCORRÊNCIA

III.1. Introdução

Para abordar os conceitos e os fins do Direito da Concorrência, deve-se primeiramente realizar esta análise a partir da interpretação geral do Direito, propriamente dito.

Como se sabe, na visão do homem médio, do homem comum, o Direito se traduz em lei e ordem, ou seja, o Direito é a reunião de regras obrigatórias e garantidoras da convivência em sociedade em razão dos limites estabelecidos aos seus integrantes. Assim sendo, conforme aponta Miguel Reale, "quem age em conformidade com essas regras comporta-se *direito*; quem não o faz, age *torto*".[1]

A raiz intuitiva do conceito de Direito para que um comportamento seja considerado lícito estaria na sua direção, ligação e obrigatoriedade. Por isso, para que uma sociedade subsista, a ordem, a direção e a solidariedade são asseguradas pela essencial e duradoura convivência ordenada proporcionada pelo Direito. O Direito é então considerado um fato ou fenômeno social, que existe na sociedade e tem sua concepção dentro dela; *onde está a sociedade está o Direito* (*ubi societas, ibi jus*).

O Direito sendo um fato social, o fenômeno jurídico, mesmo que indiretamente, é pressuposto no comportamento entre os homens que se relacionam; daí entender o Direito como garantidor da organização e da direção dos comportamentos sociais, salvaguardando e amparando o convívio em sociedade.

As regras sociais ordenam a conduta, a qual faz o Direito de forma bilateral e atributiva para estabelecer exigências relacionais de proporções objetivas, buscando a realização de uma convivência ordenada traduzida pelo "bem comum", ou seja, a composição harmoniosa do bem de cada indivíduo com o bem de todos. Neste sentido, assinala Miguel Reale que "o

---

[1] REALE, Miguel. *Lições Preliminares de Direito.* 21ª ed. São Paulo: Saraiva, 1994. p. 02. (itálico no original)

Direito é a *ordenação bilateral atributiva das relações sociais, na medida do bem comum*".[2]

O Direito é mais do que uma simples relação entre homens, é uma relação de proporção real e pessoal entre os homens que, quando respeitada, assegura a harmonia, mas quando corrompida, corrompe a sociedade. O elemento no qual se fundamenta o Direito é a natureza humana, daí sua tradição, apesar de sua constante renovação

Tal entendimento teve inspiração nos conceitos de Dante Alighieri (*Jus est realis ac personalis hominis ad hominem proportio, quae servata servat societatem; corrupta, corrumpit*, ou seja, "o Direito é uma proporção real e pessoal, de homem para homem, que, conservada, conserva a sociedade; corrompida, corrompe-a"), e do orador e político romano Cícero e seu entendimento de se procurar o segredo do Direito na própria natureza do homem (*natura juris ab homine repenta est natura*), apontados e analisados por Miguel Reale.[3]

Evidentemente, não se pode deixar de citar a *tridimensionalidade do Direito*, proposta por Miguel Reale, que contribui com muito valor para o significado da conceituação e finalidade do Direito. Assim, cumpre ressaltar os três aspectos basilares e discerníveis em qualquer momento da vida jurídica, dos diversos sentidos atribuídos à palavra Direito.

O primeiro aspecto, normativo, pelo qual o Direito é como ordenamento e a sua ciência respectiva, representa a ordenação bilateral-atributiva de fatos em relação a valores. O segundo aspecto, fático, significa o Direito como fato, que em sua efetividade social e histórica pode-se dizer a realização ordenada do bem comum. E o terceiro aspecto, axiológico, que traduz o Direito como valor de justiça, ou seja, o valor do Direito é a concretização da idéia de justiça. Independentemente da ordem desses elementos, uma vez que são classificados tão somente para possibilitar uma interpretação mais didática, pode-se concluir que *fato*, *valor* e *norma* não existem separadamente, pelo contrário, coexistem em uma unidade concreta.

Quando se propõe buscar o conceito e a finalidade do Direito, pretende-se, e se deve, determinar uma conceituação universalmente válida, em qualquer época e lugar.

---

[2] REALE, Miguel. *Lições Preliminares de Direito.* 21ª ed. São Paulo: Saraiva, 1994. p. 59. (itálico no original)

[3] REALE, Miguel. *Lições Preliminares de Direito.* 21ª ed. São Paulo: Saraiva, 1994. p. 60 e 61.

III.2. A Teoria Geral do Direito no Direito da Concorrência

A Teoria Geral do Direito no Direito da Concorrência deve levar em conta a tendência atual de que a linguagem seria a melhor forma de resolver problemas. Daí, três grandes estudiosos encontrarem em Wittgenstein[4] talvez a base para o desenvolvimento de suas teorias. Para Ross, análise semântica, busca-se o objeto que as palavras significam. Hart segue o caminho da dimensão da linguagem, e Tércio faz uma análise pragmática, questionando qual a relação dos termos jurídicos com seus usuários. Trata-se esta última de uma análise da linguagem a qual privilegia os aspectos da comunicação.

Nesse sentido, visualiza-se o Direito da Concorrência pautado numa linguagem acessível a todos os agentes envolvidos na relação entre empresas, autoridades e consumidores. Para tal, faz-se necessário um Direito compreensível e aplicável, que justificaria sua essencialidade de aplicação à Defesa da Concorrência.

Da mesma forma que Austin procurou distinguir o uso 'próprio' do uso 'impróprio' da palavra Direito, pode-se pensar que o Direito da Concorrência teria o uso próprio do termo quando elaborado por pessoas conhecedoras do assunto e qualificadas para redigir normas eficazes e de aplicação para todos os que se relacionassem com o tema.

Porém, talvez o Direito da Concorrência se aproximasse mais da interpretação de Hart que, diferentemente de Austin, tem evitado tentativas de construir uma teoria do Direito atrás de definições de termos, e tem preferido adotar uma versão da noção wittgensteiniana de semelhança familiar, em explorar as relações entre usos diferentes das expressões "Direito" e "sistema legal".

[4] Para Luwig Wittgenstein, sobretudo a partir de sua obra *Investigações Filosóficas*, "os filósofos deixaram-se enredar nas teias dos chamados ´problemas filosóficos` porque se iludiram procurando descobrir a essência da linguagem, algo que estivesse oculto atrás dela. Na verdade, não existem ´problemas` filosóficos, mas tão somente ´perplexidades`. Com isso, Wittgenstein quer dizer que de nada adianta ao filósofo tentar encontrar soluções, procurando uma suposta realidade escondida; em filosofia nada existiria de oculto e todos os dados dos chamados ´problemas` estão sempre ao alcance da inteligência". in *Os Pensadores: Wittgnstein*. São Paulo: Nova Cultural, 2000. p. 14.

O Direito da Concorrência, com uma linguagem capaz de resolver os problemas no contexto concorrencial atual buscaria inspiração na teoria wittgensteiniana e não em Kelsen e suas inspirações kantianas. Isso porque, Hans Kelsen, maior expoente do positivismo puro, propõe uma teoria de Direito como um sistema de normas, na qual sua noção de 'significado legal' assume um lugar central. Uma 'norma' para Kelsen é uma forma particular de significado atribuída à ação humana.

Interessante imaginar, caso fosse adotada para a aplicação do Direito da Concorrência a filosofia socrática, que tanto inspirou Kelsen, de modo que a Defesa da Concorrência estaria no mundo do dever ser, enquanto a sua efetiva aplicação estivesse no mundo do ser. Por outro lado, e talvez num outro caminho que poderia ser seguido pelo Direito da Concorrência, destacar-se-ia Dworkin ao sustentar que o juiz, até em "*hard cases*", não cria o Direito, mas dá efeito aos direitos existentes das partes. Mas no Direito da Concorrência, o direito garantido seria o mercado concorrencial e o bem-estar econômico do consumidor.

Existem ainda aqueles pensadores dentro da ciência jurídica que interpretam o Direito como uma espécie de fatos, descritos como uma série de práticas determinadas em termos de relações causais e não apenas um corpo de regras que habita um universo normativo separado; é o "realismo legal".

Kalinowski observa que o Direito consiste em uma série de diferentes linguagens, cada qual com suas formas particulares de lógica, devendo ser feita em acordo com cada pretensão verdadeira.

A retórica legal é de interesse moderno e deriva grandiosamente do trabalho da Escola de Bruxelas fundada por Chaim Perelman, que reviveu o estudo de advogados da retórica clássica, ligando-a a uma teoria de motivação prática.

Uma nova tendência que tem influenciado a sociologia do Direito é a aplicação da teoria da autopoiesis, inspirada em parte pelo trabalho de Luhmam, para quem a sociedade é um sistema de comunicações, no qual o ato comunicativo individual é por si próprio auto-referente. Visualiza-se então o Direito como um sistema auto-reprodutivo de comunicação, tomando seus modelos da teoria de sistemas mais do que da lingüística ou semiótica, embora concordando que nem tal sistema tem acesso à realidade fora de si próprio.

O Direito da Concorrência está inserido em um complexo sistema diretamente relacionado com questões pontuais e gerais, o que leva a questionar se a sua análise dentro de si próprio não seria limitativa, contribuindo negativamente para sua pouca efetividade.

Curiosamente, é nos Estados Unidos, país onde o Direito da Concorrência teve início com o Sherman Act, que a influência peirciana tem sido mais proeminente. Para Kevelson, que utiliza Peirce como foco de seu trabalho, o Direito é visto como uma entidade que manifesta a pretensão peirciana sobre a epistemologia em geral.

Contudo, é importante atentar para o fato de que uma das mais básicas admissões culturais da civilização moderna ocidental é aquela que o Estado Nacional tem um único sistema legal (ou seja, um único referente externo de todo discurso legal); na verdade alguns teóricos têm aproximado em identificar o Estado com o próprio sistema legal. Evidentemente, não é isso que se pode esperar do Direito da Concorrência.

Mas para MacCormick que tem modificado o positivismo legal de Hart, ou "refraseando" no que diz respeito à teoria do ato discursivo de Searle: o Direito assim torna-se uma forma de "fato institucional". Recentemente, MacCormick enfatizou a qualidade da instituição legal, no sentido de sustentar o ponto de vista de que o estado temporal das relações nasce da criação de uma instância de uma instituição.

Por fim, visto que se faz uma análise, mesmo que sucinta, da Teoria Geral do Direito no Direito da Concorrência, matéria altamente interdisciplinar, deve-se atentar à Posner que tem provido uma estrutura teórica de consideração da condição jurídica de aproximações interdisciplinares.

III.3. As Escolas do Direito da Concorrência

Em uma economia de mercado[5], na qual estão envolvidos diversos relacionamentos econômicos (trocas), a concorrência é algo fundamen-

[5] Ensina Washington Peluso Albino de Souza que: "Tornou-se expressão corrente a ´economia de mercado`. Afastando-se do sentido mais genérico e originário, de ´local` considerado em que se verifica a circulação da riqueza, isto é, dos ´bens`, sob a forma de ´produtos`, também denominados ´mercadorias`, e dos ´serviços`, ´capitais` e assim por diante, temos a expressão no seu significado atual, chamada ´economia de mercado`". in *Primeiras Linhas de Direito Econômico*. 5ª ed. São Paulo: LTR, 2003. p.492.

tal, uma vez que ela além de possibilitar uma maior variedade de produtos e o aprimoramento na qualidade dos mesmos, contribui diretamente para a redução de preços. A concorrência se revela a essência da relação de equilíbrio entre a oferta e a procura.

As empresas, num mercado concorrencial, têm a necessidade de investir em pesquisas e desenvolvimento de produtos e serviços, bem como estudar a peculiaridade de cada mercado e o anseio dos respectivos consumidores, para não perder espaço para seus concorrentes. Com isso, o mercado e, conseqüentemente os consumidores, obtêm os benefícios gerados pela concorrência.

Percebe-se que a concorrência existe para garantir o desenvolvimento dos mercados e, como grande beneficiado, o consumidor, já que são eles que irão usufruir as melhorias decorrentes da concorrência.

Além do bem-estar econômico do consumidor propiciado pela concorrência, ela também contribui fortemente para o aprimoramento da economia de um país para ingressar e permanecer competitiva no mercado externo. Contudo, uma lei de defesa da concorrência tem determinadas aplicações em certos sistemas jurídicos e em dados momentos históricos.

O significado de "concorrência", entendimento comum, é a "disputa ou rivalidade entre produtores, negociantes, industriais, etc., pela oferta de mercadorias ou serviços iguais ou semelhantes"[6].

Contudo, para o Direito, e evidentemente também para a Economia, essa visão de concorrência é muito restritiva, uma vez que a concorrência não se resume apenas a uma disputa ou rivalidade. Concorrência para o Direito e para a Economia envolve interesses, mercados, países, populações, conquistas e os meios para atingir resultados.

Num mundo globalizado, dividido em blocos econômicos onde a velocidade dos negócios é tamanha e ao mesmo tempo tão feroz, que num curto espaço de tempo uma empresa pode não mais resistir no mercado e fechar, centenas de pessoas perderem seus empregos, consumidores se depararem sem oferta de mercadorias e, até mesmo, a economia de um país ser arruinada, verifica-se a importância da concorrência. Daí, a necessidade de falar em Direito ou Defesa da Concorrência.

[6] HOLANDA FERREIRA, Aurélio Buarque de; "Novo Dicionário Básico de Língua Portuguesa", Folha de São Paulo/editora Nova Fronteira, 1995.

Conforme observado em capítulo anterior, tal tema, Concorrência, apesar de relativamente novo em sua concepção mais atual, já despertava preocupação e certas análises desde a Antigüidade.

Adam Smith[7] (1723-1790), como já visto, era a favor da liberdade total de iniciativa em oposição aos privilégios monopolistas. Foi nessa época que o iluminista inglês falou na "mão invisível", pela qual a luta por direitos individuais traria benefícios a todos.

A escola ordo-liberal alemã de Freiburg, surgida na Alemanha dos anos 30, marcada por fracassos econômicos da República de Weimar, e como crítica ao conceito de economia que começava a tomar força pelos nazistas, deu força às idéias de Adam Smith identificando a economia de mercado no direito, como regras às normas de Direito Concorrencial. Essas eram as preocupações que tinham em comum alguns professores de Direito e Economia da Universidade de Freiburg, também chamada Escola de Freiburg.

Como resultado do pensamento Smithiano somado ao estudo e posicionamento ordo-liberal teve-se, por exemplo, o Tratado de Constituição da União Européia[8], que dá muita importância aos pressupostos de concorrência por meio da garantia das liberdades fundamentais de circulação. Característica marcante tanto para Smith quanto para os ordo-liberais é que as liberdades naturais do homem também são pressupostos funcionais para a concorrência[9].

Percebe-se que as regras de concorrência são as forças que organizam e integram a economia quando o Estado não está presente ou sua presença se dá com poderes limitados.

Entretanto, em um Estado atuante a intervenção se faz notar em ao menos alguns setores da economia, organizando-os de tal maneira que a lógica concorrencial é esquecida. Evidentemente, a mão invisível criada por Adam Smith não é parte do Estado para proteger a economia.

Desta forma, deve-se atentar quais as regras concorrenciais se aplicam aos agentes atuantes num mercado. Também se deve dar atenção entre a relação dos poderes estatais, regulamentador e fiscalizatório, e o

---

[7] *Investigação sobre a Natureza e as Causas da Riqueza das Nações*, 1776.

[8] A União Européia será analisada em item específico do trabalho.

[9] v.H.J. Mestmäcker, Europäisches Wettbewerbrecht, München, Beck, 1974, p.176 e ss. *apud* SALOMÃO FILHO, Calixto. *Direito Concorrencial: as estruturas*. São Paulo: Malheiros, 1998.

sistema concorrencial, tentando determinar o inter-relacionamento entre o setor auto-regulamentado pelo mercado e o regulamentado pelo Estado, onde este deveria, aplicando a legislação concorrencial, garantir o perfeito funcionamento do sistema, impedindo que abusos ocorressem.

Destaque deve ser dado aos economistas da Escola de Chicago e de Harvard que travaram intensas discussões acerca do escopo da lei de defesa da concorrência e que tipo de concorrência ela deve proteger. Porém, discussões apenas de teoria econômica podem desviar a lei de defesa da concorrência do objetivo ao qual se quer destiná-la, e a aparente segurança jurídica oferecida pelas fórmulas matemáticas pode acabar comprometendo todo o sistema. Daí a necessidade, a interdisciplinariedade e a complementariedade do Direito e da Economia para abordar questões de antitruste.

No início da aplicação da legislação antitruste, algo que se estendeu por quase meio século da promulgação do Sherman Act, os seus idealizadores e os tribunais centravam suas análises nas atividades visivelmente anticompetitivas dos trustes, não se recorrendo à teoria econômica. Os economistas, por sua vez, não encaravam os grandes conglomerados como problemas de tal magnitude, e viam na regulação direta um meio mais adequado para se lidar com os monopólios, em desprezo a lei.

Com o passar dos anos, os Estados Unidos da América começam a utilizar a legislação antitruste como um importante instrumento de política econômica, já que a manutenção da concorrência protegeria o interesse público de uma sociedade pautada na livre iniciativa e igualdade de oportunidades.

A primeira interpretação econômica da legislação antitruste merecedora de destaque é a leitura *harvardiana* de Areeda e Turner, que conjugando elementos pró-eficiência e pró-liberdades, entende que nos mercados competitivos o poder não se concentra nas mãos de apenas alguns; consumidores, fornecedores e novas empresas possuem alternativas e oportunidades reais.

A Escola de Harvard, pregando a *workable competition*, aponta que as excessivas concentrações de poder econômico devem ser evitadas, pois podem resultar em disfunções que prejudicam as próprias relações econômicas. Esse entendimento está diretamente relacionado ao problema do número de agentes econômicos em atuação em determinado setor. Busca-se a concorrência como um fim em si mesma, com a manutenção ou aumento do número de participantes no mercado. A tese defendida pela Escola de Harvard pode ser resumida com a frase *"small is beautifull"*.

Também chamada de escola estruturalista, a Escola de Harvard enfatizava o estudo da estrutura de mercados individuais para aplicar o direito antitruste, já que a estrutura do setor teria influência direta no desempenho das indústrias. Nos setores em que tivessem indústrias concentradas, os agentes atuantes estariam protegidos da concorrência pela existência de barreiras à entrada, relativas a economias de escala, necessidade de maiores quantias de capital, escassez de *know-how* e produtos diferenciados.

Para os representantes da Escola de Harvard[10], dentre os quais se destacam C. Keysen, D. Turner, Areeda, Sullivan e Blake a preocupação está na existência da concorrência, e nem tanto com a "eficiência"[11]. Contudo, no final da década de 70 as idéias da Escola de Chicago influenciam determinantemente estudiosos de Harvard, que acabam aceitando tais pressupostos.

Na década de 50 com os estudos do economista Aaron Director, surge a "Escola de Chicago", talvez a maior expressão contrária a então teoria econômica em direito antitruste, que vem demonstrar porque as normas de concorrência são essenciais na orientação do comportamento econômico dos agentes. Para isso, desenvolve-se na Universidade de Chicago a tradição econômica neoclássica, apresentando uma expressão que para seus discípulos é sinônimo de sistema antitruste; "eficiência".

De maneira simplificada, pode-se dizer que "eficiência" para os economistas neoclássicos é a habilidade de produzir a custos menores, não se confundindo com "desenvolvimento tecnológico", já que para eles os ganhos em escala decorrem da produção em massa e, conseqüentemente, da redução dos preços para os consumidores.

Nota-se que a "eficiência" estaria estritamente ligada ao bem-estar do consumidor, pois reduzindo os custos se reduziria os preços das mercadorias. Não é difícil perceber que para Chicago o bem-estar do consumidor é o principio direcional do direito antitruste.

[10] A partir da década de 40, John M. Clark anuncia que as imperfeições verificadas nos mercados não são a rigor prejudiciais à longo prazo, visto que elas podem até mesmo neutralizar outras disfunções existentes do mercado, daí não se falar em política de concorrência com o objetivo de eliminar todas essas imperfeições para se alcançar uma concorrência viável (*workable competition*). Tal entendimento influenciou, de certa forma, diversos integrantes da Escola de Harvard.

[11] Conforme será visto adiante, é na "eficiência" que se justifica a Escola de Chicago.

Entendem os teóricos neoclássicos que é suficiente ao direito antitruste se deter na "eficiência", já que daí se presume os benefícios da distribuição eqüitativa com os consumidores, derivada da "racionalidade" monopolista[12]. Assim, as concentrações econômicas não são tidas como um mal *per se* e que devam ser restringidas ou evitadas. Nessa linha, por exemplo, as integrações verticais são interpretadas como eficiências que resultam em ganhos aos consumidores.

Para os neoclássicos, comprovada a eficiência de uma política legislativa, caso da proteção do bem-estar do consumidor, pode-se opô-la a outros objetivos do direito antitruste.

Desta forma, uma concentração econômica benéfica aos consumidores, com ganhos de produtividade e eficiência, poderia ser lícita. Assim, uma forte dominação de setores do mercado por determinados agentes econômicos poderia ser aprovada com o intuito de defender o interesse do consumidor, o que na verdade, pode-se mostrar muito danoso a outros concorrentes. Verifica-se que para os teóricos da Escola de Chicago a razão das leis de concorrência é maximizar o bem-estar econômico do consumidor.

Bork, um dos expoentes da Escola de Chicago, atribui à Suprema Corte e ao Poder Judiciário norte-americanos, os anos 60 e 70 como sendo um período de protecionismo e anticoncorrencial, pela maneira com que se defendia a sobrevivência e a estabilidade das pequenas empresas, em detrimento da eficiência econômica. "A eficiência econômica necessariamente beneficia o consumidor, com preços menores e com produtos de maior valor, seja a firma monopolista ou competidora"[13].

O suposto fracasso da política antitruste norte-americana quanto a incompatibilidade das tradições legais e a argumentação econômica do judiciário resultava, para Bork, numa irracionalidade de regras econômicas que impediam a competição e a própria habilidade econômica para produzir com eficiência bens e serviços; é "uma política em guerra consigo mesma".

---

[12] Porém, como bem escreve Calixto Salomão Filho in *Direito Concorrencial: as estruturas*. São Paulo: Malheiros, 1998, p. 20, a distribuição eqüitativa dos benefícios com o consumidor derivada, necessariamente, da racionalidade monopolista "é o ponto mais contestável dessa teoria, já que não é de modo algum certo que o monopolista queira dividir seus lucros com o consumidor, baixando os preços na mesma proporção do ganho de eficiência ocorrido".

[13] SALGADO, Lucia Helena. *A Economia Política da Ação Antitruste*. São Paulo: Singular. 1997. p. 18.

A Escola de Chicago, cujos notáveis representantes são Bork, Bowman, Mac Gee, Telser e Posner, entende que a defesa da concorrência está centrada nos benefícios ao consumidor garantidos pela eficiência alocativa[14] do mercado, independentemente do agente econômico estar em posição monopolista ou em plena competição. Mais ainda, a Escola de Chicago defende a menor regulação estatal possível da economia, a fim de que a concorrência desenvolva-se livremente com a mínima interferência do Estado.

O objetivo da Escola de Chicago é demonstrar que a teoria econômica neoclássica revelaria que todos os fenômenos econômicos podem ser previstos, descritos e explicados, partindo de uma premissa única, qual seja, o comportamento racional-maximizador num contexto de recursos escassos.

A argumentação da Escola de Chicago, que para Bork "... o antitruste, indissociável da economia, cujo interesse a ser perseguido é o da eficiência alocativa de modo a autorizar a busca por soluções exatas e constantes, que nos são dadas pela ciência econômica"[15], é contestada por Lawrence Sullivan, para quem antitruste não se resume a eficiência econômica. A ciência econômica é um forte instrumento na mão do jurista; daí a interdisciplinaridade do Direito da Concorrência.

Contudo, o maior expoente contrário à teoria defendida pela Escola de Chicago é a Escola Ordo-liberal, a qual, já analisada no início deste subitem, agora se faz seu contraponto com a Escola de Chicago. Para os estudiosos da Escola Ordo-liberal, o que garante o funcionamento econômico de uma economia de mercado é, essencialmente, a garantia da competição.

O Direito, por sua vez, deve gerar possibilidades para a ideal organização da ordem privada que se dará com a "auto-coordenação". O direito de propriedade e o direito das obrigações são elementos essenciais na organização que garantirá transações privadas, e o "auto-controle", quando as empresas têm condições e possibilidades de trocarem de parceiros para suas transações. Demonstrada a auto-coordenação e o autocontrole das empresas, verifica-se a ordem espontânea que age no mercado.

---

[14] A eficiência alocativa está relacionada com a distribuição dos recursos na sociedade, ou seja, a aplicação dos recursos nas atividades de maior necessidade ou anseio dos consumidores.

[15] FORGIONI, Paula A. *Os Fundamentos do Antitruste*. São Paulo: Revista dos Tribunais, 1998. p. 163.

Os riscos de fixação de objetivos legais baseados em dados tão somente econômicos são para os representantes da Escola de Frieburg exemplo típico do modelo neoclássico. Os ordo-liberais entendem não ser inteligente a atribuição no direito concorrencial de qualquer forma de objetivo econômico predeterminado, como é o caso da "eficiência". Para eles, não é possível prever todos os efeitos e selecionar os desejados, de maneira a organizar a elaboração da lei e sua posterior aplicação.

A diferenciação entre o modelo ordo-liberal e o defendido pela Escola de Chicago, está no fato de descobrir quais as opções mais interessantes e qual o comportamento que deverá ser adotado pela transmissão de informações e pela liberdade de escolha que é dada.

Contudo, verifica-se que a possibilidade de escolher, para os ordo-liberais, é estendida a consumidores e produtores, enfim, a todos os agentes do mercado, não sendo obrigatória a existência da concorrência; o suficiente é a sua potencialidade.

Assim, para os ordo-liberais, o ponto marcante de sua teoria esta centrada no fato de analisar as posições de poder sobre o mercado e a possibilidade de se verificar a criação de barreiras à entrada de outros competidores. Um dos maiores males que poderia afligir um sistema concorrencial seria a instituição desse tipo de barreira, já que limita a possibilidade de escolha de consumidores e produtores.

Interessante também destacar que na Europa, a defesa da concorrência está relacionada aos fins da própria União Européia, ou seja, a concorrência não se limita a ser um fim em si mesma, mais do que isso, ela é um instrumento com o qual a União Européia persegue sua finalidade. Desta forma, qualquer interpretação que reduza a concorrência a um único fim, ainda que seja eficiência econômica ou tutela do consumidor, o Tratado da Comunidade Européia não tende a sua autorização.

Pode-se perceber diversas experiências de defesa da concorrência em legislações distintas. Distingui-se então a defesa da concorrência quanto ao tipo de proibição de práticas restritivas sob dois enfoques. Um é aquele em que as práticas restritivas da concorrência são proibidas por produzirem um dano ainda que potencial à economia. O outro é a repressão apenas às práticas que culminam num dano efetivo.

No caso da *concorrência-fim*, ou *teoria da concorrência-condição*, estabelece-se uma proibição genérica e anterior a todos os acordos e práticas que possam atingir a estrutura concorrencial do mercado, combatendo a concentração pela proibição das práticas que podem nela resultar. Esse modelo (*per se condemnation*) está focado no perigo que as práticas representam por si mesmas, independente do resultado de fato alcançado. A concorrência é tida como um valor em si mesma, e deve ser preservada, pois é ela que permitirá o progresso e o equilíbrio econômico.

Já no outro modelo, denominado *concorrência-meio*, ou *concorrência-instrumento*, privilegiam-se os comportamentos efetivos dos agentes econômicos do mercado, uma vez que a concorrência é considerada um bem como outros e não um bem em si própria, podendo, inclusive, ser sacrificada em favor de outros bens legalmente protegidos. Depreende-se que esse modelo não combate acordos, oligopólios, monopólios ou qualquer forma de dominação de mercado, mas visa à repressão desses atos quando eles se revelam prejudiciais ao interesse geral. Nessa hipótese, esses atos ou acordos desde que não justificados por qualquer razão são declarados ilícitos por produzirem efeitos negativos à concorrência.

Nesta abordagem acerca das Escolas que se preocupam em estudar o tema, defesa da concorrência, verificou-se seus conceitos e seus fins, que podem ser utilizados dependendo do momento histórico, da política governamental e ao fim a que se destina.

III.4. Observações Finais

A teoria neoclássica ganha destaque em novo fenômeno econômico-político de suma importância para o Direito da Concorrência, a internacionalização das preocupações concorrenciais, motivada pelo liberalismo comercial dos anos 80 e do *boom* da economia japonesa com o poder tecnológico e concorrencial de suas empresas.

No Japão, onde cálculos chegaram a apontar que 60% da economia do país era controlada por seis grandes grupos, a prática do poder econômico é aceita, principalmente em razão da interpretação menos ortodoxa dos entendimentos concorrenciais.

O sistema japonês e sua fórmula se baseiam num atrelado relacionamento entre o governo e grupos privados. Funcionários do Ministério do Comércio Internacional e da Indústria (MITI em inglês) e os importantes empresários tomam conjuntamente as decisões que entendem de interesse comum.

De maneira mais tênue, a mesma tendência é observada na Alemanha, que como o Japão, trata-se de uma nação que teve seu crescimento econômico atribuído a grandes conglomerados, cuja cultura sócio-econômica em quase nada se relacionava com a legislação anglo-saxã aplicada no imediato pós-guerra.

Já nos anos 70, a Alemanha fazia grandes mudanças na sua Lei de Concorrência. Pode-se citar o *§24, Abs 3 GWB*, pelo qual o ministro da economia é competente para aprovar atos de concentração vedados pelo órgão antitruste alemão, *Bundeskartellant*, desde que importe em interesses nacionais, em especial para a elevação da competitividade da indústria alemã.

A própria União Européia, após deixar sólido o seu mercado comum e objetivando a unidade de sua política industrial passa, com a assinatura do Tratado de *Maastricht*, a promover a competitividade de suas indústrias em âmbito mundial, dentre outros interesses de política industrial, conforme pode ser visto na *letra* "I" do art. 3º da versão modificada do Tratado[16].

As transformações que vinham ocorrendo no contexto internacional e, principalmente, a força da economia japonesa e dos países da União Européia, trouxeram grande incerteza às empresas norte-americanas quanto a sua competitividade.

Era nas pequenas empresas e na sua proteção concorrencial que se encontrava o maior ponto causador da perda de competitividade das empresas dos EUA. Nada mais lógico do que promover uma reestruturação, a fim de colocar as empresas norte-americanas em grau de competição face as concorrentes interna e externamente.

Aproveitando o momento, ganha força a Escola de Chicago, que tem suas teses acolhidas pelas Cortes americanas, pois consegue apresentar a defesa da competitividade das empresas americanas (política econômica), moldada à defesa do consumidor, pelo menos aparentemente (grande apelo teórico e político). As idéias da Escola de Chicago se tornam política nos governos americanos dos anos 80.[17]

[16] Ver a respeito, U. Immega, Die europäische Fusionskontrolle im Wettberwerbpolitischen Kräftefeld, Walter Eucken Institut, Vorträge und Aufsätze, n.141, Iübingen, Mohr, 1993, p.22 *apud* SALOMÃO FILHO, Calixto. *Direito Concorrencial: as estruturas.* São Paulo: Malheiros, 1998.

[17] "Durante os oito anos de administração Reagan, a aplicação da legislação antitruste foi limitada (...) a um programa de questionamento de cartéis horizontais, grandes fusões

Nos anos 80/90, observa-se outra corrente de grande destaque que começa a crescer com a formação de novos blocos regionais, como é o caso do Mercosul, e o desenvolvimento de outros mais antigos, como a União Européia. Interessante perceber que a tendência de constituição e fortalecimento de blocos econômicos regionais e a influência que exercem no direito concorrencial apresentam princípios concorrenciais diferentes aos da relação entre Estado e empresas privadas.

Como o próprio nome diz, o elemento fundamental de uma "integração econômica" é o econômico. Por isso o Direito da Concorrência revela ser peça primordial nesse processo.

Talvez, o maior cuidado do Direito da Concorrência de origem comunitária, que passa a ser garantidor de condições de competição para os agentes econômicos atuantes no mesmo espaço econômico, é com a garantia estrutural da concorrência, ou seja, garantir aos agentes condições de acesso ao mercado e suas permanências.

A preferência aduaneira dada aos produtos originários dos Estados-membros e as condições favoráveis ao estabelecimento de empresas provenientes de países comunitários, quando o caso, faz com que não seja tão intensa a proteção do mercado contra a concorrência internacional. A garantia que deve dar o Direito Concorrencial, tarefa bastante delicada, é da igualdade de condições de concorrência entre regiões de diferentes realidades econômicas, mas de uma mesma área geográfica, de um mesmo mercado. O mercado é único.

IV. A INTERDISCIPLINARIEDADE DO DIREITO DA CONCORRÊNCIA

O Direito da Concorrência talvez seja a área do Direito que mais se relaciona com os outros ramos do mundo jurídico, o que exige de seu estudi-

---

horizontais e comportamento predatório. Virtualmente todo o resto da política antitruste foi destinado ao esquecimento. Por exemplo, os tribunais deixaram claro que fixação de preços no varejo (RPM) é ilegal e em várias ocasiões recentes o Congresso demonstrou que apóia essa visão; entretanto a administração Reagan não processou um único caso dessa natureza. Embora o próprio guia para fusões da administração declare que fusões verticais e conglomerados podem ser ilegais sob certas circunstâncias, a administração não processou um único caso (...)", Pitofsky, in SALGADO, Lucia Helena. *A Economia Política da Ação Antitruste*. São Paulo: Singular, 1997. p. 79.

oso um conhecimento macro para analisar cada caso de defesa concorrencial e saber como melhor proceder. Mas não é apenas o Direito que se relaciona com a defesa da concorrência, sua interdisciplinariedade se estende por outras ciências, como a Sociologia, a Filosofia e a Economia.

Utilizando os ensinamentos de Rossetti[18] e sua conceituação da Economia como Ciência Social, na qual desenvolve breve análise das Ciências Sociais ou do Comportamento, chega-se a linhas gerais que se aplicam ao Direito da Concorrência.

As *Ciências Sociais* estão atentas às diversas formas do comportamento humano. Cada área se destaca e se relaciona com determinado aspecto da ação humana, mas todas se inter-relacionam entre si e com o Direito da Concorrência. Nas *Ciências Políticas* tem-se a relação entre o Estado e a nação, e as formas de governo e de como conduzir os negócios públicos.

As relações sociais e a organização estrutural da sociedade ficam a cargo da *Sociologia*. O estudo das origens e da evolução, como também da organização e das diferentes formas de expressão da cultura humana estão no campo da *Antropologia Cultural*. Já a *Psicologia* estuda o comportamento do homem, suas motivações, valores e estímulos.

O *Direito* determina com as precisões atribuídas aos usos, costumes e valores da sociedade, as normas que irão ditar direitos e deveres individuais e coletivos. A *Economia* estuda e envolve a ação econômica do homem e o processo de produção, a geração e a apropriação da renda, o gasto e a acumulação.

Prossegue-se destacando que o *Direito da Concorrência* não pode encerrar-se em si mesmo; sua implicação sobre os outros aspectos da vida humana exige a abertura de suas fronteiras às demais ciências humanas. Além de firmar seus princípios, conceitos e modelos teóricos em sua coerência, consistência, aderência à realidade e no desenvolvimento dos outros campos do conhecimento social, o *Direito da Concorrência* pode influenciar no questionamento dos princípios e das aquisições conceituais desses campos, inter-relacionando-se com a *Filosofia*, a *Ética*, a *História* e as várias manifestações da *Religião*, a *Tecnologia* e os diversos ramos que estudam o *Meio Ambiente*.

---

[18] ROSSETTI, José Paschoal. *Introdução à Economia*. 17ª ed. São Paulo: Atlas, 1997, p. 30 e 31.

Neste item, a proposta é demonstrar alguns pontos que se interdisciplinam entre Direito da Concorrência e áreas afins. Evidentemente não se estabelecerá uma análise profunda em cada uma dessas áreas, apenas serão destacados alguns aspectos.

Com isso, ao final será possível interpretar o Direito da Concorrência de outra forma, visualizando toda a sua complexidade e a necessidade de interação com outras disciplinas. O estudioso e o profissional do Direito da Concorrência devem deter um conhecimento amplo, mesmo que não seja profundo, das diversas disciplinas que se correlacionam com o Direito da Concorrência e os princípios de cada uma dessas disciplinas, pois compreenderão melhor cada caso e encontrarão as melhores respostas ou alternativas.

IV.1. Ciências Econômicas

Logo de início, destaca-se as Ciências Econômicas, visto que não se pode falar em Direito da Concorrência sem buscar auxílio aos entendimentos desenvolvidos pela Economia.

Em linhas gerais, a Economia se concentra nas condições da prosperidade material, em acumular riquezas e em sua distribuição aos que participam desse esforço social de produção.

A Economia recebe forte influência de diferentes correntes político-ideológicas, muitas até conflitantes entre si, tanto na sua construção como ramo do conhecimento, como na realidade. Por óbvio, cada corrente enxergará a realidade segundo o seu ponto de vista, razão pela qual se têm concepções, conceitos e modelos diferenciados, podendo, inclusive, irem se modificando no decorrer do tempo. Neste sentido, não custa lembrar as teorias de Direito da Concorrência defendidas pelas Escolas de Harvard e de Chicago, já comentadas.

A partir do século XVIII, novas concepções econômicas foram se desenvolvendo com os conceitos clássicos e neoclássicos. A questão central não era mais o fortalecimento do Estado, mas sim a riqueza das nações. Uma nova fase no estudo da economia se inicia, a era clássica, justamente com o Iluminismo.

François Quesnay publica em 1758 sua obra *Tableau Économique*, fundamentando seu pensamento em levantamentos quantitativos. Seu objetivo era demonstrar a formação e a distribuição da riqueza entre três classes sociais: a dos produtores rurais, a dos artesãos urbanos e a dos nobres proprietários.

O outro autor é Adam Smith, fundamentando-se em axiomas filosóficos publica, primeiramente, em 1759, sua obra *Theory of Moral Sentiments*, na qual estão os pressupostos de sua descrição da ordem econômica, fundamentada em leis que regeriam a formação, a acumulação, a distribuição e o consumo da riqueza. Notabiliza-se em 1776 com sua obra *An Inquiry Into the Nature and Causes of the Wealth of Nations.*

O polinômio defendido por Smith (formação – acumulação – distribuição – consumo da riqueza) tornou-se a base do conceito econômico clássico. Diversos economistas clássicos, contemporâneos da transição dos séculos XVIII e XIX defendiam a economia a partir destes quatro fluxos. Dentre os economistas pode-se citar o pastor Thomas Malthus, o financista John Law, o político Stuart Mill, o banqueiro Richard Cantillon, o negociante David Ricardo e o teórico Jean Baptiste Say[19].

Os neoclássicos, mais conservadores, e diante da contradição entre a proposta socialista e a ênfase no processo de acumulação capitalista e nos mecanismos de repartição dos esforços sociais de produção, procuram compreender o equilíbrio do processo econômico, apenas apontando vícios da ordem estabelecida e possíveis mecanismos de ajuste e correção. A economia passa a ser sintetizada no trinômio: riqueza – pobreza – bem-estar.

Alfred Marshall, autor da obra *Principles of Economics*, datada de 1890, aborda os principais pontos da análise neoclássica e discute aspectos éticos relacionados à conduta humana e às formas da sociedade se organizar, que em razão do processo distributivo, poderiam aumentar ou reduzir o número daqueles que têm acesso às condições possíveis de serem atingidas em determinado estágio cultural. Sob sua óptica analisou traços da organização social, como a liberdade de empreendimento e a concorrência e suas influências na geração e difusão do bem-estar social.

[19] Considerado um dos notáveis mestres da era clássica, Jean Baptiste Say publicou em 1803 *Traité d'Economie Politique*, na qual define a economia: "A economia política torna conhecida a natureza da riqueza; desse conhecimento de sua natureza deduz os meios de sua formação, revela a ordem de sua distribuição e examina fenômenos envolvidos em sua distribuição, praticada através do consumo". in ROSSETTI, José Paschoal. *Introdução à Economia.* 17ª ed. São Paulo: Atlas, 1997, p. 47.

Conclusivamente, escreveu Marshall que "constitui o fim último da economia descobrir como se pode combinar o latente ativo social das virtudes humanas com as forças da concorrência para a promoção do bem-estar social".[20]

Sob a perspectiva socialista o fundamento a partir do qual se ocupa a economia está baseado no binômio produção – distribuição, entendendo-se distribuição como repartição. A atividade humana consistiria em adaptar os recursos e as forças da natureza a fim de atender suas necessidades, designada pelo termo produção fundamentada no trabalho. Das conexões entre a produção e o trabalho dar-se-ia a essência do processo econômico, que se completaria com a distribuição (ou repartição) do produto social do trabalho.

Em sua obra *Introdução à Crítica da Economia Política*, Karl Marx aponta que as relações e as formas de distribuição despontam apenas como o anverso da produção, determinando-se a estrutura da distribuição pela da produção.

No ano de 1932, em ensaio denominado *An Essay on the Nature and Significance of Economic Science*, Lionel Robbins, caracteriza e delimita mais nitidamente os aspectos econômicos da vida social. Os pontos em que se deteve Robbins foram: multiplicidade de fins; priorização de fins possíveis; limitação de meios; e emprego alternativo de meios, que em conjunto representariam o fato econômico que se traduziria na capacidade humana de fazer escolhas. A escolha humana quanto à alocação de recursos implicaria numa relação entre custos e benefícios, bem como custos de oportunidade.

Robbins, cujos elementos conceituais (meios escassos – fins alternativos e ilimitáveis – escolha – alocação) influencia os maiores estudiosos de economia, define a economia como sendo "a ciência que estuda as formas de comportamento humano resultantes da relação existente entre as ilimitadas necessidades a satisfazer e os recursos que, embora escassos, se prestam a usos alternativos"[21].

A economia política, como escreve Lucia Helena Salgado, é uma disciplina cujo significado clássico trata de forma integrada as diversas

[20] in ROSSETTI, José Paschoal. *Introdução à Economia.* 17ª ed. São Paulo: Atlas, 1997, p. 48.

[21] in ROSSETTI, José Paschoal. *Introdução à Economia.* 17ª ed. São Paulo: Atlas, 1997, p. 52.

dimensões do universo social para compreender melhor os fenômenos econômicos, utilizando-se para tanto o recurso a outras disciplinas[22].

Mas os estudos acadêmicos de economia e a defesa da concorrência apenas recentemente entraram em contato. Essa aproximação iniciou-se no final da década de 50, quando conceitos de organização industrial[23], tais como barreiras à entrada e relação uníssona entre estrutura, conduta e desempenho, aos poucos eram incorporados pela análise antitruste.

A *regra da razão* (*rule of reason*), por exemplo, teve início antes mesmo da década de 50 no caso EUA x Addyston Pipe com a decisão do Juiz Taft e as opiniões do Juiz White no caso Standard Oil Co., as quais sustentavam que a vedação estipulada pela Lei Sherman aplicava-se apenas as práticas que restringiam de forma não razoável a concorrência. Resume-se no entendimento de se considerar ilegal a prática que restringe a concorrência de forma não razoável. Para tanto, deve-se analisar individualmente cada caso e atentar às suas particularidades, e verificar o contexto econômico em que está inserido e os eventuais efeitos anticoncorrenciais que possa produzir no mercado relevante atingido.

---

[22] "Sem dúvida a economia, como as demais ciências sociais, deve o seu desenvolvimento à emancipação dos ensinamentos morais. Maquiavel, Montesquieu, Adam Smith estavam preocupados em compreender a política, a sociedade, a economia como realmente eram e não como deveriam ser. A perspectiva não impedia esses autores, assim como Marx, Keynes e Shumpeter, entre outros, de explorar as interações entre as dimensões da experiência humana em sociedade e particularmente as mútuas determinações entre a política e a economia". in *A Economia Política da Ação Antitruste*. São Paulo: Singular, 2002. p. 10.

[23] Como ensina Lucia Helena Salgado: "O modelo básico de organização industrial foi concebido na década de 30 em Harvard por Edward S. Mason e consiste no seguinte: *Condições básicas de oferta e demanda* (de um lado matérias-primas, tecnologia, durabilidade do produto, arcabouço legal, cultura empresarial, relações trabalhistas, etc. e, de outro, elasticidade de demanda, taxa de crescimento do mercado, produtos substitutos, sazonalidade, etc.) afetam a *estrutura do mercado*, caracterizado pelo número e tamanho das empresas, barreiras à entrada, formato das curvas de custo, grau de integração vertical, diversificação, etc. Da estrutura de mercado, por sua vez, depende a *conduta das firmas*, em termos das práticas, cooperação interfirmas aberta ou tácita, política de preços, estratégias de propaganda e de lançamento de produtos, investimento, gasto em pesquisa e desenvolvimento, etc. Finalmente, resulta da conduta das firmas o seu *desempenho no mercado*". in *A Economia Política da Ação Antitruste*. São Paulo: Singular, 2002. p. 28.

A Suprema Corte norte-americana nos anos 60 adotou o modelo de análise "e-c-d" (estrutura – conduta – desempenho) conjuntamente com o desenvolvimento do campo da organização industrial, e as regras *per se* e testes de natureza estrutural começaram a ganhar espaço dentre os estudiosos, em face dos custos e da extensão dos processos orientados pela regra da razão.

Mas a partir da década de 70 as críticas contra a abordagem pelo modelo "e-c-d", tida pela Escola de Chicago como não-teórica, institucional, descritiva e até mesmo metafórica, organizou-se no sentido de afirmar que a política antitruste não estaria aplicando os princípios da teoria econômica, fazendo com que muitas decisões e orientações políticas não se coadunassem com o comportamento racional-maximizador.

A Escola de Chicago tenta então demonstrar que a teoria econômica neoclássica revela as leis da economia. Qualquer fenômeno econômico poderia ser descrito, previsto e explicado por teorias como da firma, do consumidor, da moeda, dentre outras, que partem da premissa do comportamento racional-maximizador num contexto de recursos escassos. Caso um argumento não tenha compatibilidade com tal premissa, então ou não se trata de teoria ou não se trata de economia.

Numa operação antitruste, por exemplo, não se pode afirmar qual teoria econômica é a mais correta ou racional. Tanto é assim, que os debates travados entre as Escolas de Chicago e Harvard e a posição defendida pela União Européia apenas enriquecem o estudo da matéria, isto porque a utilização de uma em detrimento da outra é algo momentâneo, como mostra a história.

A teoria econômica também apresenta métodos de cálculo para avaliar o grau de concentração em mercados relevantes, antes e após uma concentração, como o Índice HHI (*Índice de Herfindahl – Hirschman*)[24]. Pelo HHI, somam-se os quadrados das quotas que detêm as empresas do mercado e, caso após a operação: (i) o número obtido é inferior a 1.000, a concentração não produz efeitos anticoncorrenciais pela baixa concentração do mercado; (ii) o número obtido esteja entre 1.000 e 1.800, apenas operações com aumento inferior a 100 são consideradas compatíveis, já

[24] O Índice HHI não é adotado pela Lei nº 8.884/94, nem pelo Regulamento Europeu nº 4.64/89, como indicador do grau de concentração, mas, nem por isso, deixa de ser utilizado para análises de operações.

que se trata de um mercado moderadamente concentrado; e (iii) o número obtido seja superior a 1.800, apenas operações que incrementem o número até 50 são consideradas, pois o mercado é altamente concentrado[25].

Outro critério utilizado para identificar se uma concentração pode gerar controle de parcela do mercado é o índice C4. Assim, caso a concentração resulte na soma da participação de mercado dos quatro maiores agentes, igual ou superior a 75% de *market share*, e a participação do agente concentrado seja igual ou superior a 10% do mercado relevante, tal concentração poderá permitir o exercício coordenado de poder de mercado.[26]

Percebe-se, portanto, a importância das Ciências Econômicas na análise dos casos de antitruste e a sua interdisciplinariedade com o Direito da Concorrência[27]. Não esquecer, entretanto, sua subordinação aos ditames legais e às considerações de ordem política que poderão influenciar o ordenamento jurídico[28].

---

[25] Conforme escreveu Gesner Oliveira acerca do HHI: "Esse indicador é definido como a soma dos quadrados das participações de todas as empresas em um determinado mercado. Por exemplo, se há cinco empresas em um determinado mercado, do qual cada uma delas detém 20%, o HHI resultaria em 2.000. No caso de um monopólio, o HHI é 10 mil, pois é o quadrado de 100% do mercado controlado pelo monopolista. No extremo oposto, em um mundo perfeitamente competitivo, as empresas detêm percentual desprezível do mercado, fazendo com que a soma dos quadrados de frações já muito reduzidas seja praticamente zero". in *A concentração do mercado nem sempre é má*. jornal Folha de S. Paulo, Dinheiro, B2, 22-02-2003.

[26] Nesse sentido a Portaria SEAE nº 39, de 29 de junho de 1999.

[27] Conforme escreve Maria Cecília Andrade, em que pese a decisão de licitude de uma operação de concentração encontrar-se definida em lei, é grande o auxílio das ciências econômicas ao controle de concentrações de empresa: "... É incontestável que durante os procedimentos de investigação do processo, apesar de estarem as autoridades competentes subordinadas à obediência da lei, irão predominar sempre os fatores econômicos, por exemplo, na determinação do mercado relevante afetado, ou ainda na avaliação do poder econômico que irá ser detido pela nova entidade empresarial formada. Na decisão a ser tomada, entretanto, a autoridade competente, utilizando os elementos de natureza econômica identificados no caso, deverá verificar se estes atendem aos requisitos enumerados na legislação daquele Estado ou comunidade para que a operação seja autorizada". in *Controle de Concentrações de Empresa: estudo da experiência comunitária e a aplicação do artigo 54 da lei nº 8.884/94*. São Paulo: Singular, 2002. p. 38.

[28] Interessante atentar à observação apontada por Lucia Helena Salgado, ao reproduzir a crítica de Robert Pitofsky ao esforço empreendido por agências, economistas e advogados

IV.2. Processo Administrativo

A prática do Direito da Concorrência exige o conhecimento do Processo Administrativo, pois é ele que irá reger os processos em trâmite perante o Sistema Brasileiro de Defesa da Concorrência (SBDC)[29]. A Lei nº 9.784, de 29 de janeiro de 1999, que regula o processo administrativo no âmbito da Administração Pública Federal direta ou indireta, visa, em especial, a proteção dos direitos dos administrados e ao melhor cumprimento dos fins da Administração.

Inicialmente, recorda-se que processo é uma série de atos coordenados para a realização dos fins estatais, sendo o processo legislativo para o Estado elaborar a lei, e o processo judicial e o administrativo para o Estado aplicar a lei.

O Processo Administrativo pode ser instaurado mediante provocação do interessado ou por iniciativa da própria Administração. Ele estabelece uma relação entre as partes: de um lado o administrado e de outro a Administração, quando decide e atua pelos interesses e nos limites impostos pela lei.

Em linhas gerais, pode-se entender Processo Administrativo como o conjunto de atos coordenados para a solução de uma controvérsia ou não, pela decisão final da Administração em âmbito administrativo.

ao longo dos anos 70, a fim de persuadir os tribunais a adotarem um ponto de vista econômico, exclusivamente, na análise de defesa da concorrência: "má história, má política e má legislação excluir certos valores políticos na interpretação das leis antitruste. Por ´valores políticos` eu entendo, em primeiro lugar, um medo de que a concentração excessiva do poder econômico vá gerar pressões políticas antidemocráticas e, em segundo lugar, um desejo de fortalecer a liberdade individual e de negócios reduzindo o escopo da discricionariedade privada (que permite a) poucos na esfera econômica controlarem o bem-estar de todos (...). A despeito das inconveniências, falta de previsibilidade e confusão geral introduzidos no mundo alegadamente coeso e arrumado da análise microeconômica, a política antitruste que deixasse de levar em conta preocupações políticas não atenderia à vontade do Congresso e estaria desligada do amplo consenso político que tem apoiado a aplicação da legislação antitruste por quase um século". in *A Economia Política da Ação Antitruste*. Singular: São Paulo, 2002. p. 13 e 14.

[29] Cumpre destacar o disposto no seguinte artigo da Lei nº 8.884/94: "art. 83 - Aplicam-se subsidiariamente aos processos administrativo e judicial previstos nesta lei as disposições do Código de Processo Civil e das Leis nº 7.347, de 24 de julho de 1985 e nº 8.078, de 11 de setembro de 1990.

Apesar do Processo Administrativo em âmbito federal estar disciplinado pela Lei nº 9.784/99, a Constituição Federal estabelece a unidade de jurisdição ao dispor no art. 5º, XXXV, que "a lei não excluirá da apreciação do Poder Judiciário lesão ou ameaça de direito". Daí compreender os recursos interpostos contra as decisões do CADE ao Poder Judiciário, geralmente para se discutir a imposição de multas por intempestividade na apresentação de atos de concentração.

As fases do processo administrativo são: (i) *instauração*, pode ser de ofício ou a pedido do interessado ou interessados por um único requerimento; (ii) *instrução*, a lei assegura à Administração a instrução do processo (princípio da oficialidade), sem prejuízo dos interessados proporem atuações probatórias. O interessado também pode juntar documentos e pareceres, requerer diligências e perícias, bem como aduzir alegações referentes à matéria objeto do processo; e (iii) *decisão*, por imposição legal a Administração deve decidir em até 30 dias, salvo prorrogação motivada por igual período. (O CADE, por sua vez, de acordo com a Lei nº 8.884/94, art. 54, §6º, dispõe de 60 dias para deliberar)

Mas o fundamental é atentar aos princípios e critérios que regem o Processo Administrativo e a atuação da Administração Publica e têm a finalidade de garantir a transparência do processo, o respeito aos administrados e assegurar os direitos da coletividade, quais sejam: (i) legalidade; (ii) finalidade; (iii) motivação; (iv) razoabilidade; (v) proporcionalidade; (vi) moralidade; (vii) segurança jurídica; (viii) interesse público; (ix) eficiência; (x) publicidade; (xi) oficialidade; (xii) obediência à forma e aos procedimentos; (xiii) gratuidade; (xiv) ampla defesa e contraditório; (xv) atipicidade; (xvi) pluralidade de instâncias; (xvii) economia processual; e (xviii) participação popular.

Nos casos de investigação de infrações à ordem econômica, o Processo Administrativo exige ainda um maior comprometimento ao princípio da realidade material, devendo-se na observância da realidade econômica do mercado constatar um eventual abuso de posição dominante e as possíveis práticas anticoncorrenciais, ou ao menos, os efeitos anticoncorrenciais de determinada prática, independentemente da culpa de seu agente.

IV.3. O Direito Constitucional

O Direito Constitucional também tem estreita relação com o Direito da Concorrência, pois é na Constituição que se encontram os princípios e os fundamentos para se defender a livre concorrência.

O art. 1º, nos incisos I, II, III e IV, dispõe que a República Federativa do Brasil tem como fundamento a soberania, a cidadania, a dignidade da pessoa humana e os valores sociais do trabalho e da livre iniciativa, e como objetivos fundamentais, dispostos no art. 3º, incisos I, II, III e IV, a construção de uma sociedade livre, justa e solidária, com a erradicação da pobreza e da marginalização e a redução das desigualdades sociais e regionais, a promoção do bem de todos, e garantir o desenvolvimento nacional.

Esses artigos já demonstram por onde deve ser pautada a análise de casos de matéria concorrencial, já que não se pode aceitar decisões que contrariem os fundamentos da República e seus objetivos.

No art. 5º, observa-se direitos à igualdade, segurança e propriedade, sem os quais uma economia de mercado não conseguiria prosperar, e nos incisos XXIX e XXXII desse mesmo artigo a garantia do direito de inventos industriais, marcas, nomes e signos distintivos em vista do desenvolvimento tecnológico e econômico do país, bem como a promoção da defesa do consumidor.

Deve-se atentar que o consumidor é uma dos objetivos defendidos pela defesa da concorrência, na verdade o precípuo. Ora, garantindo-se a concorrencialidade no mercado, permite-se que os agentes disputem uma *fair competition* com resultados positivos que se refletem no bem-estar econômico do consumidor.

Nos arts. 6º, 7º, 8º, 9º, 10 e 11, estão disciplinados os direitos dos trabalhadores. O Direito da Concorrência tem implicações diretas na vida dos empregados, que podem ter suas situações no trabalho completamente modificadas por questões concorrenciais. Ressalta-se o §1º do art. 58 da Lei nº 8.884/94, pelo qual na definição dos *compromissos de desempenho* serão levadas em consideração as alterações no nível de emprego.

Já o art. 21 dispõe em seus incisos a competência da União que, dentre outras, deverá elaborar e executar planos nacionais e regionais de ordenação do território e de desenvolvimento econômico e social, e explorar, diretamente ou mediante autorização, concessão ou permissão, determinados serviços. No art. 24, além da competência da União, são também competentes os Estados e o Distrito Federal para legislar concorrentemente sobre direito econômico, produção e consumo, responsabilidade por dano ao meio ambiente e ao consumidor.

Mas é no Título VII, Da Ordem Econômica e Financeira, art. 170[30]-[31], que se observa os princípios gerais da atividade econômica, princípios buscados também pelo Direito da Concorrência, tanto que a Lei nº 8.884/94 reproduz alguns deles em seu art. 1º, que trata da finalidade da Lei.

Já a repressão ao abuso do poder econômico está disposta no §4º do art. 173. No caput desse artigo também se verifica a mudança do papel do Estado que deixa de atuar como agente econômico (*player*), e passa atuar como um árbitro para fiscalizar e regular a competição no mercado e, pode-se ainda dizer, garantir o cumprimento das disposições que ele Estado impôs para a concorrencialidade entre os agentes econômicos[32].

Verifica-se, portanto, que a Carta Constitucional de 1988 implanta uma nova ordem econômica no cenário nacional, exigindo do Estado e dos agentes econômicos postura inédita para estarem adequados à nova realidade legal, inserida no contexto mundial.[33]

---

[30] Diz o art. 170 da Constituição Federal: "A ordem econômica, fundada na valorização do trabalho humano e na livre iniciativa, tem por fim assegurar a todos existência digna, conforme os ditames da justiça social, observados os seguintes princípios: (...) IV – livre concorrência (...)".

[31] Ao tratar do art. 170 da CF, não se pode esquecer que as constituições modernas, principalmente após a Segunda Guerra Mundial, apresentam em seu corpo diversas *normas programáticas*. Conforme escreve João Bosco Leopoldino da Fonseca acerca das *normas programáticas*: "Através delas, o legislador maior traça rumos a serem seguidos e metas a serem alcançadas, fixando princípios básicos que nortearão a iniciativa do legislador ordinário e exigirão do administrador e do juiz o seu acatamento e aplicação nos atos de concretização das normas, lembrando-se sempre de que a finalidade intrínseca das normas programáticas é a de *criar uma nova realidade política, econômica e social*". in *Direito Econômico*. 4ª ed. Rio de Janeiro: Forense, 2001. p. 57.

[32] Assevera o art. 173, §4º da Constituição Federal: "Art. 173 – Ressalvados os casos previstos nesta Constituição, a exploração direta da atividade econômica pelo Estado só será permitida quando necessária aos imperativos da segurança nacional ou a relevante interesse coletivo, conforme definido em lei. (...) §4º - A Lei reprimirá o abuso do poder econômico que vise à dominação dos mercados, à eliminação da concorrência e ao aumento arbitrário dos lucros".

[33] Neste sentido, escreve Eros Roberto Grau: "Que a nossa Constituição de 1988 é uma *Constituição dirigente*, isso é inquestionável. O conjunto de diretrizes, programas e fins que enuncia, a serem pelo Estado e pela sociedade realizados, a ela confere o caráter de *plano global normativo*, do Estado e da sociedade. O seu art. 170 prospera, evidenciadamente, no sentido de implantar uma *nova* ordem econômica". in *A Ordem Econômica na Constituição de 1988*. 8ªed. São Paulo: Malheiros, 2003, p. 153. (itálico no original)

V. AS DISTINÇÕES ENTRE DIREITO DA CONCORRÊNCIA, DEFESA COMERCIAL, CONCORRÊNCIA DESLEAL E CRIMES A ORDEM ECONÔMICA

Não só os leigos na matéria, como também aqueles que apenas iniciam o estudo do Direito da Concorrência, freqüentemente apresentam dúvidas quanto ao seu significado e aplicação e sua distinção em relação a outras matérias: defesa comercial, concorrência desleal e crimes contra a ordem econômica.

Muitas vezes as respostas para o que é o Direito da Concorrência, erroneamente, vão desde concorrência desleal até práticas de *dumping*. Daí a necessidade de esclarecer o que é cada um desses institutos. Evidentemente a proposta deste trabalho é apenas apresentar uma distinção entre eles, a fim de responder o que é o Direito da Concorrência, e não aprofundar a análise em cada um desses tópicos.

Inicialmente, é importante reiterar que defesa comercial, concorrência desleal, crimes contra a ordem econômica e direito da concorrência são institutos distintos.

Em linhas gerais, e para facilitar a análise seguinte, cumpre salientar que a defesa da concorrência tem como principal objetivo assegurar a concorrência no mercado. Isso porque, garantindo-se a plena e equilibrada competição, as empresas que concorrem entre si esforçam-se para oferecer produtos e serviços de melhor qualidade e a preços mais atrativos ao consumidor. Percebe-se, então, que, ao se defender a concorrência em prol do mercado, o grande beneficiado com a defesa da concorrência acaba sendo o consumidor. Mas não só isso. "O Estado quer e incentiva a competição, não só porque esta representa uma das liberdades que ele garante a todos os indivíduos, como pelo que ela própria lhe significa em termos de desenvolvimento e progresso"[34].

---

[34] DELMANTO, Celso. *Crimes de Concorrência Desleal*. José Bushatsky Editor: São Paulo, 1975. p. 11. Em sua obra o autor justifica essa afirmação lembrando que a Constituição Federal assegura o livre exercício de trabalho, ofício ou profissão (art. 153, §23), estabelece o princípio da liberdade de iniciativa (art. 160, I), além de impor a reprimibilidade da eliminação da concorrência (art. 160, V). Cumpre lembrar que a obra data de 1975, quando então vigia a Constituição Federal de 1969. À luz da Constituição Federal de 1988 a afirmação de Celso Delmanto é atual, apenas se deve evocar os art. 170, IV, e 173, §4º.

Pode-se então conceituar que *Direito da Concorrência é o ramo do Direito Econômico cujo objeto é o tratamento jurídico da política econômica de defesa da concorrência, com normas a assegurar a proteção de interesses individuais e coletivos, em conformidade com a ideologia adotada no ordenamento jurídico.*

V.1. Defesa Comercial

Após o insucesso para a criação de uma Organização Internacional do Comércio, o Brasil, juntamente com outros 22 países, assinou em 1947 o *Acordo Geral sobre Tarifas e Comércio* (GATT)[35], que entrou em vigor a partir de 1948. Freqüentemente o GATT era atualizado e tinha seu foco de incidência ampliado, por meio das mudanças decididas nas oito rodadas (*rounds*) de negociações[36]. O Brasil esteve presente nessas negociações, cuja última, denominada Rodada Uruguai, iniciada em julho de 1986 e encerrada aos 15 de dezembro de 1993, culminou com a criação da Organização Mundial do Comércio (OMC).[37]

O acordo que estabeleceu a Organização Mundial do Comércio foi assinado em Marrakesh aos 15 de abril de 1994 pelos 125 países participantes da Rodada Uruguai[38]. A OMC surgiu compreendendo a estrutura do GATT

---

[35] Em inglês, *General Agreement on Tariffs and Trade.*

[36] As cinco primeiras rodadas de negociações tarifárias multilaterais realizaram-se entre 1947 e 1961, e a participação do Brasil foi proporcional a sua atuação à época de exportador de poucas *commodities.* A partir da Rodada Kennedy, ocorrida entre 1964 e 1967, a participação efetiva do Brasil aumenta proporcionalmente à sua pauta de exportações que se expandia e se diversificava. Entre os anos de 1973 e 1979 ocorreu a Rodada Tóquio, da qual emanaram importantes acordos plurilaterais que interpretavam normas do Acordo Geral (subsídios e medidas compensatórias, valoração aduaneira, *anti-dumping*) ou estabeleciam regras em áreas novas (barreiras técnicas ao comércio, compras governamentais, procedimentos para a tramitação de licenças de importação).

[37] Em inglês, *World Trade Organization* (WTO).

[38] O então Chanceler Celso Amorim, novamente Chanceler no Governo Lula, declarou na cerimônia de assinatura do acordo estabelecendo a OMC que a Rodada Uruguai "será lembrada como a primeira em que os países em desenvolvimento tiveram uma participação ativa no curso total do processo de negociações" e enfatizou que "os países em desenvolvimento apostaram na liberalização comercial e no sistema multilateral de comércio". in GOYOS JUNIOR, Durval de Noronha. *A OMC e os Tratados da Rodada Uruguai.* São Paulo: Observador Legal, 1994. p.29.

com as modificações implementadas pela Rodada Uruguai e todos os acordos e entendimentos formulados ou concluídos em tal rodada de negociação.[39]

A criação da OMC foi um marco nas relações econômicas internacionais entre os mais diversos povos, e, para os brasileiros, serviu para a modernização da estrutura legal extremamente necessária para estar inserido na ordem econômica mundial, traduzindo-se em grandes oportunidades para as empresas e toda a população em geral.

A abertura comercial, evidentemente benéfica para os consumidores, traz consigo a exposição do Brasil às práticas desleais de comércio, tão freqüente no comércio internacional, das quais o empresariado brasileiro se via protegido em razão dos altos níveis tarifários[40].

As chamadas práticas predatórias de comércio, além de distorcerem a economia mundial, podem "quebrar" setores econômicos inteiros de países que não combatem tais abusos. Daí, a necessidade de legislações que assegurem a defesa comercial.

---

[39] Importante reproduzir o relato do embaixador José Alfredo Graça Lima in *O Brasil e o Comércio Exterior*, acerca da evolução e dos resultados obtidos com o comércio mundial: "Assim, passados seis anos desde que concluíram os trabalhos da Rodada Uruguai, pode-se dizer que tal distribuição de especializações em nível global, decorrente da desregulamentação de certas atividades econômicas, do crescimento do comércio de serviços e de uma maior proteção dos direitos de propriedade intelectual não ocorreu apenas em benefício dos países ricos, os quais, em contrapartida, continuam mantendo uma injustificável proteção, sob a forma de tarifas altas, picos tarifários, escalada tarifária e medidas não-tarifárias, para certos setores em que perderam competitividade para países em desenvolvimento. E, de resto, essa perda de competitividade que está, em grande medida, na origem das pressões exercidas por grupos de interesse em favor da adoção de regras (ou exceções) que, com base numa alegada vinculação entre o comércio e a inobservância de direitos trabalhistas, acabariam por trair o espírito das vantagens comparativas (ou competitivas) formuladas por John Stuart Mills para demonstrar os benefícios gerais do intercâmbio entre os Estados. Mais aceitáveis serão as demandas em favor de um esforço de harmonização das políticas e medidas ambientais com as regras do GATT e dos acordos da OMC, de forma que se atinjam os objetivos do desenvolvimento sustentável com ganhos para a proteção do meio ambiente e sem prejuízos para o comércio realizado sem práticas desleais". in AMARAL JÚNIOR, Alberto do. *OMC e o Comércio Internacional*. São Paulo: Aduaneiras, 2002. p. 22.

[40] Lembra-se que os altos níveis tarifários podem representar forte barreira à entrada de agentes econômicos ao mercado, implicando na redução da concorrência e em prejuízo ao bem-estar econômico dos consumidores.

A defesa comercial, desta forma, se refere às práticas de *dumping*, subsídios, medidas de salvaguardas, e faz parte da atuação do Estado brasileiro, em defesa da empresa nacional (entende-se empresa instalada no Brasil)[41] perante a OMC, contra eventuais abusos comerciais praticados por outros países ou empresas lá instaladas.

Em linhas gerais, o *dumping* significa colocar num país mercadoria com preço inferior ao praticado no mercado do país de origem. Já os *subsídios* são aplicações de formas de ajuda a produção ou exportação, que tornam irreal o preço final da mercadoria destinada ao mercado externo.[42]

Os instrumentos de defesa comercial são utilizados contra as práticas de *dumping* e subsídios, sempre que comprovado: (i) a existência de dano à indústria nacional do produto ou similar ao importado em razão do *dumping*; (ii) a ocorrência de dano à indústria nacional do produto semelhante ao importado causado por subsídio; ou (iii) a indústria nacional de produto semelhante ou diretamente concorrente sofrer grave prejuízo em decorrência de um surto de importações[43].

Nas ocasiões em que a defesa comercial é exigida, aplicam-se determinados instrumentos. Para a ocorrência de *dumping*, utilizam-se di-

---

[41] O Código Civil (Lei nº 10.406, 10 de janeiro de 2002) dispõe em seu art. 1.126 que: "É nacional a sociedade organizada de conformidade com a lei brasileira e que tenha no País a sede de sua administração". Neste sentido, a Emenda Constitucional nº 6, de 15 de agosto de 1995, em seu art. 3º, havia revogado o art. 171 da Constituição Federal.

[42] Numa abordagem mais técnica, pode-se dizer que o *dumping* é a prática de introduzir um produto no mercado de outro país a preço inferior ao "valor normal", ou seja, o preço de exportação é inferior ao preço efetivamente praticado para produto semelhante em operações comerciais normais, que destinem o tal produto ao consumo interno no país exportador. Já o *subsídio* caracterizar-se-ia por um benefício em decorrência da existência no país exportador de qualquer sustentação de renda ou preços que contribuam, mesmo que indiretamente, ao aumento das exportações ou a redução da importação de qualquer produto, ou pela existência de contribuição financeira governamental ou de algum órgão público, no próprio país exportador.

[43] Neste caso, aplicam-se instrumentos de defesa comercial para estabelecer medidas de salvaguardas. O Acordo de Salvaguardas prevê que o país importador tem condições de limitar temporariamente as importações de um produto, elevando a alíquota do imposto de importação ou estabelecendo quotas. (Vide Decreto nº 1.488, de 11 de maio de 1995, alterado pelo Decreto nº 1.936, de 20 de julho de 1996; Decreto nº 2.667, de 10 de julho de 1998; e Circular SECEX nº 19, Roteiro de preenchimento de petições).

reitos *anti-dumping*[44], a fim de neutralizar os efeitos danosos à indústria doméstica, por meio da aplicação de taxas às importações realizadas a preço de *dumping*. Já nas situações de utilização de subsídios[45] são utilizados os direitos compensatórios[46], no intuito de neutralizar os efeitos danosos à indústria doméstica, com a imposição de taxas às importações de produtos que tenham sido beneficiados com subsídios.

O sistema institucional brasileiro interveniente no comércio internacional é composto por órgãos da administração direta federal que se ocupam dessas questões de defesa comercial, dentre os quais têm destaque: (i) a Secretaria de Comércio Exterior do Ministério do Desenvolvimento, Indústria, Comércio e Turismo – SECEX, cuja responsabilidade é formular a política de comércio exterior, orientando e coordenando a execução das medidas necessárias para a expansão das transações comerciais; e (ii) o Departamento de Defesa Comercial – DECOM, órgão que está diretamente ligado a SECEX, e com a atribuição de executar a política de comércio ditada por referida Secretaria e encarregado de analisar os pedidos de redução e aumento das alíquotas de importação.

Pelo exposto, resta evidente a distinção entre defesa da concorrência e defesa comercial, uma vez que esta se aplica às práticas abusivas internacionais do comércio, e é o meio utilizado para o Estado defender sua indústria nacional no âmbito da Organização Mundial do Comércio. Em outras palavras, a defesa comercial é uma lide travada entre Estados.[47]

---

[44] Vide Decreto nº 1.602, de 23 de agosto de 1995; e Circular SECEX nº 21, Roteiro de preenchimento de petições.

[45] Ao tratar de subsídios não se pode deixar de mencionar, mesmo que a guisa de ilustração, o contencioso travado entre a brasileira EMBRAER e a canadense BOMBARDIER, em torno de exportações subsidiadas de jatos regionais.

[46] Vide Decreto nº 1.751, de 19 de dezembro de 1995; Circular SECEX nº 20, Roteiro de preenchimento de petições.

[47] Ainda no que se refere à distinção entre defesa comercial e direito da concorrência, cumpre salientar que ao abordar questões relativas à importação e exportação de produtos dentro de um mesmo mercado comum, não se deve falar em *dumping*, mas em preço predatório, já que o primeiro se refere à defesa comercial, e o segundo a defesa da concorrência. Contudo, freqüentemente, Argentina, Brasil, Paraguai e Uruguai, trocam acusações de *dumping*, inclusive com representações perante a OMC, e aplicações de medidas *anti-dumping* e de salvaguardas, apesar de se estar no âmbito

V.2. Concorrência Desleal

A disciplina legal da concorrência desleal tem início em 1883, na cidade de Paris, com a *Convenção da União*. Sucessivamente, o texto inicial foi sendo revisto por acordos como os de Madri, Bruxelas, Washington, Haia, Londres, Lisboa e Estocolmo. A idéia prevalente foi dar a noção e se fazer a indicação das principais formas de desonestidade a serem proibidas pelas nações contratantes.

Grande parte dos países acolheu a Convenção, permitindo que ela representasse um direito inter-estatal passível de ser invocado inclusive nos Estados que não possuíam uma legislação especial sobre o assunto.

Na conceituação de Celso Delmanto, "pode, e deve mesmo, esforçar-se o concorrente na disputa; mas não usar de meios desleais para vencê-la. Por isso, como no esporte, incentiva-se a sua prática, mas procura-se afastar os contendores que não são honestos no embate"[48].

Prossegue Celso Delmanto dizendo: "e o que é a *concorrência desleal*, senão o *uso de meios ou métodos incorretos para modificar a normal relação de competição*?"[49]

No Brasil, a matéria está disciplinada no capítulo VI, Dos Crimes de Concorrência Desleal, do Código de Propriedade Industrial (Lei nº 9.279/96). O art.195, em seus 14 incisos, lista as condutas tidas como crimes de concorrência desleal para quem as comete. Dentre elas pode-se citar: publicar informação falsa em detrimento de concorrente (inciso I); empregar meio fraudulento para desviar clientela de outrem (inciso III); usar ou imitar sinal de propaganda alheia de modo a criar confusão entre os produtos e

do Mercosul. Os seguintes exemplos demonstram que apesar de estarem num mercado comum, o *dumping* é matéria atual e constante entre os países membros do Mercosul. A Argentina, por exemplo, aplicou medidas *antidumping* às exportações de frango brasileiro, enquanto o Brasil instaurou processo de investigação de *dumping* contra diversos países na questão do leite em pó, incluindo Argentina e Uruguai, que culminou com a celebração de acordos. E, conforme anunciado no jornal Folha de S. Paulo, de 23 de outubro de 2001, p. B3, "o Brasil não vai aceitar a vinculação das salvaguardas à desvalorização do real – como propôs o parceiro (Argentina) – e quer que as medidas sejam limitadas a setores que comprovem prejuízos".

[48] in *Crimes de Concorrência Desleal*. São Paulo: José Bushatsky Editor, 1975. p. 12.

[49] in *Crimes de Concorrência Desleal*. São Paulo: José Bushatsky Editor, 1975. p. 12.

estabelecimentos (inciso IV); dar dinheiro a empregado de concorrente para lhe proporcionar vantagem (inciso IX); e explorar sem autorização informações ou dados confidenciais (inciso XI). A pena para quem comete crimes de concorrência desleal é a detenção de 3 meses a 1 ano, ou multa.

Nos crimes contra a propriedade industrial, título V da Lei e no qual está inserido o capítulo dos crimes de concorrência desleal, a ação penal e as diligências preliminares de busca e apreensão regulam-se pelo disposto no Código de Processo Penal. Independentemente da ação criminal, importante salientar, aquele que se considerar prejudicado poderá intentar as ações cíveis que considerar cabíveis na forma do Código de Processo Civil.

Verifica-se, portanto, que na concorrência desleal encontram-se aquelas práticas adotadas em prejuízo a determinada empresa concorrente e que podem também trazer prejuízos ao consumidor. Ou seja, sua aplicação é na lide de uma empresa contra a outra, defendendo-se os concorrentes[50]; enquanto no direito da concorrência o que se defende é a concorrência, o mercado.

---

[50] A guisa de ilustração, interessante citar notícia intitulada "Produtos lácteos: Multinacional suíça acusa rival italiana de copiar embalagem - Nestlé leva Parmalat à Justiça na briga pelo negócio de creme de leite": Uma pequena parte dos negócios com leite está opondo os dois maiores produtores brasileiros. A fabricante suíça Nestlé entrou com processo na Justiça de São Paulo contra a italiana Parmalat, acusando a rival de imitar sua embalagem de creme de leite. A indústria pediu à Justiça que a multinacional italiana pare de fabricar e vender duas das marcas de creme de leite produzidas pela Parmalat por causa da 'semelhança' ao rótulo do seu produto. A Nestlé acusa a rival de 'aproveitar indevidamente da fama, notoriedade e idoneidade' dos seus produtos. Acusa também a Parmalat de agir de má fé e praticar concorrência desleal. Nos documentos da ação, a rival nega. Os processos envolvendo grandes empresas acusando pequenos fabricantes de pirataria têm se tornado cada vez mais comuns, mas os casos que colocam indústrias multinacionais em lados opostos são mais raros. Nos tribunais brasileiros, são ainda mais incomuns. (...) Na ação contra a Parmalat ajuizada na semana passada, a Nestlé alega que a rival usa os mesmos elementos visuais da sua embalagem, o que acaba confundindo os consumidores na hora da compra dos produtos expostos nas prateleiras dos supermercados. O processo é contra duas marcas de cremes de leite da multinacional italiana: a própria marca Parmalat e a Glória. A disputa envolve as versões em lata e as embalagens Tetra Pak. Na petição, a Nestlé lembra que sua embalagem - que entrou no mercado em 1994 e foi sendo adaptada - usa as cores azul, branca e vermelha além de morangos misturados ao creme de leite. A companhia salienta que há outros indícios de similaridades nas embalagens. Aponta que, no caso da marca Parmalat, o jorro do creme de leite vem da parte superior do rótulo - o mesmo acontecendo na marca Nestlé. A fabricante suíça

V.3. Crimes à Ordem Econômica

Aos 27 de dezembro de 1990 foi publicada a Lei nº 8.137, definindo crimes contra a ordem tributária, econômica e contra as relações de consumo[51]. Esta Lei representou um retrocesso nas análises das práticas anticoncorrenciais, pois retomou a configuração dos atos contrários à ordem econômica como crimes.

Tal situação só é verdadeiramente alterada com o advento da Lei nº 8.884, de 11 de junho de 1994, a Lei de Defesa da Concorrência, que veio dispor sobre a prevenção e a repressão às infrações contra a ordem econômica.

E por que a situação foi alterada com a publicação da Lei nº 8.884/94 se a Lei nº 8.137/90 continua em vigor?

Com a Lei nº 8.884/94 passa-se a prevenir e reprimir as infrações à ordem econômica sob a óptica do Direito Econômico, e não como prevê a Lei nº 8.137/90, sob o enfoque do Direito Penal Econômico. A diferença entre ambas e o resultado é simples.

Na Lei nº 8.137/90 os crimes contra a ordem econômica estão estabelecidos nos arts. 4º, 5º e 6º da Lei, dentre os quais se pode citar: abusar do poder econômico, dominando o mercado ou eliminando, total ou parcialmente, a concorrência mediante ajuste ou acordo de empresas (art. 4º, I, *a*); formar acordo, convênio, ajuste ou aliança entre ofertantes, visando o controle regionalizado do mercado por empresa ou grupo de empresas (art. 4º, II, *b*); discriminar preços ou açambarcar bens de produção com o fim de estabelecer o monopólio ou eliminar a concorrência (art. 4º, III e IV); vender mer-

---

avaliou que a concorrente copiou por inteiro seu conceito visual, mas que existem diferenças nos detalhes de cada uma das marcas. (...)". in Valor Econômico, 31 de julho de 2003 - Ano 4 - Nº 812 - Empresas & Tecnologia 2003.

[51] Escreve a Eliana Passarelli acerca do contexto sócio-econômico das relações humanas no decorrer do séc. XX que: "Era necessária e urgente a elaboração de um complexo de leis capaz de equilibrar as relações de consumo, possibilitando ao consumidor o exercício de determinados direitos. Atento a essa nova perspectiva, o legislador constituinte de 1988 inseriu a promoção da defesa do consumidor entre os deveres do Estado, erigindo tal norma a direito coletivo, consolidando-a, assim, como cláusula pétrea. Em outro plano, elevou a defesa do consumidor, ao lado da livre iniciativa, a princípio de ordem econômica". in *Dos Crimes Contra as Relações de Consumo: Lei Federal nº 8.078/90 (CDC)*. São Paulo: Saraiva, 2002. p. XIII.

cadoria abaixo do preço de custo, com o fim de impedir a concorrência (art. 4º, VI); subordinar a venda de bem ou a utilização de serviço à aquisição de outro bem, ou ao uso de determinado serviço (art. 5º, II); e vender ou oferecer à venda mercadoria, ou contratar ou oferecer serviço, por preço superior ao oficialmente tabelado, ao fixado por órgão ou entidade governamental, e ao estabelecido em regime legal de controle (art. 6º, I).

Esta é uma grande distinção com a Lei nº 8.884/94, na qual as condutas anticoncorrenciais são apresentadas nos incisos do art. 21, como exemplificativas, e não taxativas. Ou seja, quaisquer outras práticas, mesmo que não definidas nos incisos do art. 21, mas que possam configurar hipóteses do art. 20, quais sejam: (i) limitar, falsear ou de qualquer forma prejudicar a livre concorrência ou a livre iniciativa; (ii) dominar mercado relevante de bens ou serviços; (iii) aumentar arbitrariamente os lucros; e (iv) exercer de forma abusiva posição dominante; constituem infração da ordem econômica.

A tipologia aberta é um grande destaque que merece ser dado à Lei nº 8.884/94 em comparação à Lei nº 8.137/90, pois nos ensinamentos ministrados por Marcelo Fortes Barbosa, é a única forma de combater os crimes econômicos em razão da criatividade do pensamento humano.

Além do mais, na Lei nº 8.137/90, notadamente penal econômica, para que culmine na caracterização do crime e na punição dos eventuais infratores é necessária a comprovação da relação de causalidade, na qual o resultado só é imputável a quem lhe deu causa (art. 13, Código Penal). Por sua natureza penal, admite que o crime se dá quando o agente quis o resultado ou assumiu o risco de produzi-lo (crime doloso, art. 18, I, Código Penal), ou quando o agente deu causa ao resultado por imprudência, negligência ou imperícia (crime culposo, art. 18, II, Código Penal). Entretanto, deve ser observado que, salvo os casos expressos em lei, ninguém pode ser punido por fato previsto como crime, senão quando o pratica dolosamente (art. 18, parágrafo único, Código Penal).[52]

Ora, a Lei nº 8.884/94 considera infração da ordem econômica os atos sob qualquer forma manifestados, que tenham por objeto ou possam produzir os efeitos que arrola nos incisos do art. 20, independentemente de culpa. Ou seja, é muito mais fácil caracterizar uma infração à ordem econô-

---

[52] Evidentemente não se fará maiores análises de Direito Penal, já que a proposta deste trabalho é o Direito da Concorrência. Para estudo mais detalhado do Direito Penal recomenda-se a leitura do *Código Penal Comentado*, de Celso Delmanto *et alli*, editora Renovar, em sua 6ª edição, 2002.

mica e punir o seu agente em sede do Direito da Concorrência a efetivar qualquer condenação na seara do Direito Penal Econômico (Lei nº 8.137/90).

Quanto às punições elas também diferem. A Lei nº 8.884/94 sujeita aos responsáveis pela prática de infração da ordem econômica: multa de 1% a 30% do faturamento bruto no seu último exercício, excluído os impostos, a qual nunca será inferior à vantagem auferida, quando quantificável, no caso da empresa (art. 23, I); multa de 10% a 50% do valor daquela aplicável à empresa, de responsabilidade pessoal e exclusiva do administrador, direta ou indiretamente responsável pela infração cometida por empresa (art. 23, II); ou ainda, nos casos em que não é possível utilizar-se o critério do valor do faturamento bruto (e.g. associações, pessoas físicas), a multa será de 6 mil a 6 milhões de UFIR (art. 23, III). Já a Lei nº 8.137/90 prevê como pena aos crimes contra a ordem econômica: reclusão, de 2 a 5 anos, ou multa (art. 4º); detenção, de 2 a 5 anos, ou multa (art. 5º); e detenção, de 1 a 4 anos, ou multa (art. 6º).

Importante notar que a Lei nº 8.884/94, que se submete à decisão do CADE, dispõe sobre multas à empresa (pessoa jurídica) e ao administrador (pessoa física). Já a Lei nº 8.137/90, que não é de jurisdição do CADE, e sim do Poder Judiciário, dispõe sobre a aplicação da pena de prisão ao eventual infrator.

Por fim, cumpre ainda mencionar que os crimes previstos na Lei nº 8.137/90 são de ação penal pública, aplicando-lhes o disposto no art. 100 do Decreto-Lei nº 2.848, de 7 de dezembro de 1940 – Código Penal, e que qualquer pessoa poderá provocar a iniciativa do Ministério Público nos crimes descritos nesta Lei, fornecendo-lhe, por escrito, informações sobre o fato e a autoria, bem como indicando o tempo, o lugar e os elementos de convicção.

Assim, o CADE poderá condenar pela Lei nº 8.884/94 uma empresa e seu administrador por infração à ordem econômica, e oficiar o Ministério Público para que proceda a análise do caso à luz da Lei nº 8.137/90, que poderá resultar em outra condenação, agora por crime contra a ordem econômica.

VI. CONCEITO DE MERCADO RELEVANTE

Para efetuar qualquer análise antitruste é necessário saber o conceito de mercado relevante, pois é a partir dessa conceituação, aplicada a cada caso concreto, que se poderá determinar, ou ao menos prever, eventual concentração ou prática potencialmente prejudicial à concorrência.

A expressão mercado relevante nada mais é do que a tradução literal da língua inglesa de *relevant market*, cujo sentido é determinar o mercado em questão, o *locus* pertinente à análise concorrencial de determinada prática ou operação.

Delimitar o mercado relevante é então fundamental para que se proceda na análise de efeitos competitivos potenciais de operações entre empresas que resultam em concentrações de mercado, ou de efeitos competitivos de condutas adotadas por empresas em condição de impor seus interesses ao mercado, uma vez que é nesse espaço em que a autoridade de defesa da concorrência deverá atuar, prevenindo ou reprimindo eventuais abusos ou infrações concorrenciais.

Não são raras às vezes em que a conceituação de mercado relevante aparece identificada conjuntamente com o abuso de posição dominante ou o poder de mercado e o seu abuso. Entretanto, para um estudo técnico e didático se entende que tal aproximação deve ser evitada para uma melhor compreensão do estudioso da concorrência e assim analisar-se mercado relevante e poder de mercado e seu abuso em itens distintos, para que depois se possa fazer a interpretação de cada caso com esses dois conceitos em mente. Explica-se também pelo fato do conceito de mercado relevante ser utilizado em qualquer situação da análise concorrencial, já que só se fala em infração ou limitação da concorrência em dado mercado, o mercado relevante.

A conceituação de mercado relevante, cujo objetivo é definir o espaço geográfico e material onde se estabelece a concorrência, reúne empresas cuja produção tenha um efeito imediato e substancial no comportamento dos diversos agentes econômicos desse mercado, notadamente no que se refere a preços e produção. Assim, o mercado relevante é o palco onde as relações concorrenciais são travadas e o local de atuação do agente econômico, cuja conduta, ainda que potencial, é analisada.[53]

[53] Na definição de mercado contida no *1992 Horizontal Merger Guidelines*, que orienta os órgãos de defesa da concorrência norte-americanos nos casos de antitruste, observa-se que: "*A market is defined as a product or group of products and a geographic area in which it is produced or sold such that a hypothetical profit-maximizing firm, not subject to price regulation, that was the only present and future producer or seller of those products in that area likely would impose at least a ´small but significant and nontransitory` increase in price, assuming the terms of sale of all other products are held constant. A relevant market is a group of products and a geographic area that is*

Percebe-se que a análise do mercado relevante engloba duas conceituações distintas, mas inseparáveis: *mercado relevante material* e *mercado relevante geográfico*. Pode-se ainda falar numa outra conceituação para o estudo do mercado relevante, qual seja, *mercado relevante temporal*, mas que não é comumente utilizada.

Em *Primeiras Linhas de Direito Econômico*[54], Washington Peluso Albino de Souza expõe o conceito de "mercado" a partir do enfoque do Direito Econômico, tratando "... o ´mercado` em face da política econômica da ´circulação` da riqueza na sociedade, de acordo com a ideologia que se tome por referência ...".[55]

Entretanto, para a análise antitruste, é na definição de Mario Luiz Possas que se encontra uma conceituação bastante didática para mercado relevante: "... o mercado relevante é conceituado simplesmente como o menor mercado possível; isto é, o menor agregado de produtos, combinado com a menor área ..."[56].

---

no bigger than necessary to satisfy this test". (Conforme consta no item *1.market definition, measurement and concentration - 1.0 overview*)

[54] "O Direito Econômico, em nosso ponto de vista, trata o ´mercado` em face da política econômica da ´circulação` da riqueza na sociedade, de acordo com a ideologia que se tome por referência. Não há dúvidas de que a construção teórica desse instituto é concebida em que o fato ´circulação`, enquanto expressão da ´troca`, verifica-se em qualquer outro modelo social, desde os mais primitivos e afastados, ou não, do Liberalismo". (*Primeiras Linhas de Direito Econômico*, p. 502) Escreve ainda o Prof. Washington Peluso que "... o modelo liberal, combinando Smith com Darwin, projetou-se na Economia e no Direito, pela imposição dos rigores do instituto da falência (morte legal), aos derrotados pelos mais fortes na concorrência (seleção natural)". (*Primeiras Linhas de Direito Econômico*, p. 502).

[55] Interessante também analisar a significação de mercado para Alvin Toffler: "Os economistas ocidentais tendem a pensar no mercado como um fato puramente capitalista da vida e freqüentemente usam o termo como se fosse sinônimo de ´economia de lucro`. Entretanto, pelo que sabemos de História, a permuta – e daí uma fração de mercado – surgiu antes e independentemente do lucro. Pois o mercado, propriamente falando, é nada mais que uma rede de intercâmbio, um quadro de distribuição, por assim dizer, pelo qual são encaminhadas as mercadorias ou serviços, com mensagens, para os seus destinos apropriados. Não é inerentemente capitalista. Esse quadro de distribuição é tão essencial a uma sociedade industrial socialista como para o industrialismo motivado pelo lucro". in *A Terceira Onda*. São Paulo: Record, 6ª ed., 1986. p. 52.

[56] POSSAS, Mario Luiz. *Os Conceitos de Mercado Relevante e de Poder de Mercado no Âmbito da Defesa da Concorrência*. in Revista do IBRAC, vol. 3 nº 5, 1996, p.85.

Nota-se a necessidade de se definir cuidadosamente o mercado relevante do caso em análise, para que se possa verificar a ocorrência de eventuais implicações de determinada conduta ou operação na concorrência e seus efeitos no mercado[57].

VI.1. Mercado Relevante Material

O mercado relevante material, assim denominado e que incorpora produtos e serviços, compreende todos os produtos e serviços considerados pelos consumidores substituíveis entre si em razão das suas características, preços e utilização.

As diversas características dos produtos e serviços, e o modo como os consumidores percebem a capacidade de utilização desses produtos e serviços concorrem para a determinação do mercado, ou dos mercados, nos quais os produtos são vendidos e os serviços prestados.

Para facilitar a explicação, pode-se utilizar um exemplo fictício que seguramente permitirá a compreensão do conceito de mercado relevante material.

Utiliza-se como exemplo os aguardentes produzidos em diversos alambiques e de marcas distintas e concorrentes entre si. Cada aguardente, apesar de suas características comuns, é diferente, possuindo cada qual uma especificidade que o diferencia dos demais: seja a qualidade, seja apenas a marca ou o preço. Os alambiques fazem publicidade para destacar essas diferenciações e assim cativar seus consumidores e poder praticar preços mais altos. Apesar dos consumidores não estarem dispostos a trocar seus aguardentes favoritos, eles consideram as diversas marcas de aguardente substitutas entre si, em razão da utilização e do preço.

Contudo, muitos consumidores de aguardente podem considerá-lo um sucedâneo de outras bebidas alcoólicas, como a vodka, a grappa ou o saquê, por exemplo. Neste caso, o produtor de aguardente deverá considerar não apenas o preço praticado por outros produtores de aguardentes, mas também o preço das outras bebidas alcoólicas tidas pelos consumidores como substitutas.

[57] Dispõe o art. 219 da Constituição Federal: "O mercado interno integra o patrimônio nacional e será incentivado de modo a viabilizar o desenvolvimento cultural e sócio-econômico, o bem-estar da população e a autonomia tecnológica do País, nos termos da lei federal".

Tal fato também restringe o preço a ser praticado pela comercialização do aguardente com a limitação da oferta. Outrossim, caso os produtores de aguardente acordem entre si em aumentar seus preços, os consumidores poderão direcionar sua demanda para as outras bebidas alcoólicas consideradas substitutas.

Em outras palavras, é o caso do consumidor em sua *happy hour* com colegas de serviço e sedento por uma caipirinha que, ao ser informado pelo garçom que a caipirinha (de aguardente) custa "2x", acaba optando por uma caipiroska (caipirinha feita com vodka), que custa "x".

Evidentemente o exemplo citado se refere ao mercado relevante material de produto, mas naturalmente também se aplica a serviços.[58]

Utiliza-se outro exemplo hipotético e fictício para mercado relevante material de serviços. Neste caso, as pessoas que têm cáries procuram dentistas para que eles prestem o serviço, qual seja, fazer a obturação.

Cada dentista procura cativar seu paciente com excelências no atendimento, qualidade do tratamento e preço. Entretanto, hipoteticamente todos os dentistas de determinada cidade resolvem aumentar seus preços. Hipoteticamente, ainda, os ortodontistas, que realizam correções estéticas nos dentes, também prestam o serviço de obturar dentes.

Ora, para o paciente, tanto faz obturar seu dente com o dentista ou com o ortodontista. Dessa forma, o dentista tem que praticar seu preço em atenção também ao ortodontista, caso contrário a demanda dos pacientes migrará para seus concorrentes considerados substitutos pelos pacientes.

Em linhas gerais, pode-se dizer que identificada a necessidade do consumidor por determinado produto ou serviço, deve-se verificar se ele

[58] Conforme define o *1992 Horizontal Merger Guidelines, no item 1.1 product market definition – 1.11 general standards: "Absent price discrimination, the Agency will delineate the product market to be a product or group of products such that a hypothetical profit-maximizing firm that was the only present and future seller of those products ('monopolist') likely would impose at least a 'small but significant and nontransitory' increase in price. That is, assuming that buyers likely would respond to an increase in price for a tentatively identified product group only by shifting to other products, what would happen? If the alternatives were, in the aggregate, sufficiently attractive at their existing terms of sale, an attempt to raise prices would result in a reduction of sales large enough that the price increase would not prove profitable, and the tentatively identified product group would prove to be too narrow".*

está disposto a substituí-lo por outro. Em caso positivo, esses produtos ou serviços são fungíveis, detém intercambialidade, então fazendo parte do mesmo mercado relevante material.

Uma forma de verificar essa substitutibilidade é o fenômeno da elasticidade cruzada (*cross elasticity*), pelo qual o aumento no preço de determinado produto ou serviço leva ao aumento da procura de outro, seu sucedâneo. Esse fato demonstra que o consumidor está disposto a substituir um produto ou serviço por outro, colocando-os num mesmo mercado relevante material. Ou seja, quanto maior for a elasticidade da demanda, maior será a possibilidade de substituição do produto ou serviço em análise pelos compradores, que estariam dispostos a trocar um produto ou serviço por outro equivalente em propriedades e preço.

Deve-se ainda destacar que as autoridades de defesa da concorrência tendem a limitar, ao máximo possível, a extensão dos mercados relevantes materiais, para que: (i) seja mais facilmente caracterizada a posição dominante do agente econômico; (ii) os efeitos anticoncorrenciais de determinada prática sejam potencializados; e (iii) para que as práticas não sejam consideradas como de pouca relevância e assim, não sejam isentas da análise antitruste competente.

Dentro do mercado relevante material ainda existem casos em que se possa compor um certo número de produtos ou serviços por apresentarem características físicas, técnicas ou de comercialização que recomendam o agrupamento, os chamados *cluster markets*[59].

VI.2. Mercado Relevante Geográfico

A análise do mercado relevante geográfico considera a área, o espaço, onde se embata a competição, que pode ser entendida como

[59] Interessante reproduzir o conceito de *cluster market* dado por Calixto Salomão Filho, segundo o qual "consiste em um agrupamento de produtos que, exatamente porque agrupados, tem maior atratividade para o consumidor. A principal conseqüência da caracterização de um mercado como *cluster* é considerar a cesta de produtos como um produto único". Prossegue Calixto Salomão Filho expondo que as explicações para o *cluster* são a existência de economia de escopo na aquisição de produtos em conjunto (explicação tradicional e próxima da explicação neoclássica) e a redução dos custos de transação (doutrina mais moderna e da nova economia institucional), in *Regulação e Concorrência: estudos e pareceres*. São Paulo: Malheiros editores, 2002, p. 23 e 24.

anticoncorrencial, ou mesmo a área onde determinada operação econômica poderá produzir seus efeitos, mesmo que potenciais. Ou seja, não basta determinar abstratamente a localização do agente econômico; a natureza do produto, a existência de barreiras à entrada e a conduta praticada também são fundamentais para precisar o mercado relevante geográfico.

O mercado relevante geográfico compreende, portanto, a área na qual os agentes econômicos ofertam e procuram produtos ou serviços em condições concorrenciais equivalentes de preços, preferências dos consumidores e características dos produtos ou serviços. Deve-se identificar os obstáculos ao ingresso de empresas situadas fora dessa área para ofertarem produtos ou serviços, como também a possibilidade de empresas ingressarem nesse mercado quando da elevação dos preços pela empresa nele já situada.

Assim, o mercado relevante geográfico detém elevada importância na análise concorrencial, pois é da área geográfica que provêm os produtos considerados pelos consumidores como sendo substitutos[60]. Isso dependerá da característica do bem procurado, dos custos de transação e em particular do custo de transporte. No caso desses custos serem baixos em relação ao valor do produto, é possível ingressar em mercados distantes. Por outro lado, sendo o custo de transporte muito relevante, o acesso ao mercado só poderá ser feito por empresas localizadas próximas aos locais de consumo.

Fica fácil perceber que o mercado relevante geográfico é o espaço físico, a área, onde as relações concorrenciais em análise se realizam. Nessa área o agente econômico pode aumentar seus preços e mesmo assim não perder um número significativo de clientes, caso os consumidores não uti-

---

[60] O *1992 Horizontal Merger Guidelines*, no item *1.2 geographic market definition – 1.21 general standards*, assinala que: *"Absent price discrimination, the Agency will delineate the geographic market to be a region such that a hypothetical monopolist that was the only present or future producer of the relevant product at locations in that region would profitably impose at least a ´small but significant and nontransitory` increase in price, holding constant the terms of sale for all products produced elsewhere. That is, assuming that buyers likely would respond to a price increase on products produced within the tentatively identified region only by shifting to products produced at locations of production outside the region, what would happen? If those locations of production outside the region were, in the aggregate, sufficiently attractive at their existing terms of sale, an attempt to raise price would result in a reduction in sales large enough that the price increase would not prove profitable, and the tentatively identified geographic area would prove to be too narrow".*

lizem um fornecedor de sucedâneos, nem exista a concorrência de outros produtores de sucedâneos instalados fora daquela área que ingressariam maciçamente no mercado geográfico em questão.

Uma vez compreendido o conceito de mercado relevante geográfico, cumpre verificar a fim de estabelecer uma precisa análise concorrencial e a existência de um mercado geográfico único se: (i) o consumidor estaria disposto a deixar o local onde está situado para adquirir o produto ou utilizar o serviço em outra área, as vezes distante de onde se encontra; (ii) os custos dos transportes deixariam os produtos ou serviços locais em condição de independência e indiferença em relação aos ofertados por agentes econômicos de outras áreas; (iii) as características do produto ou serviço, como por exemplo durabilidade e resistência ao transporte, permitiriam a comercialização em áreas relativamente distantes de sua origem; (iv) os incentivos governamentais representariam impeditivos ao ingresso de novos agentes econômicos no mercado; e (v) a existência de barreiras à entrada, como impostos de importação ou o elevado custo para constituir uma rede de distribuição, demonstraria se o mercado é impermeável ao ingresso de novos competidores.

VI.3. Mercado Relevante Temporal

Outra maneira de proceder à análise mercadológica do antitruste, embora praticamente não utilizada na experiência nacional, é a dimensão temporal do mercado relevante. A análise do mercado relevante temporal incide nas análises geográfica e material.

A Comissão Australiana de Concorrência e Consumidor - ACCC (*Australian Competition & Consumer Commission*) considera que o mercado relevante envolve quatro dimensões para análises antitrustes, dentre as quais a temporal[61].

Conforme assinala o guia de concentrações da ACCC (*merger guidelines*), a dimensão temporal do mercado se refere ao período no qual

[61] Além da dimensão temporal (*time*), a ACCC também analisa a dimensão do produto (*product*), geográfica (*geographic*) e funcional (*functional*). Para se determinar o mercado relevante funcional exige-se a identificação dos estágios verticais da produção e/ou distribuição o qual compreende o local relevante da competição. Isso leva em consideração tanto as eficiências da integração vertical, realidade comercial e as possibilidades de substituição nos estágios verticais adjacentes.

as possibilidades de substituição devem ser consideradas. A ACCC considera as possibilidades de substituição no período mais longo, mas ainda num futuro previsível, que efetivamente delimitará o exercício significante de poder de mercado da empresa que está se concentrando.

No entendimento de José Del Chiaro Ferreira da Rosa e Luiz Fernando Schuartz as formas de análise dos mercados relevantes geográfico e material já teriam implícitas o elemento temporal, explicitado por termos restritivos como os advérbios "imediatamente", "rapidamente", "prontamente", ou até mesmo, "período razoável de tempo".[62]

Entretanto, ao observar o Anexo V da Resolução nº 15 do CADE, de 19 de agosto de 1998, especificamente no item 1.6, referente às definições de mercado relevante de produto (1.6.1) e geográfico (1.6.2), não se encontra em momento algum uma referência expressa à dimensão temporal.

Nas decisões do CADE e nas análises da SEAE e da SDE, difícil verificar ao menos uma menção ao mercado relevante temporal, mas nem por isso sua análise deve ser preterida. Talvez, caso fosse considerada a dimensão temporal ficaria mais fácil perceber que a demora de uma análise antitruste até sua decisão final pode comprometer toda a concorrência num mercado, não obstante as tentativas de Acordos de Preservação e Reversibilidade da Operação, Medidas Cautelares e Preventivas.[63]

---

[62] in *Mercado Relevante e Defesa da Concorrência*. Revista de Direito Econômico, Brasília: Conselho Administrativo de Defesa Econômica – CADE, out./dez. 1995.

[63] Talvez uma das poucas vezes, senão a única, em que se mencionou a dimensão temporal como item de análise do mercado relevante na jurisprudência do CADE, e mesmo assim de maneira bastante superficial, foi no voto do Conselheiro Relator do Processo Administrativo nº 53500-000359/99, apenso à Averiguação Preliminar nº 53500.002586/98, Representante: TVA Sistema de Televisão S.A., Representada: TV Globo Ltda. e TV Globo São Paulo Ltda., Relator: Conselheiro João Bosco Leopoldino da Fonseca, conforme segue: "Definição do Mercado Relevante – Produto. Richard Whish ensina que, para se verificar se uma empresa é detentora de posição dominante, há que serem examinadas preambularmente algumas questões complexas. É essencial salientar que a dominância não existe em abstrato, mas em relação a um determinado mercado. Daí a necessidade da análise do mercado em três perspectivas: o mercado do produto, o mercado geográfico e o mercado temporal (*Competition Law*. Third edition. London, Butterworths, 1993, p. 248-24)". Verifica-se, entretanto, da análise do referido voto que apesar de citar o aspecto temporal, o Conselheiro João Bosco não estendeu sua análise.

VI.4. Tipos de Mercado

Uma vez compreendido o conceito de mercado relevante, faz-se uma breve análise dos diversos tipos de mercado onde se trava a concorrência entre os agentes econômicos.

VI.4.1. Mercados Perfeitamente Competitivos

Inicialmente, cita-se os *mercados perfeitamente competitivos*, que dizem respeito ao modelo de concorrência perfeita, sendo assim, meramente uma explicação teórica de como os mercados funcionariam e como os agentes em regime de concorrência pura nele atuariam.[64]

Esse modelo de mercado, que se diz ideal, mas utópico de ser atingido em sua plenitude, notabilizar-se-ia pela sua perfeita competitividade dada a existência alta e equivalente de produtores e compradores, todos pequenos em relação ao todo, e com isso incapazes de influenciar o preço de produtos ou serviços e a atuação de outros competidores com suas decisões individuais. Uma empresa nesta condição jamais poderia elevar seus preços ou reduzi-los demasiadamente, caso contrário perderia participação de mercado, já que seus compradores procurariam outro fornecedor, ou os custos de produção implicariam em prejuízos certos.

Estaria-se diante de uma situação em que o preço do produto ou serviço estaria formado em uma perspectiva que atendesse as necessidades dos produtores e aos anseios do comprador, já que se praticaria o "preço justo", possibilitado pelo equilíbrio constante e inalterável da oferta e da demanda.

[64] Interessante também os ensinamentos de W. Kip Viscusi, John M. Vernon e Joseph E. Harrington Jr. acerca da racionalidade para regulação e políticas de defesa da concorrência, "*if we existed in a world that functioned in accordance with the perfect competition paradigm, there would be little need for antitrust polices and other regulatory efforts. All markets would consist of a large number of sellers of a product, and consumers would be fully informed of the product's implications. Moreover, there would be no externalities present in this idealized economy, as all effects would be internalized by the buyers and sellers of particular product. Unfortunately, economic reality seldom adheres very closely to the textbook model of perfect competition (...)*", in *Economics of Regulations and Antitrust*, 2ª ed., Massachusetts: The MIT Press, 1997. p. 02 e 03.

VI.4.2. Mercados Imperfeitamente Competitivos

Em sentido oposto existiriam os *mercados imperfeitamente competitivos*, onde apesar da concorrência ocorrer entre produtores e compradores, suas condições não são ideais, pois faltam os pressupostos dos mercados perfeitamente competitivos.

Nesse modelo, também denominado de regime de *concorrência monopolística*, a diferenciação entre os produtos e a constituição de uma rede de compradores fiéis garantem ao produtor uma condição mais favorável daquela que teria se os seus produtos ou serviços concorressem mais efetivamente com os de outras marcas. Como resultado, o preço praticado pode ser maior do que de fato seria e ainda ocorrer uma limitação na produção ou comercialização do bem ou produto.

Contudo, acredita-se que apesar deste modelo não ser o ideal para a concorrência, não se pode punir uma empresa que conquistou seus compradores, seja pela marca, seja pela qualidade do produto, e com isso pratica um preço mais elevado por esse produto ou serviço, e mesmo existindo sucedâneos no mercado, os compradores continuam, por opção, fiéis à marca.

Evidentemente, tal situação de dominação de mercado é aceitável, desde que os possuidores das marcas principais não se valham de práticas anticoncorrenciais para manterem essa condição.

VI.4.2.1. Mercados Oligopolizados

Outra situação é a dos *mercados oligopolizados*, identificados pelo pequeno número de produtores ou prestadores de serviço, ou ainda a existência de grandes agentes econômicos, ainda que em pequena quantidade, concorrendo com agentes de porte bem inferior e sem qualquer condição de alterar a situação do mercado.

Esse modelo, em especial, exige um exercício bastante intenso das autoridades de defesa da concorrência e dos estudiosos da matéria. Ao analisar a conduta racional dos agentes econômicos atuantes nesse mercado poderá se estar diante de um caso altamente competitivo, apesar da oligopolização, ou seja, do reduzido número de competidores, como também se deparar numa situação quase de monopólio, onde os poucos agentes por meio de práticas colusivas restringem ao máximo a concorrência.

O cuidado para se analisar caso a caso deve ser muito grande, pois poderá se estar diante de um comportamento interdependente entre os agentes, que limitariam a produção para atingir um preço que seria praticado por um monopolista, ou simplesmente numa situação onde se aplicaria a teoria dos jogos[65], onde a estratégia racional de determinado agente se pauta no provável comportamento de seu concorrente.

Em cada situação, deve-se verificar algumas peculiaridades, como a ocorrência de se seguir o líder (*follow the lider*), e a caracterização de um "paralelismo de conduta" e sua distinção com um "paralelismo consciente", tão comum em mercados competitivos oligipolizados, e que seria considerado anticoncorrencial na incidência da condição "plus".

Na hipótese da ocorrência de um suposto *paralelismo consciente plus*, deve-se verificar além do comportamento paralelo de preços a existência, e comprovação, de algum mecanismo explícito de coordenação de preços.

Como visto, os mercados oligopolizados permitem aos estudiosos da defesa da concorrência um aprofundamento na matéria e o contato com teorias econômicas que explicam, justificam e repudiam diversas condutas.

VI.4.2.2. Mercados Monopolizados

Por último, têm-se os *mercados monopolizados*, marcados pela atuação de uma única empresa no mercado para ofertar um produto ou serviço sem a ameaça do ingresso de um concorrente. Tal situação, entretanto, pode gerar seus efeitos no caso de um agente com absolutamente a totalidade do mercado, estando a outra pequena parcela com pequenos agentes que não representam a menor concorrência ao grande "monopolista".

---

[65] Escreve Calixto Salomão Filho que: "A teoria dos jogos é talvez uma das teorias econômicas de maior potencial transformador da teoria neoclássica, em especial em matéria de análise das condutas, apesar de sua íntima ligação aos pressupostos individualistas desta última. A razão é que a teoria dos jogos oferece instrumental muito interessante para a análise de dois elementos-chave para a análise das condutas: seu resultado e sua motivação. O primeiro decorre diretamente da teoria dos jogos. O segundo, indiretamente, a partir de sua crítica". in *Direito Concorrencial: as condutas*. São Paulo: Malheiros, 2003. p. 25.

Nesta situação o agente monopolista para maximizar seus lucros reduziria a produção "alavancando" o preço dos produtos ou serviços. Quanto maior a demanda e menor a oferta, o preço tende a aumentar.

Os resultados podem ser desastrosos para a sociedade, pois muitas vezes parcela da população não consegue acompanhar os aumentos impostos pelo monopolista, e se vê excluída do consumo ou da utilização desse produto ou serviço. Daí a importância da atuação atenta das autoridades antitrustes.

Mas também existem situações em que o mercado é monopolístico, ou por imposição legal, ou pela sua própria natureza. O petróleo no Brasil, por exemplo, que era de extração exclusiva da Petrobrás (monopólio legal), ou no caso do saneamento básico (monopólio natural), em que não se pode imaginar três empresas instalando encanamentos de esgoto em uma residência para se contratar aquela empresa que lhe ofereça melhores condições.

O monopólio natural se justifica nos casos em que o alto custo da produção ou da prestação do serviço exige altas escalas, caso contrário o próprio mercado não teria como absorver uma pluralidade de agentes e os custos decorrentes dessa suposta competitividade representaria prejuízos aos agentes e custos elevados aos consumidores. As próprias condições estruturais desses mercados, caso do setor de infra-estrutura, impedem a organização de um regime de concorrência.

Nessas situações de monopólios naturais, ou de antigos monopólios legais transferidos à exploração de entes privados, a atuação de agentes reguladores e fiscalizadores é fundamental para a boa concorrencialidade e ao bem-estar econômico do consumidor. São os chamados *mercados regulados*.

Outrossim, não pode a autoridade punir um agente que alcançou sua condição de monopolista pelas suas eficiências. O fato desse agente ser monopolista, condição assegurada pela escolha da população não o desabona. A autoridade de defesa da concorrência deverá combater eventuais abusos praticados por esse agente em decorrência dessa situação.[66]

[66] No que se refere a grande participação de mercado de um agente econômico, interessante citar trecho de entrevista concedida pelo então presidente do CADE, Gesner Oliveira, ao jornal O Estado de S. Paulo, em 11 de julho de 1999, segundo o qual: "(...) na análise de qualquer caso de fusão ou aquisição, algumas perguntas precisam ser feitas. Será que a operação dificulta muito a entrada de uma outra empresa naquele

VI.4.2.3. Monopsônios e Oligopsônios

A análise concorrencial dos mercados imperfeitamente competitivos exige, ainda, comentários acerca dos *monopsônios* e *oligopsônios*.

Conforme já visto, monopólios e oligopólios ocorrem quando o consumidor tem apenas como opção de oferta no mercado um agente ou poucos agentes, respectivamente. Entretanto, não se pode falar que tal situação é *per se* anticoncorrencial. A infração aos ditames concorrenciais só ocorre se o agente, monopolista ou oligopolista, abusar dessa posição.

No caso dos monopsônios e oligopsônios o raciocínio é muito parecido como os dos monopólios ou oligopólios, só que o agente monopsionista ou oligopsionista detém essa posição em outro patamar da estrutura do mercado; no momento de adquirir produtos ou serviços de fornecedores para repassar ao consumidor final e não propriamente no momento da oferta do produto ou serviço ao consumidor final.

Entende-se o *monopsônio* pela atuação de um único agente econômico no mercado para adquirir de fornecedores um produto ou serviço para ele, monopsionista, oferecer ao consumidor final. Sem a ameaça da concorrência, ou ainda, a possibilidade dos "fornecedores" ofertarem seus produtos ou serviços para outros agentes econômicos que atuariam junto ao consumidor final, cria-se uma sujeição dos fornecedores ao agente monopsionista. É o monopsionista que poderá determinar preços e condições de pagamento, e caso o fornecedor não se sujeite a essas determinações, poderá ver restringida a oferta de seus produtos ou serviços ao consumidor final.

Os *oligopsônios*, nesse sentido, são identificados pelo pequeno número agentes econômicos atuando no mercado como tomadores de serviços ou adquirentes de produtos para repassá-los ao consumidor final.

Certamente essa situação poderá ser agravada quando o agente econômico que atua como monopsionista ou oligopsionista, também detém

setor? Será que facilita muito a recusa de vendas ou exclusividade na distribuição, de forma a restringir as opções do consumidor? Será que as unidades decorrentes de qualquer operação terão muito mais margem de liberdade para elevar o preço por período prolongado sem que outras empresas possam oferecer produtos similares mais baratos? (...) Não é porque uma empresa compra a outra e tem uma grande participação no mercado que o CADE vai reprovar. Nós aprovamos o caso Ioschpe-Maxion, em 1996, que tinha concentração de 100%".

a posição de monopolista ou oligopolista. Assim, deteria tal agente o poder de mercado nos dois estágios da "cadeia"; tanto como adquirente de insumos junto aos fornecedores (*monopsionista* ou *oligopsionista*), quanto na venda ou prestação de serviço ao consumidor final (*monopolista* ou *oligopolista*).

VII. CONCEITO DE PODER ECONÔMICO E SEU ABUSO

No item anterior verificou-se o conceito de mercado relevante e foram expostas algumas situações típicas nos mercados em geral. Naquela ocasião foi informado que se procederia ao estudo em separado (por itens) de mercado relevante e abuso de posição dominante, pois se entende que tal abordagem permite uma maior compreensão. Por essa razão, parte do que foi exposto no item anterior será retomado neste momento.

Ao analisar este item, "Conceito de Poder Econômico e seu Abuso", verificar-se-á o poder econômico em si e seu abuso, a posição dominante e seu abuso e também poder de mercado e participação de mercado, esperando que, ao final, além de compreender esses conceitos, seja possível também distinguí-los e utilizá-los para interpretar casos de defesa da concorrência.

VII.1. Poder Econômico (Poder de Mercado) e Posição Dominante (Participação de Mercado): Distinção

No estudo do Direito da Concorrência, muitas vezes os conceitos de poder econômico e posição dominante aparecem como sendo institutos que além de se relacionarem, são utilizados para definir situações comuns.

O que se pretende neste tópico é diferenciar esses dois institutos e demonstrar que apesar de supostamente similares são na verdade distintos.

Quando se fala em posição dominante[67] entende-se a participação que determinada empresa tem num certo mercado. Esta participação pode

---

[67] Na definição de posição dominante de Rita Perez, in *Telecomunicazioni e Concorrenza*. Milão: Giuffrè Editor, 2002, p. 490: *"posizione di potenza economica tale da consentire ad un'impresa di ostacolare la nascita o il mantenimento di una concorrenza effettiva sul mercato in cui opera, in virtù della possibilità di tenere comportamenti indipendenti nei confronti dei propri concorrenti, dei clienti e dei consumatori"*.

ser resultado de sua eficiência concorrencial que lhe garantiu uma posição de destaque em decorrência da opção dos consumidores. Até então, nada se tem de anticoncorrencial.

A antijuridicidade iniciaria se tal empresa, detentora de expressiva participação no mercado, abusasse de sua posição, o que ensejaria a repressão (ou a prevenção se o ato ainda não estiver consumado) das autoridades de defesa da concorrência.

Este abuso decorreria da relevante posição da empresa dentro de um mercado, que lhe permitisse abusar dessa situação limitando a oferta, aumentando os preços, impor condições aos seus compradores, dentre outras diversas possibilidades de condutas anticoncorrenciais. Evidentemente, esse quadro só seria favorável à empresa que abusasse de sua posição, no caso de não existirem concorrentes aptos a ingressarem nesse mercado, ou se já estabelecidos, não suprirem as restrições impostas aos compradores pela empresa que estivesse abusando de sua posição.

Portanto, a posição dominante estaria relacionada diretamente com a participação de mercado (*market share*), e seria alvo da atuação das autoridades antitrustes no caso do agente detentor dessa condição abusar dela em desfavor do mercado.

Já o poder econômico[68], diz respeito à condição econômica da empresa (compreendida em conjunto ao grupo econômico ao qual faz parte) e a possibilidade dessa empresa intervir no mercado, mesmo que detentora de pequena participação (*market share*), de maneira a impor aos outros *players* condição tal que não consigam resistir à disputa.

É óbvio que nesta situação, a empresa com poder econômico que queira ingressar no mercado e faça isso, por exemplo, com preços promocionais para os seus produtos ou serviços, não estaria cometendo ilícito concorrencial algum. A antijuridicidade concorrencial dar-se-ia se tal empresa, abusando do

[68] Como aponta Mario Luiz Possas: "Em particular, do ponto de vista jurídico, por mais indeterminada que seja a noção de poder econômico e complexa a sua conceituação, trata-se de formar juízo sobre seu exercício supostamente abusivo, o que impõe inexoravelmente a fixação de critérios objetivos que o demarquem com a precisão necessária à aplicação da lei, a despeito dos prováveis constrangimentos conceituais que venha a sofrer por isso no plano da análise econômica". in *Os Conceitos de Mercado Relevante e de Poder de Mercado no Âmbito da Defesa da Concorrência*. Revista do IBRAC, vol. 3 nº 5, 1996, p.93.

seu poder econômico e neste caso utilizando-se de um suposto benefício cruzado, coloque preços tão abaixo das condições mínimas para o funcionamento no mercado (preços predatórios), que as demais concorrentes não consigam acompanhá-la e aos poucos vão perdendo participação e até mesmo "quebrando". Evidentemente, para que essa situação hipotética ocorresse também não poderia haver concorrentes dispostos a ingressar no mercado naquele momento, e nem num certo tempo futuro, só assim a prática poderia compensar financeiramente para a empresa idealizadora.

O poder econômico se traduziria em poder de mercado, ou seja, a empresa detentora de poder econômico teria condições de impor seus anseios ao mercado, já que detentora de poder de mercado.[69]

Não se pode negar que é freqüente, e bastante comum, a relação que se faz entre a participação de mercado detida por um agente econômico e o poder de mercado decorrente de tal posição.

A presunção é que o agente econômico ao deter significativa participação no mercado, deteria poder econômico para atuar como bem quisesse nesse mercado. Despreocupado com a concorrência dos outros agentes econômicos, que não lhe ofereceriam risco concorrencial algum, seria ele o detentor de poder de mercado.

Em sentido oposto, também é raciocínio comum, o agente econômico detentor de participação de mercado não tão expressiva seria incapaz de desestruturar a concorrência com a sua atuação.

Pretende-se demonstrar que posição dominante (participação de mercado) e poder econômico (poder de mercado) são institutos distintos que até podem e devem se relacionar para a análise caso a caso de matéria antitruste. Comportam, entretanto, análises distintas dos operadores do antitruste para verificar se a suposta conduta, seja por poder econômico,

---

[69] Conforme escreve Mario Luiz Possas: "Vejamos brevemente, em primeiro lugar, a questão do poder de mercado. Tributária da noção ainda mais imprecisa de ´poder econômico`, da qual é uma versão mais delimitada, ela compartilha com esta última a percepção, essencialmente correta e na tradição da Economia Política, de que as relações econômicas são permeadas de relações de poder entre diferentes agentes. (...) Já a noção de poder de mercado é um pouco mais familiar e manejável na análise econômica, sendo ademais, claramente, a forma básica pela qual o poder econômico é exercido no âmbito dos mercados". in *Os Conceitos de Mercado Relevante e de Poder de Mercado no Âmbito da Defesa da Concorrência*. Revista do IBRAC, vol. 3 nº 5, 1996, p.92 e 93.

seja por posição dominante, caracteriza-se um abuso e, sendo assim, deva ser reprimida ou prevenida.

VII.2. O Poder Econômico no Mercado e seus Reflexos na Concorrência

A auto-regulação do mercado pela mão invisível da concorrência regida pela lei da oferta e da procura, como defendeu Adam Smith, representa o ideal da matéria antitruste. Contudo, a história já mostrou que a ordem econômica não consegue se auto-controlar com os agentes econômicos atuando num mercado sem a fiscalização e disciplina do Estado.

O dever de defender a concorrência é exercido pelo Estado por meio de seus órgãos competentes, impondo-se a todos os agentes econômicos atuantes no mercado, independentemente de serem entes privados ou estatais desempenhando atividade econômica.

Para a teoria neoclássica, sobretudo, o poder econômico no mercado se traduziria na possibilidade do agente detentor desse poder reduzir a oferta de produtos ou serviços e conseqüentemente aumentar seus preços. Porém, essa teoria tem forte influência do *consumer wellfare* (bem-estar do consumidor), e pode acabar ocultando o abuso do poder econômico nos mercado que se daria por forma outra.

Por essa razão, a condição de aumentar preços não exprime necessariamente a existência do poder econômico no mercado. Um agente econômico pode muito bem exercer seu poder no mercado, e até mesmo abusar dele por outros meios. Por exemplo: admitindo uma menor lucratividade, mas com uma grande participação no mercado; ou obtendo uma maior lucratividade, mas com uma participação de mercado mais reduzida. Ou seja, um agente econômico "eficiente" e em condição de reduzir seus preços em relação aos seus concorrentes e mesmo assim auferir lucro, mesmo que menor; ou esse mesmo agente aumentar seus preços e auferir um lucro maior, mas com uma perda de participação de mercado. Em ambos os casos o poder no mercado estaria expresso.

Merece destacar que nessas ocorrências o poder de mercado não se relaciona necessariamente e diretamente com o *market share* detido pelo agente econômico, visto que sua capacidade de aumentar preços "pode" ser limitada pelas condições dos compradores optarem por outros sucedâneos ou pelo ingresso no mercado de outros agentes econômicos, o que aumentaria a concorrência.

As *barreiras à entrada*[70], conceito de grande importância para a análise do exercício de poder no mercado de um agente econômico, diz respeito a possível obtenção pelo agente de lucros de monopolista sem que novos competidores vislumbrem sua entrada nesse mercado, apesar de atraídos por tais lucros.

O desestímulo ao ingresso dos novos entrantes se daria pelas *barreiras à entrada*, fatores existentes num mercado que colocam um potencial concorrente em desvantagem em relação aos agentes econômicos já estabelecidos, dentre os quais pode-se citar: (i) custos fixos elevados; (ii) custos irrecuperáveis ou afundados (*sunk costs*); (iii) barreiras legais ou regulatórias; (iv) recursos de propriedade das empresas instaladas; (v) economias de escala ou de escopo; (vi) grau de integração da cadeia produtiva; (vii) fidelidade dos consumidores às marcas; e (viii) a ameaça de reação dos competidores instalados.[71]

---

[70] Na definição de Alberto Pera, secretário geral de 1990 a 2000 da *Autorità Garante della Concorrenza e del Mercato* (AGCM), órgão antitruste italiano: *"Le ´barriere all'entrata`, cioè i costi addizionali rispetto alle imprese già stabilite sul mercato che i nuovi entranti dovranno sopportare, rapresentano il principale limite alla ´concorrenza potenziale`"*. in *Concorrenza e Antitrust*. 2ª ed. Bologna: il Mulino, 2001. p. 30 e 31.

[71] Na definição da Secretaria de Acompanhamento Econômico do Ministério da Fazenda (SEAE/MF), contida em seu *Glossário Básico de Defesa da Concorrência*, tem-se que: *custos fixos* – são os custos que não dependem da quantidade produzida*; custos irrecuperáveis ou afundados (sunk costs)* – são os custos que não podem ser recuperados quando a empresa decide sair do mercado. A extensão dos custos irrecuperáveis depende principalmente: (i) do grau de especificidade do uso do capital, (ii) da existência de mercados para máquinas e equipamentos usados, (iii) da existência de mercados para o aluguel de bens de capital, (iv) do volume de investimentos para garantir a distribuição do produto (gastos com promoção, publicidade e formação da rede de distribuidores)*; barreiras legais ou regulatórias* – são exigências criadas pelo governo para a instalação e funcionamento de uma empresa, tais como as licenças comerciais. As barreiras legais podem representar, na prática, um incremento nos custos irrecuperáveis, quando sua superação implicar custos elevados ou quando puderem simplesmente excluir a possibilidade de entrada para um determinado conjunto de agentes*; economias de escala* – ocorrem quando o custo médio da firma reduz-se (ou o produto médio aumenta) quando a produção cresce, a preços dados de insumo. De forma análoga, ocorrem quando o custo total de uma firma para produzir um determinado produto/serviço é menor do que o somatório do custo total de duas ou mais firmas para produzirem este mesmo produto/serviço*; economias de escopo* – ocorrem quando o custo total de uma firma para produzir conjuntamente, pelo menos dois produtos/serviços, é menor do que o custo de duas ou mais firmas produzirem separadamente estes produtos/serviços, a preços dados de insumos. De forma similar às economias de escala, as economias de escopo podem também ser entendidas como reduções nos custos médios derivados da produção conjunta de bens distintos, a preços dados de insumos.

Observa-se, então, que se trata de um poder relativo e não absoluto, que consiste substancialmente na possibilidade do agente econômico reduzir a quantidade de produção e aumentar o preço, sem que concorrentes a curto tempo ingressem no mercado para satisfazer a demanda com preços inferiores. Lembramos que tal condição não se relaciona necessariamente com a posição do agente no mercado ou com a sua complexa potência econômica. A finalidade da defesa da concorrência é a de garantir o bom funcionamento do mercado.

O funcionamento do mercado, tutelado por uma eficaz legislação de defesa da concorrência, impõe um limite a possibilidade dos agentes adquirirem poder econômico por meio de comportamentos e práticas restritivas, ao invés da eficiência e de suas capacidades superiores. Neste ponto, a participação de mercado e o poder econômico não são *per se* negativos, mas podem, ao contrário, possibilitar a utilização de capacidade técnica ou organizacional que não estaria disponível a empresas de menor porte, com benefícios aos consumidores e até mesmo a economia[72].

Todavia, a essência da legislação de defesa da concorrência está na confiança de que se o mercado é operante e protegido de práticas anticoncorrenciais será difícil o poder econômico se converter em abuso. Além do mais, num mercado concorrencial dificilmente os agentes econômicos de grande porte e detentores de poder estarão sozinhos. Atuarão nesse mercado outros grandes agentes, como também agentes menores e eficientes. Com isso, o abuso individual do agente detentor de poder econômico será mais difícil de ocorrer.

---

[72] Mario Luiz Possas, analisando a acepção schumpeteriana da concorrência, capaz de transformar as estruturas econômicas já existentes em diversos graus e variados mercados, na procura de possibilidade de ganhos privados monopolísticos, mesmo que temporários, em decorrência do processo de inovações intrínseco à concorrência no ambiente econômico capitalista, assinala que: "Não só o poder de mercado passa a ser tolerável, a menos de seu exercício abusivo – como jurisprudência de defesa da concorrência, bem mais que a ortodoxia econômica, está há muito preparada para admitir – como, mais que isso, torna-se até mesmo desejável em muitas situações, notadamente em atividades econômicas caracterizadas pelo dinamismo inovativo e tecnológico, nas quais é preciso assegurar alguma perspectiva de apropriação privada de lucros acima do ´normal` para que os investimentos produtivos e em P&D, voltados a ativos específicos, de alto risco e incerteza quanto ao retorno esperado, possam ser realizados no nível e ritmo adequados". in *Os Conceitos de Mercado Relevante e de Poder de Mercado no Âmbito da Defesa da Concorrência.*, Revista do IBRAC, vol. 3 nº 5, 1996, p.95.

VIII. SISTEMA BRASILEIRO DE DEFESA DA CONCORRÊNCIA

Caso se procurasse na Lei o que é, qual o significado e quem integra o Sistema Brasileiro de Defesa da Concorrência (SBDC) se teria uma surpresa: a falta de registros acerca do SBDC.

Mas o que é o Sistema Brasileiro de Defesa da Concorrência?

Convencionou-se designar por SBDC os órgãos do governo competentes para atuarem em todo o território nacional na prevenção e repressão às infrações contra a ordem econômica, bem como na difusão da cultura da defesa da concorrência.

O SBDC é integrado pela Secretaria de Acompanhamento Econômico (SEAE) do Ministério da Fazenda, a Secretaria de Direito Econômico (SDE) do Ministério da Justiça e o Conselho Administrativo de Defesa Econômica (CADE), autarquia vinculada ao Ministério da Justiça, que atuam à luz da Lei nº 8.884, de 11 de junho de 1994, a Lei de Defesa da Concorrência. A SEAE e a SDE são os órgãos encarregados da instrução dos processos, enquanto o CADE é a instância judicante administrativa. As decisões do CADE não comportam revisão no âmbito do Poder Executivo, podendo ser revistas apenas pelo Poder Judiciário.

Esses órgãos, cuja atividade principal é a defesa da concorrência, atuam na análise de operações de concentração, a fim de verificar eventual possibilidade de grande concentração nos mercados e exercício de poder econômico, para então decidir se tal operação pode ou não ser aprovada, bem como atuam na análise de condutas praticadas por agentes econômicas e se tal prática implica em prejuízo à concorrência, quando então deve ser reprimida.

A partir de importantes acontecimentos da década de 90, como a abertura dos mercados pelo Governo Collor, a promulgação da Lei de Defesa da Concorrência em 1994, a estabilidade monetária propiciada pelo Plano Real, as desestatizações e o processo de concessões e privatizações e com o fenômeno da globalização, o SBDC vai aos poucos ganhando força, e hoje representa importante autoridade que pode contribuir na implementação de políticas de Estado e de Governo e para assegurar o bem-estar econômico dos consumidores.

VIII.1. Conselho Administrativo de Defesa Econômica

A primeira tentativa de se criar um órgão de defesa da concorrência aparece no art. 19 do Decerto-Lei nº 7.666, de 22 de junho de 1945, com a Comissão Administrativa de Defesa Econômica, órgão autônomo e de personalidade jurídica própria, subordinado ao Presidente da República. Porém, o Decreto-Lei foi revogado antes de cumprir o seu terceiro mês.

Diante desse fato, Agamenon Magalhães encaminhou o Projeto de Lei nº 122, de 15 de abril de 1948, no qual propunha a regulamentação do art. 148 da Constituição Federal para a repressão de toda e qualquer forma de abuso de poder econômico, incluindo uniões e agrupamentos de empresas que a finalidade fosse dominar os mercados nacionais, eliminar a concorrência e aumentar arbitrariamente os lucros. No título segundo o Projeto previa a criação da Comissão Administrativa de Defesa Econômica, cuja competência era verificar os atos ou fatos que constituíssem as formas de abuso do poder econômico, ou seja, o embrião do Conselho Administrativo de Defesa Econômica (CADE).

Sua aprovação só se deu anos mais tarde, em 1962, com a promulgação em 10 de setembro da Lei nº 4.137. Além de sua finalidade de regular a repressão ao abuso do poder econômico, a Lei criava em seu art. 8º o CADE, Conselho Administrativo de Defesa Econômica, com sede no Distrito Federal e jurisdição em todo o território nacional para apurar e reprimir os abusos do poder econômico.

De 1962, quando da sua criação, até o início dos anos 90, a atuação do CADE era insignificante. Não por uma suposta incompetência ou falta de vontade daqueles que atuavam frente a este Conselho, longe disso, mas pela conjuntura político-econômica brasileira que inviabilizava sequer um lampejo de defesa da concorrência.

Prova disso, é que de 1963 a 1990, a média de julgados por mês no CADE era de 1,4 processos, média que caiu entre 1992 a 1994 para 1 processo. De março de 1994 a março de 1996 a média subiu para 2,3 processos julgados ao mês, e de 1996 a 1999, com o Brasil numa nova realidade e com a Lei nº 8.884/94 em vigor e o SBDC atuante, a média mensal subiu para 31,3 processos julgados pelo CADE. Contudo, só em 2000 a média mensal quase que dobrou para 55,2 processos[73].

[73] Fonte: Relatório CADE.

Essa nova fase do CADE, órgão judicante, teve início em 11 de junho de 1994 com o advento da Lei nº 8.884, que o transformou em autarquia federal vinculada ao Ministério da Justiça. Sua sede e foro continuaram no Distrito Federal com jurisdição em todo o território nacional.

O CADE é composto por 07 integrantes, sendo um Presidente e seis Conselheiros, escolhidos dentre cidadãos com idade superior a 30 anos, com notório saber jurídico ou econômico e reputação ilibada. Após receberem a indicação e terem seus nomes aprovados pela Casa Civil são sabatinados pela Comissão de Assuntos Econômicos do Senado Federal (CAE) e uma vez aprovados pelo Senado Federal são nomeados pelo Presidente da República para exercerem um mandato com dedicação exclusiva de 02 anos, permitida uma recondução.

Ao Plenário do CADE, que é composto pelo seu Presidente e seus seis Conselheiros, compete o zelo e a observância da Lei de Defesa da Concorrência e todas as suas determinações.

Junto ao CADE funciona sua Procuradoria, composta por um Procurador-Geral indicado pelo Ministro da Justiça e nomeado pelo Presidente da República, que se submete às mesmas determinações quanto ao mandato, recondução e impedimentos dos Conselheiros do CADE, e um quadro de Procuradores, provenientes da Advocacia Geral da União (AGU). A Procuradoria do CADE presta assessoria jurídica, o defende e representa em juízo e emite parecer nos processos em trâmite na Autarquia.

A Lei nº 8.884/94 prevê, ainda, a presença do Ministério Público Federal perante o CADE, para oficiar nos processos sujeitos à apreciação da Autarquia, bem como para promover a execução dos seus julgados. Contudo, a prática demonstra que a participação do Ministério Público Federal nos termos da Lei de Defesa da Concorrência não existia, e apenas recentemente o Ministério Público Federal passou a atuar junto ao CADE.

O CADE julga atos de concentração, processos de conduta e manifesta-se acerca de consultas. No caso da ausência de um Conselheiro e quando ocorre empate nas decisões, o Presidente possui um voto de qualidade, que em outras palavras significa valer por dois para desempatar o julgamento. Na ausência do Presidente, ele será substituído pelo Conselheiro mais antigo ou mais idoso, nesta ordem. O quorum mínimo para o CADE decidir é de 5 integrantes.

VIII.2. Secretaria de Direito Econômico

A origem da Secretaria de Direito Econômico (SDE) está no Decreto nº 99.244, de 1990, que criou a Secretaria Nacional de Direito Econômico (SNDE), a qual conferiu-se competência para apurar, prevenir e reprimir os abusos do poder econômico, por intermédio do CADE, e no campo do Direito do Consumidor, zelar pelos seus direitos e interesses na promoção das medidas necessárias para assegurá-los, como também aplicar a legislação referente à intervenção no domínio econômico, a fim de garantir a livre distribuição de bens e serviços. A Lei nº 8.028, de 1990, em seu art. 23, letra "l", incluiu a SNDE como um dos órgãos específicos do Ministério da Justiça.

A SNDE foi criada num momento de abertura abrupta do mercado, em que parcela significativa da indústria nacional não conseguia concorrer com os produtos que "invadiam" o país. Para tanto, tal Secretaria utilizava-se das Leis nºs 8.137/90 e 8.158/91, e, portanto, pouco podia fazer para a defesa da concorrência tendo em vista o enfoque das citadas leis que tinham eficácia limitada para combater as práticas anticoncorrenciais, e em nada para prevenir os abusos.

A Lei nº 8.158/91 garantia à SNDE a competência para basicamente fiscalizar o mercado e nele verificar eventuais imperfeições de comportamento nos setores econômicos, que possibilitassem o desequilíbrio nas condições de liberdade da concorrência.

Essa situação se manteve até o advento da Lei nº 8.884, de 11 de junho de 1994, que revogou a Lei nº 8.158/91, e deu novo nome à SNDE, que passou a se chamar Secretaria de Direito Econômico (SDE), bem como conferiu-lhe a finalidade precípua de assessorar o CADE e atuar preventivamente.

A SDE, subordinada ao Ministério da Justiça, é dirigida pelo Secretário de Direito Econômico, indicado pelo Ministro da Justiça dentre brasileiros de notório saber jurídico ou econômico e ilibada reputação, nomeado pelo Presidente da República.

Neste ponto cabe uma observação. A SDE não atua apenas no âmbito da Lei de Defesa da Concorrência, mas também no Código de Defesa do Consumidor, o que se faz acreditar que o requisito para escolha do Secretário deveria ser o notório saber jurídico, e não "ou" econômico. No CADE, a Lei de sua competência é a de Defesa da Concorrência, o que certamente exige notório conhecimento jurídico ou econômico de seus integrantes.

Cabe à SDE exercer as competências estabelecidas nas Leis nºs 8.078, de 11 de setembro de 1990; 8.884, de 11 de junho de 1994; 9.008, de 21 de março de 1995; e 9.021, de 30 de março de 1995.

Evidentemente, já que a proposta deste trabalho é o Direito da Concorrência, detém-se à Lei nº 8.884/94. Assim, fundamentalmente, cabe à SDE zelar pelo cumprimento da Lei, monitorando e acompanhando as práticas de mercado, para prevenir infrações da ordem econômica e, diante de indícios de infração, proceder a averiguações preliminares e instaurar processos administrativos.

Estruturalmente, a SDE possui dois Departamentos para desempenhar sua atuação. O DPDC, Departamento de Proteção e Defesa do Consumidor, aplicando-se a Lei nº 8.078/90, e o DPDE, Departamento de Proteção e Defesa Econômica, no qual a matéria em análise é a disposta na Lei nº 8.884/94. O DPDE, por sua vez, subdivide-se em coordenadorias específicas, que vão atuar em relação ao objeto do caso. Auxilia o DPDE em análises econômicas na esfera da SDE a GRP (Gerência de Programas). Além do Secretário de Direito Econômico, integram a SDE os Diretores dos Departamentos, os Coordenadores Gerais e os Técnicos que procederão na análise dos casos.

VIII.3 . Secretaria de Acompanhamento Econômico

A Secretaria de Acompanhamento Econômico (SEAE), órgão do Ministério da Fazenda, é encarregada de acompanhar os preços da economia, subsidiar decisões em matéria de reajustes e revisões de tarifas públicas, bem como apreciar atos de concentração entre empresas e reprimir condutas anticoncorrenciais. Sua atuação está em três esferas: (i) promoção e defesa da concorrência; (ii) regulação econômica; e (iii) acompanhamento de mercados.

Dentro da promoção e defesa da concorrência, a atuação da SEAE, conjuntamente com o CADE e a SDE, subdivide-se em duas vertentes: (i) o controle de estruturas de mercado, apreciando fusões, aquisições e incorporações de empresa; e (ii) o controle de condutas ou práticas anticoncorrenciais, a fim de constatar a ocorrência de infrações à ordem econômica.

A análise econômica de operações dispostas no art. 54 da Lei nº 8.884/94 (controle de estruturas) é garantida à SEAE por essa mesma Lei, a fim de que a Secretaria se manifeste acerca dos impactos da operação sobre a concorrência. Já no tocante às infrações contra a ordem econômica (controle de condutas ou práticas), conforme previsão dos arts. 20 e 21 da Lei nº 8.884/94, nos quais a SDE promove a averiguações preliminares ou instaura processos administrativos para decisão final do CADE, a participação da SEAE é facultativa.

A SEAE, que foi criada por meio da Medida Provisória nº 813, de 1º de janeiro de 1995, é dirigida pelo Secretário de Acompanhamento Econômico, indicado pelo Ministro da Fazenda e nomeado pelo Presidente da República. Ela subdivide-se em Coordenarias, localizadas no Distrito Federal e na cidade do Rio de Janeiro, que atuam em atenção à matéria. Além do Secretário de Acompanhamento Econômico é integrada pelo Secretário-Adjunto e pelos Coordenadores e Técnicos.

VIII.4. Estrutura da Defesa da Concorrência no Brasil

Uma vez verificado os órgãos que atuam na defesa da concorrência no Brasil, quais sejam, SEAE, SDE e CADE, e compreendido que o Sistema Brasileiro de Defesa da Concorrência é tão somente como se convencionou a chamar tais órgãos em conjunto, no intuito de facilitar sua visualização apresenta-se a seguinte estrutura:

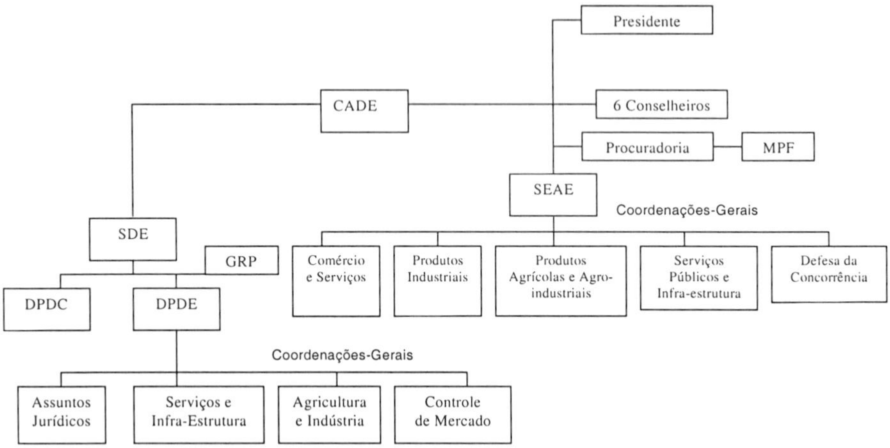

VIII.5. Perspectivas para a Defesa da Concorrência no Brasil

Diante dos notórios problemas que afligem a defesa da concorrência no Brasil, que vão desde a falta de recursos técnicos e financeiros até a falta de pessoal especializado para o trato da matéria, os próprios integrantes do Sistema Brasileiro de Defesa da Concorrência (SBDC) perceberam que mudanças eram necessárias.

Por determinação do então Presidente da República, Fernando Henrique Cardoso, durante dois anos e meio os três órgãos integrantes do SBDC, como já visto, o Conselho Administrativo de Defesa Econômica (CADE), a Secretaria de Direito Econômico (SDE) e a Secretaria de Acompanhamento Econômico (SEAE), elaboraram dois projetos de Lei com o objetivo de reformular e reestruturar o SBDC, a partir dos esforços empenhados pelo Grupo de Trabalho Interministerial, instituído por Decreto datado de 11 de agosto de 2000, e composto por representantes da Casa Civil da Presidência da República, do Ministério da Fazenda (SEAE), do Ministério da Justiça (SDE e CADE), do Ministério do Planejamento, Orçamento e Gestão e do Ministério do Desenvolvimento, Indústria e Comércio Exterior, com a finalidade de concluir os estudos e apresentar Projeto de Lei que dispusesse acerca da criação da Agência Nacional de Defesa do Consumidor e da Concorrência.

Após exaustivo estudo sobre o SBDC, que buscava além de elaborar uma proposta que significasse não apenas o seu redesenho institucional, mas sobretudo a efetiva solução de seus problemas substantivos, emergiu um detalhado diagnóstico sobre seu funcionamento, no qual se concluiu a existência de sérias dificuldades estruturais que comprometiam o desempenho de todo o Sistema, não obstante os reconhecidos avanços obtidos na defesa da concorrência nos poucos anos da edição da Lei nº 8.884, de 11 de junho de 1994.

Os problemas constatados seriam originados de um inadequado desenho institucional do SBDC, somado à carência de recursos, bem como a questões de ordem legal, detectadas como impropriedades pontuais da Lei nº 8.884/94.

Quanto à estrutura vigente atualmente, as principais dificuldades enfrentadas pelo SBDC estariam na reduzida eficiência, causada pela existência de três órgãos distintos (SDE, SEAE e CADE), bem como na carência de recursos materiais e humanos.

A fragmentação da instrução processual causada pela existência de três órgãos distintos prolonga excessivamente o prazo de tramitação dos casos, além de aumentar o custo para o administrado e o custo de coordenação entre os três órgãos, propiciando trabalhos replicados. Mais do que isso, importante também destacar a insegurança jurídica que essa demora e as opiniões muitas vezes divergentes entre os órgãos durante a análise processual causam ao administrado, que deve aguardar a decisão final do CADE para ver a definição do seu caso, algo que muitas vezes leva em média 2 anos para atos de concentração.

No que se refere aos recursos materiais e humanos à disposição dos órgãos integrantes do SBDC, esses são seguramente insuficientes para fazer frente às suas atribuições, notadamente no que diz respeito à instrução processual, atividade complexa e dispendiosa, principalmente em casos de investigações de práticas cartelizadoras. Já a falta de planos de carreira e de remuneração adequada aos funcionários desses órgãos inviabiliza a constituição e a manutenção de quadros de profissionais preparados para o trato da matéria.

Realizadas treze reuniões de trabalho, o Grupo apresentou, em 26 de outubro de 2000, a proposta de dois anteprojetos de lei, um versando acerca da criação da Agência e outro relativo às alterações necessárias na Lei nº 8.884/94.

Um dos projetos propôs a união das duas Secretarias (SDE e SEAE) na Agência Nacional de Defesa da Concorrência e do Consumidor, algo que foi prontamente contestado, pois justificou-se que Concorrência e Consumidor eram matérias distintas e que não poderiam ser tratadas sob uma mesma Agência, a fim de se evitar possíveis confusões. Diante disso, o projeto sofreu sua primeira alteração e propôs a união da SDE e da SEAE na *Agência Nacional de Defesa da Concorrência* (ANC), cuja finalidade seria instruir os processos administrativos, sejam atos de concentração ou processos de condutas anticompetitivas. O CADE, por sua vez, permaneceria um tribunal independente.

O outro projeto propunha modificações na Lei n° 8.884/94, adequando-a a evolução da defesa da concorrência no Brasil e no mundo.

Os projetos foram submetidos à consulta pública, inicialmente por trinta dias, prazo posteriormente estendido para noventa dias, período no qual as diversas entidades da sociedade civil tiveram oportunidade de manifestar suas opiniões. A proposta foi discutida, também, em diversos fóruns de debate, entre os quais a Comissão de Defesa do Consumidor, Meio Ambiente e Minorias da Câmara dos Deputados, a Ordem dos Advogados do Brasil, o Instituto Brasileiro de Estudos das Relações de Concorrência e de Consumo (atualmente denominado Instituto Brasileiro de Estudos de Concorrência, Consumo e Comércio Internacional) e o Instituto Hélio Beltrão, mas por razões outras não foram enviados ao Congresso Nacional.

Merece destaque os debates travados acerca dos projetos, primeiramente no final de novembro de 2000, no Grande Hotel de Campos do Jordão, quando da realização do "VI Seminário Internacional de Defesa da Concorrência", promovido pelo Instituto Brasileiro de Estudo das Relações de Concorrência e de Consumo (IBRAC, hoje Instituto Brasileiro de Estudos de Concorrência, Consumo e Comércio Internacional), onde a discussão dos pontos propostos nos projetos entre os representantes do governo (SDE, SEAE e CADE) e advogados foi bastante intensa e os ânimos, em certos momentos, até se alteraram. Após um ano, e sem o projeto ter sido encaminhado, recorda-se também o rápido e breve comentário de alguns representantes do governo acerca das mudanças pretendidas e que seriam apresentadas ao Presidente da República para envio dos projetos ao Congresso, quando da realização do "VII Seminário Internacional de Defesa da Concorrência" promovido pelo IBRAC no Hotel Mabu, de Foz do Iguaçu, no final de novembro de 2001.

Mais um ano se passou, ocorreu outro "Seminário Internacional de Defesa da Concorrência" promovido pelo IBRAC, agora em sua VIII edição e comemorativo dos 10 anos da criação do Instituto, realizado no Hotel Blue Three Park de Brasília no final de novembro de 2002. Na ocasião, pouquíssimo foi comentado dos projetos que alteravam o SBDC.

Mas, no mês de dezembro de 2002, já nos final do segundo mandato do Presidente Fernando Henrique Cardoso, e com o objetivo de contribuir para a discussão pública e para o Governo do Presidente Lula, que assumia em janeiro de 2003, tivesse um ponto de partida para fazer as mudanças que julgasse necessárias, os três órgãos integrantes do SBDC decidiram tornar públicos aqueles projetos, submetendo-os à consideração do então presidente FHC, para o encaminhamento ao Congresso Nacional com a solicitação de urgência de que trata o art. 64, § 1º, da Constituição Federal.

Pelo projeto, a ANC seria formada pela integração da SDE e da SEAE e composta pela Diretoria Colegiada, integrada pelo Diretor-Geral e por três Diretores; pela Procuradoria-Geral; e pela Auditoria Interna.

Os Diretores, indicados e nomeados pelo Presidente da República, após aprovação prévia pelo Senado Federal, teriam mandato de quatro anos, sendo permitida uma recondução.

O exercício das competências hoje atribuídas a SEAE e a SDE, fundamentalmente a instrução dos processos, ficam a cargo das Diretorias da ANC.

Confere-se assim maior autonomia à representação dos interesses dos consumidores no processo decisório. O Diretor-Geral da Agência passaria a exercer a função de *promotor da concorrência* perante o CADE, podendo sustentar oralmente suas posições, além dos representantes legais das partes, garantindo o maior equilíbrio de interesses.

Para dotar a ANC de recursos materiais ficariam previstas receitas próprias oriundas do produto resultante da arrecadação da taxa processual sobre a análise de atos de concentração, do produto de parte da arrecadação das multas resultantes do exercício de suas atribuições, de dotações consignadas no Orçamento-Geral da União, entre outros. Neste ponto, pode-se discutir constituir receita da ANC parte das multas aplicadas por ela, o que permite alegações como "indústria de multas".

Em linhas gerais, dentre as alterações do SBDC para a estruturação da ANC, pode-se destacar: (i) a competência da Agência limitada à defesa da concorrência, e (ii) a redistribuição de competências entre o Diretor-Geral da Agência e o CADE, especialmente no que diz respeito à simplificação da revisão de atos de concentração.

O resultado imediato que se esperava com a junção dos dois órgãos (SDE e SEAE) na ANC era a agilização dos trâmites dos processos e a redução do custo para o administrado.

Ao CADE caberia decidir todos os casos de condutas anticoncorrenciais e responsabilizar-se pelos casos de concentração econômica que existissem indícios de prejuízo à concorrência. Ao Diretor-Geral da ANC caberia a instrução de todos os casos, podendo decidir naqueles mais simples de concentrações econômicas. Tais decisões, contudo, são passíveis de revisão pelo CADE.

A justificativa apresentada no projeto foi que ao submeter à análise do CADE todas as operações de concentração notificadas, sendo que em sua grande maioria não seriam prejudiciais à concorrência, esgota-lhe a possibilidade de uma ação efetiva e em tempo hábil em casos de mérito mais relevantes para o mercado concorrencial. Daí estaria a necessidade da alteração.

Justifica-se, ainda, lembrando a importância da defesa da concorrência no contexto das políticas públicas. "Uma política antitruste ativa é parte essencial de uma bem sucedida economia de mercado, constituindo-se em um instrumento complementar à abertura comercial, à privatização e à desregulamentação na promoção da eficiência econômica. Nesse ambiente econômico, as empresas defrontam-se com os incentivos adequados para aumentar a produtividade e introduzir novos e melhores produtos"[74].

Contudo, o Presidente FHC achou por bem deixar os projetos para que o Governo Lula desse o encaminhamento necessário para submetê-los

[74] Item 23 da "Exposição de Motivos referente ao Projeto de Lei que cria a Agência Nacional de Defesa da Concorrência". Conclui-se da seguinte forma a citada "Exposição de Motivos", assinada pelos então Ministros Paulo de Tarso Ramos Ribeiro, Ministro de Estado da Justiça, Pedro Sampaio Malan, Ministro de Estado da Fazenda, e Guilherme Gomes Dias, Ministro de Estado do Planejamento, Orçamento e Gestão: "Não temos dúvida de que a criação da ANC, objeto deste projeto de lei, aliada às alterações necessárias na Lei nº 8.884, de 1994, objeto do outro projeto de lei já mencionado, consubstanciam-se como as melhores soluções técnicas para a correção dos problemas de funcionamento do SBDC anteriormente elencados. Nesse sentido, os mencionados projetos constituem um ´pacote` de medidas, sendo, como conseqüência, interdependentes. As normas propostas ensejam um passo – fundamental – para o aprofundamento das reformas econômicas já implementadas pelo Governo e constituem-se absolutamente necessárias para a consolidação do ambiente institucional-legal, que permitirá ao País desenvolver uma política de defesa da concorrência contemporânea, que, efetivamente, tenha condições de zelar pelo livre funcionamento dos mercados e, dessa forma, garantir condições estáveis e previsíveis para a livre iniciativa dos agentes econômicos neste País".

ao Congresso. O Governo Lula, por sua vez, ao tomar posse não deu andamento aos projetos, aguardando o melhor momento para retomá-los.

Já no Governo Lula, e o SBDC com seus novos integrantes indicados e nomeados pelo atual governo, realizou-se em novembro de 2003, no Grande Hotel de Campos do Jordão o "IX Seminário Internacional de Defesa da Concorrência", promovido pelo IBRAC, e nada se abordou da modificação da Lei.

Um ano mais tarde, quando do "X Seminário Internacional de Defesa da Concorrência", ocorrido na Costa do Sauipe, Bahia, no final de novembro de 2004, as autoridades presentes apenas comentaram que o novo projeto já estava em faze final de elaboração e que em breve seguiria os trâmites legais.

IX. A LEI Nº 8.884, DE 11 DE JUNHO DE 1994

Na busca da adequada preservação do funcionamento da economia de mercado era necessária uma legislação eficaz de defesa da concorrência. As exigências do próprio mercado numa economia capitalista como a brasileira fazem com que o processo de socialização e a distribuição dos benefícios da atividade econômica passem pelo mercado. Daí a necessidade de uma lei com atuação em prol do mercado concorrencial.

Uma lei de defesa da concorrência deve garantir a liberdade de competição entre os agentes econômicos objetivando assegurar as condições de produção e de consumo próprias de um regime de mercado. Para tanto, é essencial que a autoridade pública competente esteja em condições de fazer cumprir a lei.

Nesse sentido foi promulgada em 11 de junho de 1994 a Lei nº 8.884, a Lei de Defesa da Concorrência, orientada pelos ditames constitucionais da liberdade de iniciativa, livre concorrência, função social da propriedade, defesa dos consumidores e repressão ao abuso do poder econômico, tendo a coletividade como titular dos bens por ela protegidos. A Lei transformou o Conselho Administrativo de Defesa Econômica (CADE) em autarquia, além de dispor sobre a prevenção e a repressão às infrações contra a ordem econômica e dar outras providências.

A Lei de Defesa da Concorrência, publicada no Diário Oficial da União, de 12 de junho de 1994, consta de nove títulos assim estruturados:

Título I, Das Disposições Gerais; Título II, Do Conselho Administrativo de Defesa Econômica (CADE); Título III, Do Ministério Público Federal perante o CADE; Título IV, Da Secretaria de Direito Econômico (SDE); Título V, Das Infrações da Ordem Econômica; Título VI, Do Processo Administrativo; Título VII, Das Formas de Controle; Título VIII, Da Execução Judicial das Decisões do CADE; e Título IX, Das Disposições Finais e Transitórias.

O Título I estabelece a finalidade da Lei e a sua territorialidade. No Título II tem-se a transformação do CADE em autarquia e as normas de sua composição e competência, bem como aquelas relativas à sua Procuradoria. O Título III apresenta como deveria funcionar o Ministério Público Federal junto ao CADE. Já o Título IV trata da estrutura e da competência da SDE. No Título V estão as normas que descrevem as infrações, determina as penas, além de dispor sobre a prescrição e o direito de ação. O Título VI dispõe acerca do processo administrativo, distinguindo a fase de averiguações preliminares e do processo administrativo, além de apresentar normas referentes à medida preventiva e a ordem de cessação e o compromisso de cessação, como também da celebração de acordo de leniência. O Título VII dispõe sobre o controle de atos e contratos e os compromissos de desempenho. No Título VIII se encontram as normas da execução judicial das decisões do CADE, e também disciplina a intervenção judicial nas empresas. O Título IX, por fim, apresenta as disposições finais e transitórias.

Interessante a crítica de João Bosco Leopoldino da Fonseca, relativa à estruturação dada na Lei aos arts. 20, 21 e 54. "Com efeito as questões relativas à *estrutura* (art. 54) deveriam anteceder aquelas pertinentes à *conduta*. Vejo no texto uma falha ontológica, lógica e econômica, pois que primeiro o *ser*, depois a *conduta do ser*, e depois os seus *efeitos*".[75]

E são esses artigos que terão destaque no presente trabalho, pois versam sobre os dois enfoques da Lei, quais sejam: prevenção e repressão às infrações contra a ordem econômica.

[75] in *Lei de Proteção da Concorrência: comentários à legislação antitruste*. 2ª ed. atualizada. Rio de Janeiro: Forense, 2001. p. 84.

XI.1. O Enfoque Preventivo da Lei (Atos de Concentração)

As concentrações econômicas tradicionalmente são classificadas em: (i) concentrações horizontais; (ii) concentrações verticais; e (iii) concentrações conglomeradas.[76]

Entende-se por *concentrações horizontais* aquelas que ocorrem entre concorrentes, ou seja, entre agentes que atuam num mesmo mercado relevante. As *concentrações verticais* se dão entre agentes que atuam nos diferentes estágios de uma cadeia produtiva, freqüentemente existindo uma relação comercial de fornecimento de produtos / serviços entre os agentes. Já as *concentrações conglomeradas* significam o crescimento de um agente mediante a concentração com um outro agente, que não seja seu concorrente (caso contrário ter-se-ia uma concentração horizontal), nem tampouco fornecedor ou cliente (senão ocorreria uma concentração vertical).

A Lei nº 8.884/94 trata da prevenção aos abusos do poder econômico, por meio do controle de atos e contratos, em seu Título VII, conforme dispõe o art. 54:

"Art. 54 - Os atos, sob qualquer forma manifestados, que possam limitar ou de qualquer forma prejudicar a livre concorrência, ou resultar na dominação de mercados relevantes de bens ou serviços, deverão ser submetidos à apreciação do CADE".

Verifica-se da leitura do *caput* do art. 54, transcrito anteriormente, a abrangência dos casos em que se deve submeter uma operação à análise do CADE, pois é ele o órgão competente para aprová-la ou não. Fica, certamente, a dúvida em saber quando se deve apresentar uma operação, já que o prejuízo à concorrência ou a dominação de mercado são conceitos subjetivos, que na defesa das partes envolvidas (requerentes) jamais ocorrerão.

---

[76] *"A merger is horizontal if it involves firms which compete head-to-head in one or more markets, or markets segments. A merger between firms that are in a supplier-customer relationship is a vertical merger (...). Mergers between two firms that are neither rivals nor in vertical relationship are called conglomerate mergers".* in SULLIVAN, Lawrence A. GRIMES, Warren S. *The Law of Antitrust: an integrated handbook.* Minn, USA: West Group, 2000. p. 574.

Primeiramente, cumpre ressaltar o entendimento que é o CADE que dirá se o ato pode limitar ou prejudicar a livre concorrência ou resultar na dominação de mercados relevantes de bens ou serviços[77], devendo as partes requerentes, portanto, apresentá-lo. Mas a Lei aponta dois critérios objetivos que auxiliam os entes envolvidos numa operação saber se deverão, de fato, apresentar o caso ao CADE, conforme consta no §3º do art. 54:

"§3º - Incluem-se nos atos de que trata o *caput* aqueles que visem a qualquer forma de concentração econômica, seja através de fusão ou incorporação de empresas, constituição de sociedade para exercer o controle de empresas ou qualquer forma de agrupamento societário, que implique participação de empresa ou grupo de empresas resultante em vinte por cento de um mercado relevante, ou em que qualquer dos participantes tenha registrado faturamento bruto anual no último balanço equivalente a R$ 400.000.000,00 (quatrocentos milhões de reais)".

Adotando-se esses critérios, significa que em qualquer operação em que as partes envolvidas detenham, mesmo que isoladamente (antes do ato) 20% de participação em um mercado relevante, ou uma das partes tenha registrado, por si ou conjuntamente com o grupo econômico a que esteja ligada, R$ 400 milhões, essa operação deve ser submetida à apreciação do CADE, que dirá se ela limita ou prejudica a livre concorrência ou resulta na dominação de mercados relevantes de bens ou serviços. Ou seja, os requisitos para se submeter uma operação a análise do CADE estão na verdade no §3º do art. 54 e não no *caput.*

Quanto ao prazo, a apresentação desses atos deve ser feita previamente (controle preventivo) ou em 15 dias úteis de sua realização (controle posterior), sob pena de aplicação de multa pecuniária, de valor não infe-

[77] Neste sentido, como bem observa João Bosco Leopoldino da Fonseca, citando a Juíza Federal Rosimayre Gonçalves de Carvalho: "... não cabe às partes valorar se o ato configura concentração econômica prejudicial aos princípios estampados no artigo 1º. Da Lei Antitruste ou não, uma vez configuradas as hipóteses do art. 54, *caput* e parágrafo 3º, devem submeter à apreciação do CADE, a quem compete avaliar se o agrupamento societário representará ofensa à livre concorrência ou dominação do mercado". (Processo nº 1998.34.00.001835-3), in *Lei de Proteção da Concorrência: comentários à legislação antitruste*. 2ª ed. atualizada. Rio de Janeiro: Forense, 2001. p. 265.

rior a 60 mil Ufir nem superior a 6 milhões de Ufir[78] a ser aplicada pelo CADE, sem prejuízo da abertura de processo administrativo, nos termos do art. 32 (§§ 4º e 5º do art. 54). Entretanto, após quatro anos de decisões oscilantes que não definiam o conceito de realização dos atos, a Resolução nº 15 do CADE, de 19 de agosto de 1998 (também chamada de Super 5), não solucionou a controvérsia e a questão dos prazos causa séria repercussão e muita discussão nos julgamentos efetuados pelo CADE.

O art. 2º da Resolução nº 15 do CADE considera que para os termos do cumprimento dos §§ 4º e 5º do art. 54 da Lei nº 8.884/94, define-se o momento da realização da operação aquele do primeiro documento vinculativo firmado entre as requerentes, ou quando em momento diverso ocorrer alteração nas relações de concorrência entre as requerentes, ou entre elas, ou uma delas, e terceiro agente.

Essa nova interpretação do §4º do art. 54 da Lei, dada pelo art. 2º da Resolução nº 15, além de deixar uma indefinição, pois o que deveria ser considerado primeiro documento vinculativo, resultou e ainda resulta numa enxurrada de multas aplicadas pelo CADE por intempestividade na apresentação das operações, com valores significativos. A crítica que se faz é que o CADE deveria atentar mais a questões de mérito de operações que podem resultar em efeitos anticoncorrenciais, ao invés de travar enormes discussões para se definir se a operação foi apresentada no décimo quinto ou no décimo sexto dia de sua realização.[79]

---

[78] O §3º do art. 29 da Medida Provisória nº 1.973-68, de 23 de novembro de 2000, extinguiu a Ufir e estabeleceu a reconversão dos créditos para o Real, para fins de débitos de qualquer natureza com a Fazenda Nacional.

[79] Em 25 de outubro de 2002 a Sexta Turma do Tribunal Regional Federal da 1ª Região decidiu por unanimidade negar provimento à apelação, nos autos da Apelação no Mandado de Segurança nº 2001.34.00.014888-4/DF, relator Desembargador Federal Souza Prudente, apelante CADE e apelado Total Fina Elf S.A. e outra. A ementa do caso diz que: "I – Nos termos do §4º do art. 54 da Lei nº 8.884/94, o prazo para submissão dos atos de concentração do poder econômico ao Conselho Administrativo de Defesa Econômica – CADE é de quinze dias úteis, contados a partir de sua realização. II – Em razão do princípio da hierarquia das normas, o art. 2º da Resolução nº 15/1998 – CADE não pode contrariar disposições da Lei nº 8.884/94, estabelecendo forma divergente de contagem de prazo previsto no §4º do art. 54 da aludida Lei. III – A anulação de multa garantidora do Estado de Direito, em face da manifesta ilegalidade da resolução em que se embasou. IV – Apelação desprovida. Sentença confirmada". Ainda no voto do

De qualquer forma, uma vez a operação apresentada para análise do Sistema Brasileiro de Defesa da Concorrência, o CADE poderá aprovar os atos mencionados no *caput* do art. 54, desde que atendam as determinações previstas nos incisos do §1º do art. 54, quais sejam:

"I - tenham por objetivo, cumulada ou alternativamente:

a) aumentar a produtividade;

b) melhorar a qualidade de bens ou serviço; ou

c) propiciar a eficiência e o desenvolvimento tecnológico ou econômico;

II - os benefícios decorrentes sejam distribuídos eqüitativamente entre os seus participantes, de um lado, e os consumidores ou usuários finais, de outro;

III - não impliquem eliminação da concorrência de parte substancial de mercado relevante de bens e serviços;

IV - sejam observados os limites estritamente necessários para atingir os objetivos visados".

Ou seja, verificando que a operação apresenta como objetivo o aumento da produtividade e/ou sua finalidade seja a melhora da qualidade de bens ou serviços e/ou venha proporcionar a eficiência e o desenvolvimento tecnológico ou econômico, tal ato poderá ser aprovado. Mas não é só. Deve também existir uma distribuição eqüitativa dos benefícios obtidos com a operação entre os agentes do caso e os consumidores ou usuários finais. Para a aprovação da operação também não poderá ocorrer a eliminação substancial da concorrência no mercado do caso, e deverão ser observados os limites necessários para obter os objetivos do ato. Contudo, algo que se questiona são as decisões do CADE que não atendem as eficiências sócio-econômicas, mas se limitam a observar as eficiências econômicas que, não raramente, trazem benefícios apenas para as requerentes, sem contrapartida para a coletividade.

Desembargador Relator (p. 04), deve-se destacar seu entendimento: "Todavia, os ditames de uma resolução não podem alterar o disposto na lei, de forma como ocorreu *in casu*. A lei é clara em se referir à realização do ato, considerado como tal sua concretização, e não mero documento vinculativo como especifica a citada resolução". Diante do ocorrido, é possível que outras decisões sejam tomadas nesta linha, o que certamente será muito ruim para o CADE que poderá ter diversas imposições de multas por intempestividade canceladas.

O CADE, à luz do disposto no §2º do art. 54, também poderá considerar legítimo o ato previsto no *caput* do art. 54, quando necessário por motivo preponderante da economia nacional e do bem comum, desde que não implique prejuízo ao consumidor ou usuário final, e desde que atenda pelo menos três das condições previstas nos incisos do §1º do art. 54.

A petição submetendo a operação ao SBDC, acompanhada de toda documentação pertinente e do anexo da Resolução nº 15 do CADE devidamente preenchido e do comprovante do recolhimento da taxa processual[80], deverá ser protocolizada em três vias na SDE, que imediatamente encaminhará uma via ao CADE, onde será sorteado um Conselheiro-Relator, e outra à SEAE.

O trâmite processual da análise da operação é o seguinte. Primeiramente, a SEAE deverá analisar toda a operação, concluir qual o mercado relevante, que poderá ser outro daquele definido pelas requerentes (partes da operação), verificar eventuais efeitos do ato e emitir um parecer econômico recomendando ou não a aprovação da operação, podendo conter sugestões.

Finalizado o parecer técnico da SEAE ele é encaminhado ao DPDE/SDE que analisará o caso atentando aos aspectos jurídicos. O DPDE emitirá uma nota técnica que é encaminhada ao Secretário de Direito Econômico, que deverá concluir por acompanhar ou não a nota técnica, no sentido de opinar favoravelmente ou não pela aprovação da operação, podendo ainda sugerir providências.

O parecer da SEAE e o Despacho da SDE são encaminhados ao CADE. No CADE, sua Procuradoria é a primeira a se manifestar, emitindo um parecer acerca da operação. O Procurador-Geral do CADE poderá ter entendimento diverso ao da Procuradoria, podendo então existir duas posições.

O Ministério Público Federal então emite sua opinião acerca da ope ração, por meio de Parecer da lavra do Sub-Procurador Geral da República designado para atuar junto ao CADE, ou de quem for indicado para o substituir.

80 A Lei nº 10.149, de 21 de dezembro de 2000, estabeleceu em seu art. 3º, que "a partir de 1º de janeiro de 2001, a Taxa processual de que trata o inciso I do art. 5º da Lei nº 9.781/99, será devida no valor R$ 45.000,00 (quarenta e cinco mil reais), repartindo-se o produto de sua arrecadação na base de 1/3 (um terço) para cada um dos órgãos: I CADE; II – SDE/MJ ; III – SEAE/MF".

Toda essa documentação é então encaminhada ao Conselheiro-Relator, que fará sua análise da operação e poderá votar diferentemente de tudo o que foi sugerido pelos outros órgãos, uma vez que tais pareceres são meramente opinativos, não vinculando a decisão do CADE. Levada ao Plenário, o CADE julgará a operação e poderá concluir pela sua aprovação integral ou parcial, com compromisso de desempenho ou desconstituição parcial, ou não aprová-la ou ainda entender que ela não se enquadra no art. 54 da Lei.

O prazo para a SEAE e a SDE se manifestarem acerca do ato é de 30 dias, cada, enquanto o CADE deverá decidir em até 60 dias, sob a hipótese da operação ser considera aprovada no caso da não observância do prazo (decurso de prazo). Contudo, esses prazos são suspensos toda vez que os órgãos do SBDC solicitam informações complementares ou esclarecimentos. Significa dizer que na prática são análises com prazos superiores a 120 dias.

Decidindo pela desconstituição parcial ou integral, conforme dispõe o §9º do art. 54, o CADE exigirá a cisão de sociedade, venda de ativos, cessação parcial de atividades ou qualquer outra providência que elimine os efeitos prejudiciais à ordem econômica. No caso de adotar compromisso de desempenho, art. 58 da Lei, o Plenário do CADE irá considerar o grau de exposição do setor à competição internacional e as alterações no nível de emprego, dentre outras circunstâncias relevantes e, no caso de descumprimento injustificado do compromisso de desempenho, ocorrerá a revogação da aprovação da operação pelo CADE, e a abertura de processo administrativo.

No caso de não aprovar a operação, o CADE poderá reapreciar sua decisão, conforme dispõe a Resolução nº 15, na ocorrência de requisitos: fato ou documento novo conhecido somente após a data do julgamento ou que se encontrava indisponível antes desta data. O Pedido de Reapreciação deverá ser dirigido ao Conselheiro que proferiu o voto condutor do acórdão.

Em imposição de multas por intempestividade, poderá aquele que discordar da decisão, observando a Resolução nº 9 do CADE, de 1997, impugnar o auto de infração em 20 dias por processo administrativo (art. 4º) e o Plenário decidirá pela manutenção ou adequação do valor da multa, ou arquivamento do processo (art. 9º). Já o pedido de reconsideração da decisão da impugnação deverá ser protocolizado em 5 dias (art. 10) ao Plenário do CADE que poderá confirmar a decisão da impugnação, ou poderá reformar total ou parcialmente a decisão da impugnação (art. 10, §2º, I e II).

A fim de estabelecer procedimentos de análise simplificados para casos tidos "fáceis/simples" e assim agilizar a conclusão de atos de concentração, foi criado o tratamento sumário para esses casos. Segundo os órgãos do SBDC, sua experiência permite identificar categorias de casos que não tendem a causar prejuízos à concorrência. Dá-se, então, procedimentos diferenciados para casos simples e casos complexos, com o objetivo de obter maior racionalidade e eficiência para o Sistema e melhor atendimento ao administrado. Nesses casos, as regras e a documentação necessária para a notificação de atos de concentração permanecem inalteradas.

Outras duas novas medidas apresentadas pelo CADE, no sentido de não ver prejudicado o resultado final da decisão, em especial causado pelo longo prazo decorrido de sua apresentação até o seu julgamento, estão dispostas na Resolução nº 28 do CADE, de 2002.

A Medida Cautelar poderá ser deferida de ofício, pelo Relator ou pelo Plenário, ou em virtude de requerimento escrito e fundamentado da SEAE, SDE, Procuradoria do CADE ou qualquer legítimo interessado no ato de concentração analisado. Ao apreciar a medida cautelar, o Conselheiro-Relator poderá tomar as medidas que julgar adequadas para preservar a reversibilidade do ato de concentração apresentado ao SBDC. Dentre as medidas a serem adotadas incluem-se a determinação de que as requerentes mantenham o *status* concorrencial anterior à assinatura do contrato e se abstenham, até o julgamento do ato de concentração, de praticar quaisquer novos atos decorrentes do contrato já realizado.

Já o Acordo de Preservação da Reversibilidade da Operação (APRO) prevê que até a decisão que conceder ou indeferir a medida cautelar, este Acordo poderá ser celebrado, pois visa prevenir mudanças irreversíveis ou de difícil reparação que poderiam ocorrer nas estruturas do mercado até o julgamento do mérito do ato de concentração, afastando o risco de ineficácia do processo, quando concluído. Ele poderá ser celebrado por iniciativa do Conselheiro Relator ou por requerimento das partes envolvidas no ato de concentração, neste caso permanecendo o CADE com o juízo de conveniência em celebrá-lo. Decidindo-se pelo acordo, será elaborada a minuta e submetida ao Plenário para homologação.

Cumpre ainda destacar que mesmo aprovada uma operação pelo CADE, a Lei prevê em seu art. 55 que ela poderá ser revista de ofício ou mediante provocação, caso a decisão tenha sido baseada em informações falsas ou enganosas prestadas pelo interessado, caso ocorra descumprimento das obrigações assumidas ou não sejam alcançados os benefícios observados.

IX.2. Trâmite Processual dos Atos de Concentração

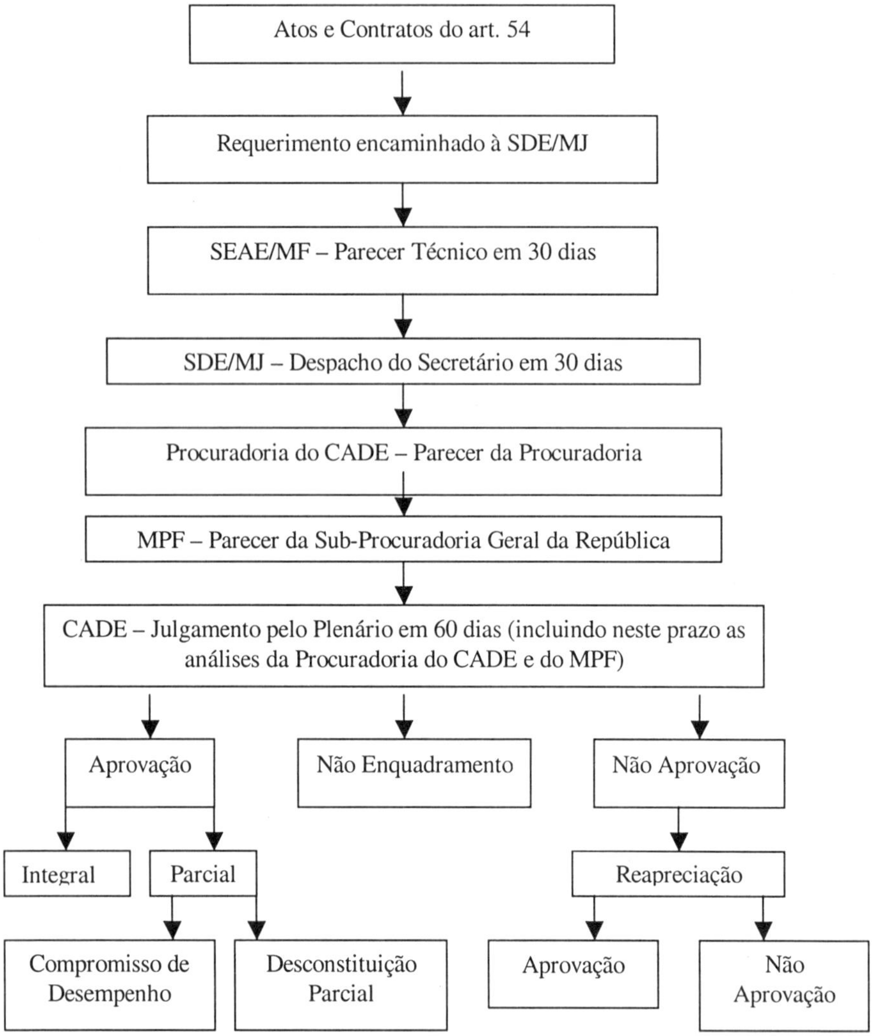

IX.3 . O Enfoque Repressivo da Lei (Infrações à Ordem Econômica)

Além da prevenção às infrações à ordem econômica, a Lei nº 8.884/94 atua também na repressão a essas práticas. A ordem econômica pode ser tida como o conjunto de princípios dispostos na Constituição Federal, tais como a função social da propriedade, a liberdade de concorrência e o respeito aos direitos dos consumidores e dos trabalhadores, que têm por objetivo fixar os parâmetros da atividade econômica e coordenar a atividade de seus agentes.

O direito de propriedade individual e o princípio da liberdade de iniciativa são também fatores importantes que impulsionam a atividade econômica numa economia social de mercado que valoriza o capitalismo democrático.

Assim, as infrações contra a ordem econômica são as condutas adotadas por agentes econômicos contrárias às relações da livre concorrência e capazes de alterar o equilíbrio em determinado mercado (daí a importância de se conceituar mercado relevante).

Para tanto o legislador apresentou no art. 21 da Lei[81] um rol exemplificativo dessas condutas, e não exaustivo, deixando assim em aber-

[81] "Art. 21. As seguintes condutas, além de outras, na medida em que configurem hipótese prevista no art. 20 e seus incisos, caracterizam infração da ordem econômica: I - fixar ou praticar, em acordo com concorrente, sob qualquer forma, preços e condições de venda de bens ou de prestação de serviços; II - obter ou influenciar a adoção de conduta comercial uniforme ou concertada entre concorrentes; III - dividir os mercados de serviços ou produtos, acabados ou semi-acabados, ou as fontes de abastecimento de matérias-primas ou produtos intermediários; IV - limitar ou impedir o acesso de novas empresas ao mercado; V - criar dificuldades à constituição, ao funcionamento ou ao desenvolvimento de empresa concorrente ou de fornecedor, adquirente ou financiador de bens ou serviços; VI - impedir o acesso de concorrente às fontes de insumo, matérias-primas, equipamentos ou tecnologia, bem como aos canais de distribuição; VII - exigir ou conceder exclusividade para divulgação de publicidade nos meios de comunicação de massa; VIII - combinar previamente preços ou ajustar vantagens na concorrência pública ou administrativa; IX - utilizar meios enganosos para provocar a oscilação de preços de terceiros; X - regular mercados de bens ou serviços, estabelecendo acordos para limitar ou controlar a pesquisa e o desenvolvimento tecnológico, a produção de bens ou prestação de serviços, ou para dificultar investimentos destinados à produção de bens ou serviços ou à sua distribuição; XI - impor, no comércio de bens ou serviços, a distribuidores, varejistas e representantes, preços de revenda, descontos, condições de pagamento, quantidades mínimas ou máximas, margem de lucro ou quaisquer outras

to para que qualquer outra modalidade de conduta que venha a ser adotada possa caracterizar infração contra a ordem econômica, desde que configure hipótese do art. 20.

Essa forma de "tipologia aberta", adotada pelo legislador é essencial nas relações econômicas para que se possa combater as infrações concorrenciais. Caso fosse adotado o tipo nas infrações contra a ordem econômica, como do Direito Penal, conforme dispõe a Lei nº 8.137/90, dificilmente ter-se-ia uma eficaz repressão às práticas anticoncorrenciais.

Para tanto, a Lei define infração, o ato, mesmo que não citado nos incisos do art. 21, que tenha como objetivo ou efeito concreto, independentemente da intenção do agente, e mesmo que não alcançado, as finalidades concretas dispostas nos incisos do art. 20:

"Art. 20. Constituem infração da ordem econômica, independentemente de culpa, os atos sob qualquer forma manifestados, que tenham por objeto ou possam produzir os seguintes efeitos, ainda que não sejam alcançados:

---

condições de comercialização relativos a negócios destes com terceiros; XII - discriminar adquirentes ou fornecedores de bens ou serviços por meio da fixação diferenciada de preços, ou de condições operacionais de venda ou prestação de serviços; XIII - recusar a venda de bens ou a prestação de serviços, dentro das condições de pagamento normais aos usos e costumes comerciais; XIV - dificultar ou romper a continuidade ou desenvolvimento de relações comerciais de prazo indeterminado em razão de recusa da outra parte em submeter-se a cláusulas e condições comerciais injustificáveis ou anticoncorrenciais; XV - destruir, inutilizar ou açambarcar matérias-primas, produtos intermediários ou acabados, assim como destruir, inutilizar ou dificultar a operação de equipamentos destinados a produzi-los, distribuí-los ou transportá-los; XVI - açambarcar ou impedir a exploração de direitos de propriedade industrial ou intelectual ou de tecnologia; XVII - abandonar, fazer abandonar ou destruir lavouras ou plantações, sem justa causa comprovada; XVIII - vender injustificadamente mercadoria abaixo do preço de custo; XIX - importar quaisquer bens abaixo do custo no país exportador, que não seja signatário dos códigos Antidumping e de subsídios do Gatt; XX - interromper ou reduzir em grande escala a produção, sem justa causa comprovada; XXI - cessar parcial ou totalmente as atividades da empresa sem justa causa comprovada; XXII - reter bens de produção ou de consumo, exceto para garantir a cobertura dos custos de produção; XXIII - subordinar a venda de um bem à aquisição de outro ou à utilização de um serviço, ou subordinar a prestação de um serviço à utilização de outro ou à aquisição de um bem; XXIV - impor preços excessivos, ou aumentar sem justa causa o preço de bem ou serviço".

I - limitar, falsear ou de qualquer forma prejudicar a livre concorrência ou a livre iniciativa;

II - dominar mercado relevante de bens ou serviços;

III - aumentar arbitrariamente os lucros;

IV - exercer de forma abusiva posição dominante".

Importante ainda ressaltar que caso a conquista de mercado seja resultado de processo natural, decorrente da maior eficiência do agente econômico em relação a seus concorrentes, não se está diante de um ilícito concorrencial para dominar mercado relevante de bens ou serviços. (art. 20, §1º)

Já a posição dominante, ocorre quando uma empresa ou grupo de empresas controla parcela substancial de mercado relevante, qual seja, 20% ou outro percentual estipulado pelo CADE para setores específicos da economia, como fornecedor, intermediário, adquirente ou financiador de um produto, serviço ou tecnologia a ele relativa. (art. 20, §§ 2º e 3º)

A Resolução nº 20 do CADE, de 09 de junho de 1999, que dispõe de forma complementar do processo administrativo nos termos do art. 51 da Lei, apresenta dois anexos que auxiliam no exame criterioso dos efeitos dos diferentes tipos de condutas anticoncorrenciais nos mercados, à luz dos arts. 20 e 21 da Lei.

Além de determinar o contexto no qual a prática se dá e a sua razoabilidade econômica, deve-se atentar aos custos de impacto e ao conjunto dos eventuais benefícios por ela gerados, bem como aos seus efeitos líquidos sobre o mercado e o consumidor.

O Anexo I da Resolução nº 20 do CADE apresenta a definição e a classificação das práticas restritivas. As *práticas restritivas horizontais*, consistentes na tentativa de reduzir ou eliminar a concorrência no mercado, visam o aumento do poder de mercado de seus agentes ou a criação das condições necessárias para exercê-lo mais facilmente. Dentre as mais comuns tem-se os cartéis, acordos entre empresas, ilícitos de associações profissionais e os preços predatórios.

Já as *práticas restritivas verticais* são restrições impostas em mercado de origem, por produtores ou ofertantes de bens ou serviços sobre os mercados verticalmente relacionados ao longo da cadeia produtiva (mercados a montante ou a jusante), e implicam na criação de mecanismos para excluir os concorrentes, seja pela criação de barreira à entrada, seja pela elevação dos custos dos competidores, ou pelo exercício coordenado de poder de mercado entre agentes. Pode-se citar como condutas mais comuns a fixação de preços de revenda, as restrições territoriais e de base de clientes, acordos de exclusividade, a recusa de negociação, venda casada e a discriminação de preços

O agente econômico que praticar infração contra a ordem econômica estará sujeito às penas previstas no art. 23 da Lei, que atinge a empresa, com multa de 1% a 30% do seu faturamento bruto, e o administrador, com multa de 10% a 50% do valor aplicado à empresa. Nos casos em que não é possível utilizar-se o critério do valor do faturamento bruto (e.g. associações, pessoas físicas), a multa será de 6 mil a 6 milhões de UFIR.

Qualquer interessado, entendendo que a concorrência está sendo prejudicada, poderá apresentar representação à SDE que deverá verificar os indícios de infração à ordem econômica para adotar um dos seguintes trâmites legais: (i) abrir Procedimento Administrativo, quando os indícios de infração forem muito poucos, quase inexistentes; (ii) promover Averiguações Preliminares, quando existirem indícios, não tão fortes, de infração a ordem econômica; e (iii) instaurar Processo Administrativo, quando os indícios de infração forem fortes o suficiente.[82]

O DPDE, órgão de defesa econômica da SDE fará toda a instrução processual, podendo requisitar à SEAE que se manifeste (ou esta oficia a SDE demonstrando o seu interesse em analisar o caso). Terminada a instrução, o Secretário de Direito Econômico emite o seu despacho, pela condenação do agente pela suposta infração ou pelo arquivamento do feito, e encaminha de ofício o processo ao CADE. No CADE será sorteado um Conselheiro-Relator para quem o processo é distribuído, mas quem se manifestará inicialmente é a Procuradoria. Concluído o parecer da Procuradoria do CADE

[82] Interessante observar que apesar da Lei nº 8.884/94 não ser clara quanto à abertura de Procedimento Administrativo, cuja menção na Lei está no art. 35-A acrescentado pela Lei nº 10.149/2000, esta prática é de longa data e comumente utilizada pela SDE. Esses critérios para se abrir Procedimentos Administrativos, promover Averiguações Preliminares ou instaurar Processos Administrativos foram mencionados pelo então Secretário de Direito Econômico, Paulo de Tarso Ramos Ribeiro, em Palestra proferida no Instituto dos Advogados de São Paulo – IASP, no ano de 2000.

abre-se vistas ao Ministério Público Federal, para só então o Conselheiro-Relator levar o processo para julgamento pelo Plenário. O CADE poderá decidir pela manutenção do entendimento da SDE, ou discordar, devolvendo o processo à SDE para que promova novas investigações.

Em qualquer fase do processo administrativo o Secretário de Direito Econômico ou o Conselheiro-Relator, por iniciativa própria ou mediante provocação do Procurador-Geral do CADE, poderá adotar medida preventiva, quando houver indício ou fundado receio de que o representado, direta ou indiretamente, cause ou possa causar ao mercado lesão irreparável ou de difícil reparação, ou torne ineficaz o resultado final do processo, determinando para tanto a imediata cessação da prática e ordenando, quando possível, a reversão à situação anterior. (art. 52 da Lei)

Por fim, cumpre ainda mencionar que a Lei nº 10.149, de 21 de dezembro de 2000, introduziu na Lei de Defesa da Concorrência o acordo de leniência, conforme disposto no art. 35-B da Lei. Esse acordo visa auxiliar a autoridade de defesa da concorrência no combate às infrações contra a ordem econômica, notadamente os casos de condutas colusivas, os cartéis. Assim, a União, por intermédio da SDE, poderá celebrar acordo de leniência com pessoas físicas e jurídicas que forem autoras de infração à ordem econômica, com a extinção da ação punitiva da administração pública ou a redução de um a dois terços da penalidade aplicável, desde que essas pessoas colaborem efetivamente com as investigações e com o processo administrativo e que dessa colaboração resulte: a identificação dos demais co-autores da infração e a obtenção de informações e documentos que comprovem a infração noticiada ou sob investigação.

IX.4. Trâmite Processual dos Processos de Condutas

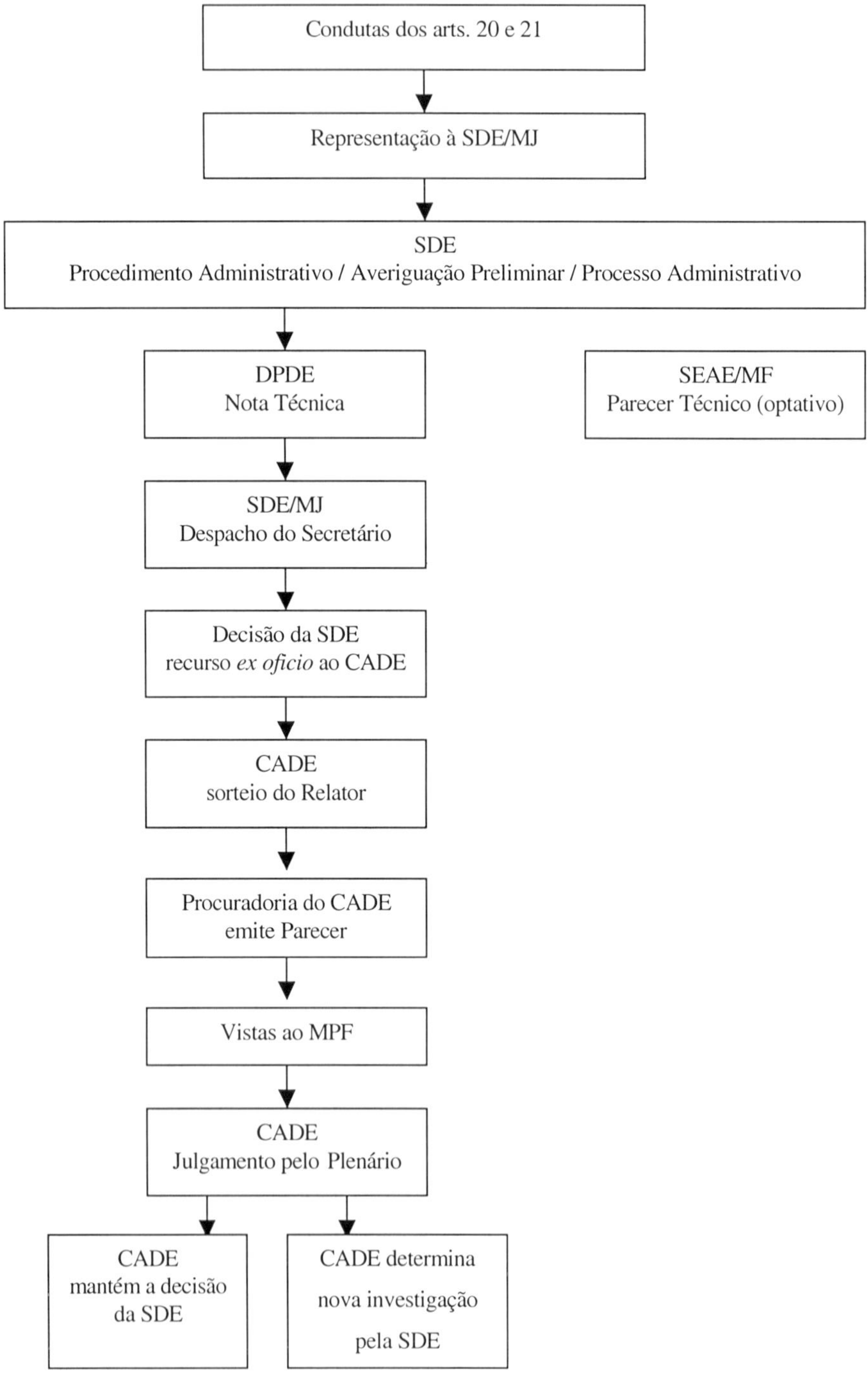

LIVRO 3 - GLOBALIZAÇÃO DA CONCORRÊNCIA: PENSANDO A ALCA

X. GLOBALIZAÇÃO

A globalização, remoção das barreiras ao livre comércio e maior integração das economias nacionais, é fato, algo presente na vida de milhões de habitantes em todo o mundo. Muitas vezes criticada, por outros defendida, a globalização deve ser vista com cautela, mas com naturalidade[1].

Neste item serão destacados alguns aspectos da globalização para interpretá-la no contexto do Direito da Concorrência. Não se deve defendê-la como algo definitivo para a humanidade, nem rechaçá-la como se fosse uma mal *per se*; pretende-se entendê-la e saber separar o que ela oferece de positivo, e qual o seu aspecto negativo. Ela que já foi tida como a salvação das economias dos povos, hoje é criticada por globalizar as riquezas para os "ricos", e para os "pobres" deixar a pobreza[2--3].

---

[1] Escreve Fernando Herren Aguillar em Direito Econômico e Globalização que: "Engana-se quem considera o fenômeno da globalização (o nome favorece esse tipo de especulação) como fruto de uma concepção estrutural da sociedade. Ao contrário, é sobre o fracasso de concepções estruturais do Estado e da economia que ganhou alento o espírito globalizante. Ele é fruto de concepções microcósmicas do universo político e econômico, e tem berço em tradições longamente assentadas nesse domínio". in SUNDFELD, Carlos Ari; VIEIRA, Oscar Vilhena (coord.) Direito Global. São Paulo: Max Limonad, 1999. p. 277.

[2] Escreve o Prêmio Nobel de Economia de 2001, Joseph E. Stiglitz, que: "... A reação violenta contra a globalização extrai sua força não só dos danos percebidos causados aos países em desenvolvimento por políticas impulsionadas por ideologias, mas também das injustiças do sistema comercial global. Atualmente, poucos – além daqueles com interesses pessoais e que se beneficiam por manter afastadas as mercadorias produzidas pelas nações pobres – defendem a hipocrisia de fingir que se está ajudando países em desenvolvimento ao forçá-los a abrir seus mercados para as mercadorias das nações industrializadas e desenvolvidas, ao mesmo tempo que essas nações protegem os próprios mercados. Tais políticas tornam os ricos mais ricos e os pobres mais pobres – e cada vez mais furiosos". in *A Globalização e seus malefícios.* São Paulo: Futura, 2002. p. 17.

[3] Interessante mencionar que duas pesquisas divulgadas no Fórum Econômico Mundial de 2005 revelam que os grandes beneficiados com o processo de globalização são os EUA, como país cuja economia ganha US$ 1 trilhão por ano, e o setor financeiro global, principalmente o norte-americano. in *Economia dos EUA ganha US$ 1 tri por ano com globalização, diz estudo.* Dinheiro, jornal Folha de S. Paulo, 27 de janeiro de 2005, p. B5.

O que se pode desde já concluir é que a humanidade sempre esteve, e agora está em maior cadência, em constante mudança, o que faz entender que algo aceito hoje e posto em prática, conceitos que são considerados inequívocos, amanhã podem não ser, e a humanidade em sua história tomar outros rumos.

Com o tema da globalização, a quebra das fronteiras, dos limites, vem à baila a questão da soberania dos Estados, das nações.

Desde a antiguidade a doutrina da soberania é abordada nos pensamentos políticos, teológicos e jurídicos. Na Grécia, Aristóteles definia na "autarquia" grega a polis como a comunidade superior, ideal e suficiente em si mesma. Em Roma o conceito de soberania, apesar de não constar expressamente do direito público, ganha ênfase com a outorga das *majestas*, *imperium* e *potestas* ao povo romano, que era representado tanto pelo Príncipe como pelo Senado.

Na Idade Média prevalece o entendimento da harmonia divina para governar o mundo na união da humanidade, sendo o Imperador a pessoa a ocupar a figura de Cristo (Deus-Homem, concepção cristocêntrica da monarquia). A origem da Igreja e do Império é única, divina, e, portanto, são interdependentes.

Mas é em 1576 com Bodin que se inicia a moderna teoria política, com um conceito de soberania limitável e divisível característico da doutrina jusnaturalista, oposto ao entendimento do médio evo. A soberania não se traduzia em absolutismo, pois os príncipes subordinavam-se tanto às leis divinas quanto naturais.

No jusnaturalismo moderno dos séculos XVII e XVIII prevalecem os princípios do direito natural. Primeiramente interpretando-se a sociedade como sendo anterior ao indivíduo e, na seqüência, Hobbes declarando a anterioridade do indivíduo à sociedade. Daí o contrato entre os indivíduos desagregados para constituir um Estado e um soberano.

Rousseau, retomando idéias da antiguidade e reformulando parte do conceito de Hobbes, concebe o Estado (Leviatã) como o ponto de chegada onde o homem poderia viver eternamente (solução para os problemas da sociedade civil). O princípio da soberania é defendido por Rousseau sob uma óptica revolucionária, em que se aceita um direito de revolução permanente segundo o qual finda-se a subordinação à lei quando o povo for soberano.

Kant, na linha rousseauniana, apresenta o princípio da soberania como o poder legislativo que pertence à vontade coletiva do povo. Contudo, as idéias positivistas, com destaque à Gerber, Leband e Jellinek, refutam a definição jusnaturalista de atribuir à um órgão ou pessoa a soberania, para defini-la no Estado, exclusivamente[4].

Kelsen abordando a temática da soberania a coloca como sendo uma superior ordem da conduta humana. No campo do Estado e do Direito a soberania significaria a interpretação dessas ordens como supremas. Contudo, sob a perspectiva do Direito Internacional, a soberania deixaria de existir diante da comunidade jurídica internacional, tendo validade essa ordem jurídica.

Já Carl Schimtt interpreta cientificamente o Direito, buscando conceituar por meio da análise histórica a soberania. O soberano, numa primeira análise schimttiana, seria aquele que decide em estado de exceção.

Com muita propriedade, após aprofundada análise do conceito de soberania, ensina Ari Marcelo Solon que: "...Pondo-se de lado os pressupostos de uma teoria normativa, a soberania não é outra coisa senão as diferentes regras constitutivas e fatos institucionais atribuidores das qualidades acima a uma determinada realidade política"[5].

---

[4] Acerca da doutrina da soberania do direito, escreve Ari Marcelo Solon que: "O professor holandês Krabbe, em seu livro *Die Lehre der Rechtssouveränität* sustentou a tese de que não é o Estado, mas sim, o Direito que deveria ser considerado soberano. Ele tentou superar o dualismo apresentado pela doutrina jurídica alemã entre o Estado como manifestação originária de poder e o Direito como limitação do mesmo. Frente à concepção da soberania do Estado, que vê neste a expressão de um poder natural, criador do Direito e posteriormente a ele submetido enquanto pessoa jurídica, Krabbe propôs a noção da soberania do Direito, segundo a qual existiria um único poder jurídico idêntico ao poder do Estado. Mesmo negando uma validade independente do poder do Estado perante o Direito, reconhece depender a construção deste num grau elevado daquele". in *Teoria da Soberania como Problema da Norma Jurídica e da Decisão.* Porto Alegre: Sergio Antonio Fabris Editor, 1997. p. 46.

[5] "Arrancando-se o véu que encobre a vontade, a questão da soberania não é um problema de pressuposição ou hipótese da ciência jurídica, mas que demanda uma investigação empírica de determinados fatos. A soberania não é imputação, mas o exercício de uma força social que obtém obediência às suas prescrições. É um problema do ser do direito. Entre os critérios empíricos para averiguar se um poder é soberano pode-se incluir algumas qualidades como capacidade de auto-organização, um poder de agir e de se conduzir livremente. Pondo-se de lado os pressupostos de uma teoria

O Estado moderno é algo relativamente recente e a soberania em sua concepção também moderna se revela uma exigência política para o exercício do controle num determinado território. O estabelecimento de acordos internacionais[6] que promoveram o respeito de um Estado em não interferir nos assuntos internos de outro Estado e assim confirmar o poder do Estado sobre a sociedade foi fator que contribui para o desenvolvimento da soberania[7].

A integração econômica, fenômeno bastante comum no cenário da globalização, apresenta modelos que podem interferir diretamente na soberania dos Estados. Para entender a construção de blocos econômicos e a independência dos Estados, importante compreender as principais características das fases de uma integração.

Inicialmente se tem a *Área de Preferência Tarifária*, na qual os países-membros tributam o comércio recíproco em sua totalidade ou em parte com alíquotas de importação menores do que aquelas aplicadas às mercadorias originadas de países que não integram a *área*.

---

normativa, a soberania não é outra coisa senão as diferentes regras constitutivas e fatos institucionais atribuidores das qualidades acima a uma determinada realidade política. Isto não é apenas uma tarefa da sociologia jurídica, pois toda esta digressão surgiu a partir de um problema específico de teoria do direito: é possível identificar juridicamente o poder efetivo?" in *Teoria da Soberania como Problema da Norma Jurídica e da Decisão*. Porto Alegre: Sergio Antonio Fabris Editor, 1997. p. 203 e 204.

[6] "... o crescimento do Estado moderno como um poder territorialmente específico e politicamente dominante dependia, em parte, dos acordos *internacionais*. A doutrina da ´soberania` dos Estados na nova lei internacional e o reconhecimento mútuo de seus poderes e direitos internos pelos Estados europeus desempenhou, assim, um papel central na criação de uma relação entre poder e território, uma relação de domínio exclusivo. (...) Os Estados eram soberanos e, por isso, cada Estado determinava, internamente, a natureza de suas políticas internas e externas". in HIRST, Paul e THOMPSON, Grahame. *Globalização em Questão*. Petrópolis: Vozes, 1998. p. 266.

[7] Analisando a nova soberania no contexto da globalização Paul Hirst e Grahame Thompson escrevem que: "... Os Estados-nação não devem mais ser vistos como poderes ´governantes`, capazes de impor resultados em todas as dimensões da política dentro de um determinado território por meio de sua própria autoridade, mas como locais a partir dos quais formas de governabilidade podem ser propostas, legitimadas e monitoradas. Os Estados-nação são, agora, simplesmente uma classe de poderes e de agências políticas em um sistema de poder complexo dos níveis mundiais aos locais, mas têm uma centralidade devido à sua relação com o território e a população". in *Globalização em Questão*. Petrópolis: Vozes, 1998. p. 294.

A *Zona de Livre Comércio* se caracteriza pela eliminação das barreiras tarifárias e não-tarifárias ao comércio recíproco entre os países-membros. É o caso da NAFTA e a proposta para a ALCA.

Já a *União Aduaneira*, além do livre comércio entre os países-membros, significa a adoção de uma tarifa externa comum (TEC) para a importação de produtos originados de países que não fazem parte desse mercado regional. Este é o estágio em que se encontra o Mercosul.

O *Mercado Comum*, por sua vez, significa a união aduaneira na qual se agrega a livre mobilidade de fatores produtivos entre os países-membros, bem como a adoção de uma política comercial comum. Caracteriza-se também por contemplar a coordenação entre os países-membros de políticas macroeconômicas e setoriais. Neste estágio pode-se também ocorrer a harmonização das legislações. Esta fase foi a qual se encontrava a CEE (Comunidade Econômica Européia).

Por fim, tem-se a *União Econômica*, que além de reunir os elementos do mercado comum, caracteriza-se pela adoção de políticas macroeconômicas, setoriais e sociais comuns, além da utilização de uma moeda única.

X.1. Interpretando a Globalização

O cientista político alemão Carl Schimitt em sua obra *Os Nomos da Terra* relata que a soberania territorial está transformada num espaço vazio e aberto aos processos sócio-econômicos, no qual o campo de ação dos direitos das gentes é determinado pelo espaço da potência econômica. De certa forma contrário à ideologia da globalização, aponta que o território global deveria ser liberado para o livre acesso aos recursos naturais, com a movimentação de mercadorias e capitais, para o que seria necessário eliminar obstáculos humanos, culturais e políticos.[8]

[8] Comentando o pensamento econômico dominante e a crescente separação entre o poder real e a política democrática, escreve o economista Luiz Gonzaga Belluzzo: "A ´mão invisível` celebrada pelos liberais está, mais do que nunca, encarnada no capital financeiro globalizado. Os critérios da política democrática e libertadora não se aplicam à agenda criada pelas forças desse *poder* que circula entre as nações e circunscreve a capacidade de ação dos governos escolhidos pela vontade popular. Tais forças não são racionais nem irracionais, simplesmente cumprem os desígnios de sua natureza, dilacerada entre a ´ganância infecciosa` e o súbito colapso da histamina". (in *Nostalgia do Futuro*, revista Carta Capital, ano IX nº 222, 08 de janeiro de 2003, p.39).

Numa sociedade, proclamada pelos ideais neoliberalistas, em que paradoxalmente defende-se a globalização e se proclama o triunfo do indivíduo do Iluminismo sobre a sociedade, o que se observa é a invasão das normas mercantis e da concorrência liberal quase aos moldes smithianos, como os pontos chaves para a integração e reconhecimento da sociedade, deixando uma sensação de incerteza e insegurança quanto ao futuro próximo e à estabilidade social.[9]

A política adotada pelos países latino-americanos, a partir do que "prescrevera" o Consenso de Washington[10] para as políticas liberais da região, deixou claro que o combate à inflação e as reformas a favor do mercado tiveram um viés nem tanto satisfatório. A criação de novos postos de

[9] Ao abordar as transformações ocorridas com a globalização e fazer uma análise dos seus efeitos na sociedade, notadamente nas questões do trabalho, tema extremamente ligado à estabilidade social, ensina José Francisco Siqueira Neto em *Direito do Trabalho e Globalização: Particularidades Nacionais* que: "As radicais transformações políticas, econômicas, sociais e até mesmo comportamentais processadas nos últimos anos possibilitaram ao capitalismo recobrar uma das suas mais peculiares características: o expansionismo. (...) Os reflexos dessa nova realidade atingiram também, de maneira avassaladora, as relações e o próprio direito do trabalho. É certo que a interdependência das economias nacionais não se trata de um fenômeno novo. O diferencial da situação atual é a amplitude e a intensidade do intercâmbio de bens de capitais. Esse ritmo e dinâmica, aliados às transformações tecnológicas indicadas, determinaram a profunda ruptura com o paradigma anterior de empresa, empregado, relações e direito do trabalho. (...) O direito do trabalho assistiu a uma imponente reestruturação capitalista que redesenhou a geografia das atividades produtivas e, conjuntamente, a tipologia das formas do emprego da mão-de-obra; terciarizou a economia e convulsionou o mercado de trabalho, mundializou os mercados e produtos e modificou, por efeito das novas tecnologias, também os trabalhos tradicionais. Nesse contexto, enfatiza-se a competitividade das empresas no mercado globalizado, investindo-se contra toda forma de regulamentação estatal e contratual fora dos limites da empresa que possa restringir a autonomia empresarial e aumentar de qualquer maneira os custos do trabalho. Rediscute-se, assim, o caráter de que a norma trabalhista deve revestir-se nesse novo panorama mundial. Fortalecem-se, então, nessa perspectiva, as teses que propugnam a flexibilização do direito do trabalho". in SUNDFELD, Carlos Ari; VIEIRA, Oscar Vilhena (coord.) *Direito Global*. São Paulo: Max Limonad, 1999. p. 241, 242, 244 e 245.

[10] "A austeridade fiscal, a privatização e a liberalização de mercado foram os três pilares das recomendações do Consenso de Washington durante as décadas de 1980 e 1990. As políticas desse Consenso foram elaboradas com o intuito de atender aos verdadeiros problemas da América Latina e faziam bastante sentido na época". in STIGLITZ, Joseph E. *A Globalização e seus malefícios*. São Paulo: Futura, 2002, p. 85.

trabalho não é algo fácil, muito pelo contrário, bem como a melhoria de vida da população e uma expectativa mais positiva para as novas gerações também merecem ser repensadas.

Soma-se a tudo isso a obsessão popularizada no ideal capitalista da redução de custos a qualquer preço, admitindo-se a centralização do capital produtivo em esfera mundial, em que pese o discurso da liberdade e a intensificação da concorrência, com as conseqüentes demissões em massa de trabalhadores, eliminação de postos de trabalho e a redução de salários e benefícios trabalhistas[11]. O mal-estar gerado nessas sociedades desiguais e com poucas perspectivas de melhora, aumenta o descontrole emocional e social ampliando a sensação do medo[12].

A expectativa para um séc. XXI melhor e mais igual para todos deve iniciar com a preocupação das políticas econômicas em desenvolver a economia das nações, principalmente as dos países em desenvolvimentos, e não apenas brigar pelo seu crescimento. Desenvolver a economia deve significar desenvolver o país, a sociedade, que terá a contrapartida da melhora econômica. Já ficou claro que apenas o progresso material não conduz a sociedade em sua plenitude a um aprimoramento no bem-estar individual e coletivo.

---

[11] Com muita propriedade, escreve José Francisco Siqueira Neto em *Direito do Trabalho e Globalização: Particularidades Nacionais* que: "De outra parte, é conveniente lembrar que o desemprego não tem nas instituições jurídicas sua base de solução. Há necessidade, portanto, de medidas econômicas de suporte à geração de emprego. De nada adianta, por exemplo, reduzir-se drasticamente as garantias trabalhistas se o setor produtivo destinatário dos benefícios de flexibilização estiver condenado a desaparecer em função da concorrência externa ou de qualquer outra medida decorrente da política econômica adotada". in SUNDFELD, Carlos Ari; VIEIRA, Oscar Vilhena (coord.) *Direito Global*. Max Limonad: São Paulo, 1999. p. 247.

[12] O que dirá os vizinhos argentinos que seguiram a risca a "receita para o sucesso do Dr. Washington"! Escreve Joseph E. Stiglitz: "Em outros países, cujos governos adotaram as políticas do Consenso de Washington, os pobres se beneficiaram menos do crescimento. Na América Latina, o crescimento não foi acompanhado pela diminuição da desigualdade, ou mesmo pela diminuição da miséria. Em alguns casos, a miséria até mesmo aumentou, como demonstrado pelas favelas urbanas. O FMI fala com orgulho do progresso que a América Latina alcançou nas reformas de mercado durante a última década (embora um tanto mais silenciosamente depois do colapso de sua melhor aluna, a Argentina, em 2001, e a recessão e a estagnação que têm afligido muitos dos países da ´reforma` durante os últimos cinco anos), mas fala menos a respeito dos números quando o assunto é a pobreza". in *A Globalização e seus malefícios*. São Paulo: Futura, 2002, p. 114-115.

Retomando Schimitt, interessante observar que em 1950 ele já afirmava que a hegemonia norte-americana no campo econômico se consolidaria nas relações internacionais, surgindo dessa forma uma forte tendência em transpor barreiras territoriais e políticas até então impostas pelos Estados. Após a Segunda Grande Guerra os Estados Unidos da América se tornaram a potência hegemônica do sistema capitalista, detentora de grande poder econômico-financeiro e tecnológico-militar. Além do prestígio moral do grande vencedor da Guerra, os Estados Unidos da América assegurou a coordenação de todas as agências multilaterais e de um sistema monetário internacional baseado em sua moeda. Essa posição de líder global concretizou-se, definitivamente, com o esfacelamento da União das Repúblicas Socialistas Soviéticas e o fim do mundo bipolar.

Na nova ordem unipolar exercida pelos EUA, sua condição imperialista lhe dá o direito (ao menos é o que aparentemente parte dos governos norte-americanos acredita) de intervir unilateralmente em qualquer região do globo, isentando-se das disposições do Direito Internacional moderno e de tratados celebrados entre os povos. Foi assim no setor financeiro com a iniciativa do choque de juros adotada pelo FED, que culminou na crise da economia mundial no início dos anos 80, além das crises da dívida externa dos países periféricos. Nos anos 90, a desregulamentação dos mercados de crédito e capitais e a flutuação do dólar, permitiram o surgimento de fortes especulações que resultou na desvalorização sem controle das moedas consideradas fracas.[13]

Agora, as preocupações estão voltadas para uma eventual estagnação e uma deflação no cenário mundial, que se origina no centro do sistema com o enfraquecimento do dólar a partir da queda dos preços industriais nos EUA e a propagação da deflação à própria Europa. Evidentemente, se na globalização enquanto os países desenvolvidos vão bem os em desenvolvimento vão mais ou menos, o que será dos pobres se até os ricos estiverem mal?

[13] Analisando a nova geopolítica, Maria da Conceição Tavares ressalta a condição hegemônica norte-americana e seus reflexos nas economias dos demais países: "... A ´globalização benigna`, aliada ao aumento da liberalização e da concorrência, era vista como panacéia universal, que levaria a economia mundial a um cenário de convergência no crescimento. Essas teses foram rapidamente desmentidas com o crescimento anormal dos EUA no período 1992/2000, o lento crescimento da renda e o desemprego na Europa, a estagnação do Japão e, finalmente, as crises financeiras da Rússia e da Ásia. Os aumentos do desemprego e da pobreza em todas as áreas periféricas do sistema tornaram a década de 90 a mais assimétrica que o capitalismo mundial conheceu no após-guerra". in *Hegemonia Americana*, revista Carta Capital, ano IX nº 222, 08 de janeiro de 2003, p.45.

O Brasil, como não poderia ser de outra forma, também está no meio dos acontecimentos, com a peculiaridade de ser um grande país, respeitado pelos pobres e pelos ricos, sendo sempre convidado a participar de discussões globais, principalmente a partir do governo Fernando Henrique Cardoso.

Mas ao procurar uma saída para seus problemas nesta época de globalização em movimento e, quem sabe, mudanças, o Brasil poderá estar também encontrando um caminho para os países do continente latino-americano. Essa tarefa agora é capitaneada pelo presidente Lula, num momento em que se pleiteia maior justiça social.[14]

[14] Analisando a perspectiva para a América Latina e a atuação a ser empenhada pelo presidente Lula, após iniciado o processo da globalização e as transformações que ocorreram no continente, o ex-primeiro ministro italiano Massimo D'Alema entende que: "Não penso que se possa voltar atrás em relação à liberalização dos mercados. Mesmo que, em muitos casos, a experiência das privatizações tenha sido negativa. Porque as privatizações são positivas quando criam mercados competitivos. Quando apenas transferem para privados monopólios públicos, elas têm efeito especulativo e significam a dispersão de um patrimônio nacional. Não raro são acompanhadas por fenômenos de corrupção das classes dirigentes. Na Argentina, isso foi particularmente evidente. No momento, é prioritária a atenção às políticas sociais. Porque o principal trunfo do desenvolvimento da América Latina é o mercado latino-americano. É preciso ter a coragem de criar um grande mercado através do processo de integração regional, que está só no começo. Deveria ser levada adiante, não em paralelo, mas através da interconexão entre Mercosul e Pacto Andino. Há uma lógica de subcontinente a ser articulada que deverá ser uma das grandes tarefas de Lula". (in *Acorda, gigante*, revista Carta Capital, ano IX nº 222, 08 de janeiro de 2003, p. 49 e 50) Evidentemente a globalização não apresenta apenas resultados negativos, muitas melhorias foram feitas aos povos por meio dela. Uma vez mais, utiliza-se a experiência de Massimo D'Alema, que faz um balanço da globalização, e que enriquecerá o presente item, além de permitir de forma objetiva uma compreensão do assunto: "A formação de um mercado mundial e a livre circulação de mercadorias é um processo irrefreável. Não acredito em volta atrás. Mas é verdade que, sem ser governado, gera enormes desigualdades. No processo, há vencedores e vencidos. Graças à globalização, 1,5 bilhão de asiáticos hoje vive melhor. Não é pouca coisa. Vi a China antes e depois. É evidente o enorme progresso econômico e social. A América Latina e a África foram os continentes derrotados. A globalização acirra a competição entre os países. Torna-os mais cruéis e com menores possibilidades de defesa. Na competição global, a força do sistema asiático foi dispor de uma grande massa de trabalhadores profissionalizados, disciplinados e a baixo custo. A Europa e os EUA têm tecnologia, grandes universidades, pesquisa, *know how*. A América Latina ficou espremida, como em geral ficam as classes médias. Não conseguiu encontrar o próprio modelo de competição. Também por culpa de seus governantes". (in *Acorda, gigante*, revista Carta Capital, ano IX nº 222, 08 de janeiro de 2003, p. 50).

Em resposta à perda da força política pela economia, algo que deveria ser feito para "coordenar" a globalização é reforçar instituições supra-nacionais ou agências globais com verdadeiro poder. A União Européia, em constante evolução, é o maior exemplo do que seria governar a globalização. Pode-se até pensar numa cessão da soberania nacional com a criação, por exemplo, de um Conselho de Segurança Econômica na ONU, apto a intervir em crises, subordinando o FMI e o Banco Mundial a esse Conselho, e não permitir que tais organismos técnicos continuem decidindo a política dos Estados.

Não se pode esquecer que os problemas da humanidade já ocorrem de longa data, e a globalização parece que ainda não conseguiu atender um de seus propósitos e, pior, se revelou grande excludente social em diversos países. "Em todo caso, estamos persuadidos, e todos concordam nisto, de que é necessário, com medidas prontas e eficazes, vir em auxílio dos homens das classes inferiores, atendendo a que eles estão, pela maior parte, numa situação de infortúnio e de miséria imerecida"[15]. Este trecho foi extraído da Encíclica *Rerum Novarum*, publicada em 1891 pelo Papa Leão XIII, mas que, infelizmente, ainda é tão atual.

Em meio as crises da globalização, grande parte causadas pelo modelo neoliberal que resgatou as idéias do liberalismo econômico do séc. XVIII desenvolvidas por Adam Smith e David Ricardo, da "economia dirigida pelo mercado" com o acúmulo de riquezas definido pela lei da oferta e da procura, e das "vantagens comparativas dos países" com a participação dos países no comércio internacional a partir dos produtos que cada nação esteja em condição de produzir e comercializar, discute-se alternativas ao processo em dois fóruns globais.

O *Fórum Econômico Mundial*, que se reúne uma vez ao ano em Davos na Suíça, com a presença de líderes de países ricos e empresários multinacionais de destaque, e o *Fórum Social Mundial*, também com encontros anuais e realizados em suas primeiras edições na cidade de Porto Alegre, que tem a participação de populares, líderes da esquerda e ONG´s, são na verdade duas correntes, onde o segundo (Fórum Social) representa a resposta da "esquerda" às alternativas propostas pelos países "ricos" ao capitalismo.

---

[15] in *Rerum Novarum*, Carta Encíclica de Sua Santidade o Papa Leão XIII sobre a condição dos operários. 10ª ed. São Paulo: Paulinas, p. 10.

Como uma alternativa aos efeitos negativos da globalização, pois ficou demonstrado que o capitalismo apresentava sérios problemas de exclusão social, e o modelo socialista comprovadamente fracassou, ganhou força a *terceira via*, uma alternativa ao modelo neoliberal e à social-democracia. A importância dada à terceira via foi tamanha, que reuniu seis líderes de destaque no cenário mundial em 1999 na cidade italiana de Florença. Estavam presentes Tony Blair (Reino Unido), Fernando Henrique Cardoso (Brasil), Massimo D'Alema (Itália), Bill Clinton (EUA), Lionel Jospin (França) e Gerhard Shroeder (Alemanha). Interessante mencionar que o presidente Lula está despontando no cenário internacional como o homem que conseguirá por em prática a tão esperada terceira via[16]. As expectativas resultam, por exemplo, da participação do presidente brasileiro tanto do Fórum de Porto Alegre, quanto no de Davos, unindo as duas correntes.

Rudolf Von Ihering, renomado jurista e responsável pela estruturação de importantes conceitos no ordenamento jurídico ocidental, publicava em 1872 *A Luta Pelo Direito*. Sua obra foi dividida em duas partes, recebendo uma dessas o título "A Defesa do Direito é um Dever para com a Sociedade"[17]. Nada mais oportuno, do que num momento em que a globalização está sendo repensada[18], o coletivo dos povos representa-

[16] Em julho de 2003 catorze chefes de Estado, incluindo o presidente Lula, reuniramse em Londres para renovar o compromisso com os princípios da *governança progressista* (ex-*terceira via*) e para intercambiar experiências sobre a aplicação prática desses princípios. No capítulo do documento em que se defende a integração consta que na América do Sul a integração significa fortalecer e aprofundar o Mercosul e ampliar a integração sul-americana.

[17] Escreveu Rudolf Ihering: "Quando mil homens têm de dar combate, o desaparecimento de um só pode passar despercebido; mas quando cem dentre eles abandonam a bandeira, a posição daqueles que ficam fiéis torna-se cada vez mais crítica; todo o peso da luta recai sobre eles exclusivamente". in *A Luta Pelo Direito*. 17ª ed. Rio de Janeiro: Forense, 1999. p. 45. tradução de João Vasconcelos. Não esquecer, entretanto, que Rudolf Ihering é de linha liberal, corrente do séc. XIX e do momento em que o Estado excepcionalmente não intervinha no capitalismo. Contudo, até hoje (início do séc. XXI) os ensinamentos de Ihering permeiam o pensamento jurídico. Deve-se, portanto, levar em conta que os ideais liberais não devem prevalecer num Estado intervencionista, ou seja, a globalização deve ser estudada e o Estado deve estar presente para assegurar os direitos de cada indivíduo.

[18] Conforme escreve Celso Fernandes Campilongo em *Teoria do Direito e Globalização Econômica*, acerca do repensar do sistema jurídico: "A partir da crise do Estado social e da globalização econômica algumas tentativas inovadoras vêm sendo esboçadas. Dentre

dos por líderes políticos e pela sociedade civil organizada, prontificar-se a defender as pessoas, a defender aqueles que necessitam de uma oportunidade. Uma política não basta ser econômica, ela deve ser sócio-econômica para promover a inclusão dos indivíduos, e não acentuar a miséria.

Em linhas gerais, após transcorridos alguns anos da globalização, constata-se três pontos que devem ser analisados para que se busque benefícios para todos: (i) reduzir as desigualdades sociais que só aumentaram; (ii) obter o convívio harmônico das diferentes identidades, assegurando o respeito a seus valores e tradições; e (iii) defender a democracia num momento em que o capitalismo, não mais relacionado com o Estado nacional, fica livre de qualquer controle para se compor em oligarquias e impor sua dominação mundial.

X.2. Globalização e Direito da Concorrência

Na busca da maximização da rentabilidade econômica, o que se verificou no mundo foi a tentativa de se obter mercados abertos, liberdade alfandegária, linhas de produção que atendessem mundialmente, o fim da soberania e a eliminação do xenofobismo, e a incidência de capitais flutuantes e voláteis em diferentes mercados financeiros, o que culminou numa profunda alteração do sistema capitalista.

Os efeitos dessas mudanças são sentidos de forma ressaltada ao Direito Econômico, porém nem tudo que ocorre deve ser atribuído à globalização. Deve-se verificar, entretanto, os efeitos da globalização so-

---

elas, sem dúvida, uma das mais criativas e instigantes é a sugerida por Niklas Luhmann, que vê o sistema jurídico como, simultaneamente, aberto em termos cognitivos e fechado em termos operativos. Dito de modo singelo: o direito moderno mantém elevada interdependência com os demais sistemas (p. e., econômico, político, científico, etc.), e é sensível às demandas que lhe são formuladas por esse ambiente (abertura cognitiva); entretanto, só consegue processá-las nos limites inerentes às estruturas, seleções e operações que diferenciam o direito dos demais sistemas (fechamento operativo). Dessa perspectiva, o sistema jurídico é um só, pouco importando se as cadeias normativas são múltiplas, não hierarquizadas, informais ou produzidas em diferentes contextos. Essa unicidade decorre da função do direito e não da arquitetura do sistema normativo. A globalização demanda novas diferenciações no interior do sistema jurídico, mas não é capaz de corromper sua função". in SUNDFELD, Carlos Ari; VIEIRA, Oscar Vilhena (coord.) *Direito Global*. São Paulo: Max Limonad, 1999. p. 79 e 80.

bre as práticas de mercado e a eficácia dos meios tradicionais de Direito Econômico[19] que deverão controlar esses efeitos.

A limitação jurídica em grande parte, inaugurada a partir das crises do modelo capitalista em sua fase liberal, está centrada na teoria do abuso do direito. A tutela da liberdade individual exige o cerceamento dos eventuais abusos propiciados por essa liberdade[20]. Daí a necessidade do Estado intervir quando um agente abusa de seu direito de empreender livremente, impondo-se a regulação econômica e lançando mão ao princípio da livre concorrência[21].

Nesse sentido, percebe-se que o fenômeno da globalização também enseja o estudo do Direito da Concorrência, pois a relação entre esses dois institutos é marcante no desenvolvimento do comércio entre as nações.

Nos anos 90, diversas legislações de defesa da concorrência surgiram em diferentes jurisdições, notadamente em países da América Latina e do Leste Europeu. Tal fato se explica pela liberalização dos mercados nessas regiões, a desregulamentação e a desestatização[22]. Prova disso é que

[19] Na definição de Fernando Herren Aguillar: "Direito Econômico é o direito das políticas públicas econômicas, a regulação estatal da economia, influenciando, orientando, estimulando, restringindo o comportamento dos atores econômicos". *Direito Econômico e Globalização*. in SUNDFELD, Carlos Ari; VIEIRA, Oscar Vilhena (coord.) *Direito Global*. São Paulo: Max Limonad, 1999. p. 270.

[20] Conforme escreve Fernando Herren Aguillar em *Direito Econômico e Globalização*: "Trata-se de uma regulação ex-post e passiva, repressiva e policial, característica do estado Gendarme. O sistema estabelece limites negativos que, se ultrapassados, desencadeiam mecanismos jurídicos de reposição das ações individuais dentro de seus respectivos invólucros de liberdade". in SUNDFELD, Carlos Ari; VIEIRA, Oscar Vilhena (coord.) *Direito Global*. São Paulo: Max Limonad, 1999. p. 273.

[21] Fernando Herren Aguillar explica que: "O princípio da liberdade de concorrência é o contraponto do princípio da liberdade de iniciativa e não seu sinônimo, como alguma doutrina acaba sustentando. O agente econômico é livre para empreender o que bem entenda, desde que não prejudique a liberdade, de outros agentes econômicos, de concorrer. Em sentido inverso, para que haja liberdade de concorrer é preciso que não se utilize em termos absolutos a liberdade de empreender, o que somente pode ser obtido mediante restrições a esta última". *Direito Econômico e Globalização*. in SUNDFELD, Carlos Ari; VIEIRA, Oscar Vilhena (coord.) *Direito Global*. São Paulo: Max Limonad, 1999. p. 273 e 274.

[22] Neste sentido, assinala Fernando Herren Aguillar que: "O fenômeno da liberalização econômica, que precede logicamente a globalização, impôs ao Estado ainda um novo figurino. O Estado deixa de atuar como agente econômico para ocupar o posto de agente normatizador das atividades econômicas. De prestador de serviços públicos

nesse período mais de 80 países apresentavam legislações de defesa da concorrência, pouco mais do que o dobro que existia na década anterior.

Porém, a implementação de uma lei de defesa da concorrência e o seu desenvolvimento faz parte de um processo histórico, que necessita de tempo, uma transformação cultural da sociedade e a aplicação de recursos para a criação de instituições atuantes e eficazes.

Na implementação de uma lei de defesa da concorrência deve-se atentar que numa fase inicial o escopo é sanar falhas de mercado. Com o desenvolvimento de recursos humanos e materiais, passa-se a uma análise criteriosa de custos e benefícios da atuação estatal em operações com efeitos prejudiciais a concorrência e suas eficiências compensatórias, a fim de evitar operações que não apresentam contrapartidas ao mercado.

Neste sentido, conforme detalhado por Gesner Oliveira[23], pode-se entender a evolução da defesa da concorrência em quatro fases.

A primeira fase apresentaria em âmbito nacional: (i) advocacia da concorrência, para divulgar junto aos setores públicos e privados os valores da cultura da concorrência; (ii) repressão a acordos horizontais, infrações mais flagrantemente prejudiciais, como os cartéis; e (iii) assistência técnica, de agências mais antigas na defesa da concorrência e de organismos internacionais preocupados com o tema. Na esfera dos blocos regionais uma pauta de harmonização e no campo internacional a fixação de princípios básicos, que se estende também para as demais fases.

A segunda fase em âmbito nacional teria, além dos quesitos apresentados no primeiro momento: (iv) controle de atos de concentração, ou seja, a atuação preventiva do Estado em matéria concorrencial; e (v) acordos verticais, aqueles que se dão no decorrer da cadeia produtiva. Já no campo dos blocos regionais, acordos comunitários e transformação da defesa comercial em defesa da concorrência, que se estenderia para as fases seguintes.

---

passa a ser preferencialmente seu regulador". *Direito Econômico e Globalização*. in SUNDFELD, Carlos Ari; VIEIRA, Oscar Vilhena (coord.) *Direito Global*. São Paulo: Max Limonad, 1999. p. 275.

[23] *Defesa da Concorrência na OMC: Uma Proposta de Agenda de Cooperação Internacional*. in AMARAL JÚNIOR, Alberto do (coord.). *OMC e o Comércio Internacional*. São Paulo: Aduaneiras, 2002. p. 304.

A fase terceira, além dos quesitos das fases um e dois, apresentaria em âmbito nacional: (vi) regulação, com a presença de agências reguladoras em diferentes setores; e (vii) acordos de cooperação internacional, com o intercâmbio técnico e a atenção às tendências internacionais nas diversas jurisdições onde se aplica a defesa da concorrência.

A fase quarta apresentaria em âmbito nacional, além dos quesitos das fases anteriores: (viii) acordos internacionais de segunda geração, prevalecendo a extraterritorialidade da lei para uma punição mais eficaz de condutas anticoncorrenciais; e (ix) advocacia da concorrência pró-ativa, com a sedimentação dos valores concorrenciais para todas as esferas da sociedade, incluindo-se as do governo.

Nos blocos regionais, o desenvolvimento do Direito da Concorrência compreende, inicialmente, a harmonização das legislações nacionais dos Estados-partes, para, num momento seguinte, transformar a defesa comercial em defesa da concorrência. Por fim, quando já consolidado o mercado comum, pode-se implantar um órgão supra-nacional de defesa da concorrência.

Independentemente de qual fase de evolução de defesa da concorrência se encontrem os Estados-partes de um bloco regional, pois é comum que cada um esteja em determinado estágio, o país que não dispor de legislação concorrencial, por exemplo, pode passar para uma fase subseqüente e adotar as determinações comuns do plano sub-regional. Assim, em países de economia pequena e integrantes de um bloco, o controle preventivo em matéria concorrencial poderia ser feito tão somente na esfera regional.

A superposição de fases, algo comum em países com experiência recente em defesa da concorrência, está estritamente relacionada ao processo de globalização econômica. Daí atentar ao Direito da Concorrência e sua relação com a Organização Mundial do Comércio (OMC), que deveria "servir de catalisador deste processo de difusão da cultura da concorrência entre as diversas jurisdições"[24], já que, por ora, em razão das especificidades de cada jurisdição, não se pode vislumbrar uma legislação comum de defesa da concorrência.

[24] OLIVEIRA, Gesner. *Defesa da Concorrência na OMC: Uma Proposta de Agenda de Cooperação Internacional*. in AMARAL JÚNIOR, Alberto do (coord.). *OMC e o Comércio Internacional*. São Paulo: Aduaneiras, 2002. p. 310.

A cooperação internacional, conforme as fases de evolução de defesa da concorrência, poderia seguir a seguinte agenda, conforme aponta Gesner Oliveira[25].

Na primeira e segunda fases, a agenda de cooperação se daria pela assistência técnica, com o treinamento e preparação da legislação de defesa da concorrência. Na terceira fase, a agenda significaria acordos de cooperação de primeira geração, a partir da ajuda recíproca em casos específicos e a troca de informações não-confidenciais. Por fim, na quarta fase a agenda se daria com acordos de cooperação de segunda geração, com a cooperação sistemática entre as agências, inclusive com a troca de informações confidenciais.

Neste sentido, conscientes de que a ampla utilização de legislações de defesa da concorrência guarda relação direta com a implementação ainda maior do comércio mundial, a OMC deveria empenhar-se na difusão da cultura da concorrência, em estímulo à mercados globais mais competitivos.

XI. O DIREITO DA CONCORRÊNCIA NA UNIÃO EUROPÉIA

Para abordar o tema da globalização, não se pode deixar de verificar o melhor modelo de integração ocorrida em todo mundo, a União Européia. Mas qual a relação que se pode fazer entre integração e globalização, aparentemente temas distintos. A resposta pode ser bastante objetiva. Para enfrentar a concorrência internacional, uma vez que esse é um dos efeitos da globalização, nada mais eficiente do que atuar em conjunto, em bloco, integrando-se aos "vizinhos" para ter mais força nas negociações e obter maiores e melhores resultados.

Mas uma integração não é apenas isso. A união de países pode caminhar pelo desenvolvimento mais equânime dessa região, reduzindo desigualdades sócio-econômicas e buscar a paz entre povos e nações que tenham tradições beligerantes entre si. Essa união pode resultar num mercado comum entre os povos, numa moeda única, em políticas de aplicação geral. Ou seja, integração e globalização são temas distintos, mas que se complementam para um estudo mais aprofundado de questões intrínsecas aos povos.

---

[25] *Defesa da Concorrência na OMC: Uma Proposta de Agenda de Cooperação Internacional*. in AMARAL JÚNIOR, Alberto do (coord.). *OMC e o Comércio Internacional*. Aduaneiras: São Paulo, 2002. p. 314.

XI.1. Breve Histórico da União Européia

Para estudar a história da União Européia, verifica-se o longo caminho percorrido por esse Continente, na busca da unidade e da paz entre as diferentes culturas, diferentes povos e seus diferentes países. Já no século XIV o poeta, prosador, teórico-literário, filósofo e pensador político italiano, o florentino Dante Alighieri, assinalava a união dos povos[26]. Winston Churchill, estadista e líder militar britânico, em discurso proferido em 1946 na Universidade de Zurique também faz tal sinalização defendendo a criação de uma "espécie de Estados Unidos da Europa".

A história européia, conforme observada no início deste trabalho, mostra que além de importantes conquistas e realizações, o continente também serviu de palco para várias guerras e conflitos com grande poder de destruição, com resultados nefastos para os povos, com milhares de vidas perdidas, e a economia dos Estados completamente esfacelada.

O cenário do pós-Segunda Guerra e a tradição histórica que se repetia e marcava o continente, permitiram que fosse ganhando força entre os líderes dos países a necessidade de caminhar para uma integração estável e institucional de caráter supra-nacional.

Em 1948, Winston Churchill, na presença de 800 delegados, reunidos no Congresso Europeu, em Haia, e sob a égide do Comitê de Coordenação Internacional dos Movimentos para a Unificação da Europa, recomenda a criação de uma Assembléia Deliberativa Européia e de um Conselho Europeu Especial para prepararem a integração econômica e política dos países europeus, além da adoção de uma Carta dos Direitos do Homem e a criação de um Tribunal de Justiça para assegurar o cumprimento da Carta.

Durante muito tempo foram realizados estudos, várias discussões tomaram ponta em diversos setores político-econômicos dos países da Europa, e aos poucos se concretizava a criação da Comunidade Econômica Européia (CEE), que se mostrou uma continuação da cooperação funcional que teve início com a Comunidade Européia do Aço e do Carvão (CECA)[27].

---

[26] Em sua obra *A Monarquia*, Dante Alighieri defende o princípio de um único indivíduo (Imperador) governando toda a Europa Ocidental. Formar-se-ia uma comunidade única.

[27] A CECA foi lançada em 1950, quando o Ministro francês dos Negócios Estrangeiros Robert Shuman, inspirado por Jean Monet, propõe que a França e a Alemanha

A Comunidade Européia do Carvão e do Aço (CECA), instituída oficialmente em 18 de abril de 1951, quando os Seis (Bélgica, França, Alemanha, Itália, Luxemburgo, Países Baixos) assinam o Tratado de Paris, foi a primeira fundação concreta da União Européia. Inicia assim o processo de integração europeu e dos encontros preliminares realizados em Messina (na Sicília, Itália), em 1955, onde os Ministros dos Negócios Estrangeiros dos Seis acordam quanto ao objetivo da integração de seus países na área econômica, até a celebração dos Tratados de Roma (ocorrido nesta cidade da região do Lazio), em 1957, quando os Seis assinam os Tratados que instituem a Comunidade Econômica Européia (CEE) e a Comunidade Européia de Energia Atômica (Euratom). O resultado foi a criação formal da Comunidade Econômica Européia (CEE) em janeiro de 1958.

No ano de 1967, em decorrência da consolidação da Comunidade Econômica Européia (CEE), bem como da consolidação da Comunidade Européia de Energia Atômica (Euratom) e da Comunidade Européia do Carvão e do Aço (CECA), foi criada a Comunidade Européia (CE), organização dos países da Europa Ocidental, encarregada da integração econômica e política estabelecida pelo Tratado de Roma, com constituição semelhante a CEE.

A implementação de diversas políticas em diferentes setores pela CE ampliou o estágio de integração entre as nações do continente participantes do Tratado, atualmente a CE é denominada União Européia (UE). Com ela, os Estados-membros coordenam suas políticas econômicas e estabelecem políticas comuns. A UE já chegou em seu último estágio de integração, com a união econômica e monetária, desde 01 de janeiro de 1999, com a entrada em vigor do "Euro" (•), a moeda única entre Alemanha, Áustria, Bélgica, Espanha, Finlândia, França, Irlanda, Itália, Luxemburgo, Países Baixos e Portugal, países que adotaram o "Euro" como moeda oficial. Aos 28 de fevereiro de 2002, com o fim do período de dupla circulação o "Euro" é efetivado definitivamente para toda a população desses países europeus com a substituição integral das antigas moedas nacionais, tornando-se a única moeda nos doze países que o adotaram.

concentrem seus recursos do carvão e do aço. Bélgica, França, Luxemburgo, Itália, Países Baixos e Alemanha subscrevem a "Declaração Schuman", aprovada pela Assembléia do Conselho da Europa.

XI.2. A Delegação da Soberania

Após aproximadamente 50 anos de sua criação, a integração européia representa a estabilidade, a paz e a prosperidade econômica dos seus membros e, de certa forma, do continente, além da melhora do nível de vida de sua população, a criação de um mercado interno e de uma moeda comum para fortificar a posição da UE no contexto mundial.

A UE, fundamentada no princípio do estado de direito e na democracia, significa a delegação da soberania de seus Estados-membros para instituições que representam os interesses comuns de todos os seus integrantes, cujas decisões e procedimentos são tomados a partir de tratados ratificados por cada Estado-membro.

Importante perceber que não se trata de um novo Estado, nem se assemelha a qualquer outra organização internacional. Trata-se da integração de nações que delegam sua soberania a um organismo supra-nacional, com os objetivos comuns de: (i) instituir uma cidadania européia, alicerçada nos direitos fundamentais, nos direitos civis e políticos e na liberdade de circulação; (ii) criar uma área de liberdade, segurança e justiça, garantida pela cooperação nos domínios da justiça e dos assuntos internos; (iii) promover o progresso econômico e social, a partir de um mercado único, de uma moeda comum, no desenvolvimento regional e na proteção do meio-ambiente; e (iv) afirmar o papel da Europa no contexto mundial, com uma política externa e de segurança comum.

Para tanto, a UE é administrada por cinco instituições que desempenham, cada uma, seu papel específico.

O *Parlamento Europeu*, eleito pelos cidadãos dos Estados-membros é a confirmação da democracia. Suas principais funções são a legislativa e a orçamental, ambas partilhadas com o *Conselho da União*, e também o controle democrático na *Comissão Européia*.

O *Conselho da União*, composto pelos governos dos Estados-membros, é a principal instância de decisões da UE, e desempenha funções de órgão legislativo em co-decisão com o *Parlamento Europeu*, bem como com este partilha a autoridade orçamental, assegura a coordenação das políticas econômicas gerais, celebra acordos internacionais, aprova decisões de política externa e de segurança comum definidas pelo *Conselho Europeu* e coordena a ação dos Estados-membros na adoção de medidas em matéria penal.

A *Comissão Européia*, força motora e órgão executivo, tem a incumbência de materializar e defender o interesse geral da UE. Seus membros são aprovados pelo *Parlamento Europeu* e nomeados pelos Estados-participantes para propor textos legislativos, assegurar a execução da legislação européia, do orçamento e dos programas adotados pelo *Parlamento* e pelo *Conselho*, zelar pelo direito comunitário juntamente com o *Tribunal de Justiça* e representar a UE internacionalmente.

O *Tribunal de Justiça*, garantidor do cumprimento e da interpretação uniforme da legislação comunitária, tem a competência para apreciar lides que envolvam Estados-membros, instituições comunitárias, empresas e particulares. A partir de 1989 foi criado o *Tribunal de Primeira Instância*, associado ao *Tribunal de Justiça*.

Por fim, o *Tribunal de Contas*, responsável pela gestão do orçamento da UE, fiscaliza a legalidade e a regularidade das receitas e despesas da União.

Além dessas instituições, o sistema europeu é completado por agências e organismos, e por cinco órgãos que integram a UE, que são: (i) o *Comitê Econômico e Social Europeu*, representante da sociedade civil organizada para questões econômicas e sociais; (ii) o *Comitê das Regiões*, representante das autoridades regionais em matéria de política regional; (iii) o *Provedor de Justiça Europeu*, espécie de ouvidor de queixas de cidadãos acerca de casos de má administração de instituições européias; (iv) o *Banco Europeu de Investimentos*, financiador de investimentos públicos e privados para a realização dos objetivos da União; e (v) o *Banco Central Europeu*, incumbido da política monetária e das operações de câmbio.

Atualmente, são Estados-membros que integram a UE: Alemanha, Áustria, Bélgica, Chipre, Dinamarca, Eslováquia, Eslovênia, Espanha, Estônia, Finlândia, França, Grécia, Hungria, Irlanda, Itália, Letônia, Lituânia, Luxemburgo, Malta, Países Baixos, Polônia, Portugal, Reino Unido, República Tcheca e Suécia. Os países candidatos para ingressarem na UE em 2007 são: Bulgária, Croácia e Romênia, e para ingressar em 2010 a Turquia.

XI.3. O Tratado de Roma

No final do séc. XIX, enquanto a Lei Sherman era adotada nos EUA, o ordenamento da economia européia adotava a tendência dos Estados de uma política protecionista e intervencionista, com objetivo de favorecer as empresas nacionais. Até então, era bem visto o acordo entre empresas nacionais e suas ampliações de participação e poder de mercado e esse entendimento se ampliou após a Primeira Guerra com acordos entre empresas reconhecidos pelos governos e elevadas tarifas protecionistas.

Toda essa cartelização e protecionismo eram os instrumentos ideais da política econômica dos regimes totalitários, e correspondiam à cultura industrial daquele período, algo que perdurou até o final da Segunda Guerra, quando o interesse pela legislação de defesa da concorrência desponta como um meio de modificar tais instrumentos econômicos, considerados umas das causas do totalitarismo.

Na Alemanha, por exemplo, durante a República de Weimar, em 1923, existia um tribunal próprio que autorizava as empresas a abandonarem os acordos do cartel. Quando da ocupação norte-americana foi imposta uma regulamentação antitruste que representou um modelo para economistas e juristas alemães, que se empenharam na reconstrução sócio-econômica do país, seguindo a tendência liberal-democrata. Em 1957 essas normas provisórias foram substituídas por uma Lei Federal sobre cartéis e que, após sucessivas modificações e complementações, é ainda hoje a base do sistema alemão de defesa da concorrência.

O Tratado de Roma, que entrou em vigor a partir de 1958, respondeu à vontade das nações européias em modificar o contexto histórico e político em que ocorreram as Guerras Mundiais, a partir de uma transformação radical do sistema econômico, e representou o redirecionamento do continente europeu em vários setores, inclusive o da defesa da concorrência.

No campo da concorrência, o objetivo do Tratado foi superar a divisão do espaço econômico europeu em favor de um mercado cada vez mais integrado, onde as empresas tivessem liberdade para competir. Tanto é, que o desenvolvimento de um sistema de mercado concorrencial está entre os principais objetivos propostos pela constituição européia, em "um regime que garanta que a concorrência não seja falseada no mercado interno" (art. 3°, *g*, do Tratado).

A política européia da concorrência[28] está preceituada na garantia da unidade do mercado interno e em evitar o surgimento de monopólios, que

[28] No que diz respeito à política européia de defesa da concorrência, interessante citar a observação do primeiro Secretário Geral da Autorità Garante della Concorrenza e del Mercato, Alberto Pera: "*Gli articoli 81 e 82 del Trattato, per quel che riguarda i*

podem ocorrer com acordos, práticas concertadas ou operações de concentração de empresas, como também evitar que empresas partilhem mercados por meio de acordos e que abusem de posição dominante por explorar de forma abusiva o seu poder econômico em prejuízo de empresas mais fracas. Ainda também, os Governos dos Estados-membros devem ser impedidos de falsear as regras do jogo, ou com discriminações que beneficiem empresas públicas, ou com auxílios estatais às empresas do setor privado.

Para a consecução desse objetivo foram introduzidas disposições de teor literal diverso, mas de conteúdo similar a Lei Sherman, relativas aos acordos e abusos de posição dominante, conforme disposto originariamente nos arts. 85º e 86º do Tratado de Roma, atualmente arts. 81º e 82º, conforme renumeração ocorrida em 1999, pelo Tratado de Amsterdã.

Os acordos e práticas concertadas são objeto do art. 81º do Tratado de Roma, ou Tratado CE, que em seu nº 1 preceitua que os acordos, decisões e práticas colusivas que possam afetar o comércio entre os integrantes da UE ou prejudicar a concorrência no mercado comum são consideradas inaceitáveis. O nº 1 do art. 81º apresenta ainda cinco letras nas quais se designam condutas anticoncorrenciais.[29]

---

comportamenti di imprese, e l'articolo 86, per quel che concerne gli Stati, rappresentano tuttora i cardini della normativa europea della concorrenza. Nel tempo, tuttavia, le modalità della Corte di giustizia, ma anche in virtù del rafforzamento dell'integrazione economica dei mercati delle merci e dei servizi, largamente ottenuto sai grazie all'eliminazione delle barriere normative e regolamentari, culminata nel 1993 com l'istituizione del Mercato unico, sai grazie alla stessa applicazione della normativa della concorrenza. Il mantenimento e la diffusione di um ambiente economico concorrenziale, al funzionamento del quale è stata diretta l'azione di liberalizzazione della Commissione, è divenuto um obiettivo sempre più centrale della politica comunitaria". in *Concorrenza e Antitrust.* 2ª ed. Bologna: il Mulino, 2001. p.48.

[29] "Artigo 81º (ex-artigo 85º): 1. São incompatíveis com o mercado comum e proibidos todos os acordos entre empresas, todas as decisões de associações de empresas e todas as práticas concertadas que sejam suscetíveis de afetar o comércio entre os Estados-Membros e que tenham por objetivo ou efeito impedir, restringir ou falsear a concorrência no mercado comum, designadamente as que consistam em: a) Fixar, de forma direta ou indireta, os preços de compra ou de venda, ou quaisquer outras condições de transação. b) Limitar ou controlar a produção, a distribuição, o desenvolvimento técnico ou os investimentos. c) Repartir os mercados ou as fontes de abastecimento. d) Aplicar, relativamente a parceiros comerciais, condições desiguais no caso de prestações equivalentes colocando-os, por esse fato, em desvantagem na concorrência. e) Subordinar a celebração de contratos à aceitação, por parte dos outros contraentes, de

O nº 3 do art. 81º prevê a possibilidade de autorização de certos acordos, proibidos à luz do nº 1, mas tidos como positivos, notadamente os de cooperação destinados à melhorar a produção ou distribuição, como também o progresso técnico ou econômico.[30]

Já os abusos de posição dominante estão dispostos no art. 82º do Tratado, que considera a exploração abusiva de posição dominante num mercado e que possa prejudicar o comércio entre os Estados-membros algo intolerável no mercado comum. Nesse sentido o art. 82º apresenta quatro letras, onde se observa no que as práticas abusivas podem consistir.[31]

Cumpre informar que operações de concentração de empresas são matérias do Regulamento (CEE) nº 4.064/89, o qual estabelece que "devem ser declaradas incompatíveis com o mercado comum as operações de concentração que criem ou reforcem uma posição dominante de que resultem entraves significativos à concorrência efetiva no mercado comum ou numa parte substancial deste". Por esse Regulamento, a Comissão poderá

prestações suplementares que, pela sua natureza ou de acordo com os usos comerciais, não têm ligação com o objeto desses contratos".

[30] "3. As disposições no nº 1 podem, todavia, ser declaradas inaplicáveis: - a qualquer acordo, ou categoria de acordos, entre empresas; - a qualquer decisão, ou categoria de decisões, de associações de empresas; e - a qualquer prática concertada, ou categoria de práticas concertadas, que contribuam para melhorar a produção ou a distribuição dos produtos ou para promover o progresso técnico ou econômico, contanto que aos utilizadores se reserve uma parte eqüitativa do lucro daí resultante, e que: a) Não imponham às empresas em causa quaisquer restrições que não sejam indispensáveis à consecução desses objetivos. b) Nem dêem a essas empresas a possibilidade de eliminar a concorrência relativamente a uma parte substancial dos produtos em causa".

[31] "Artigo 82º (ex-artigo 86º): É incompatível com o mercado comum e proibido, na medida em que tal seja suscetível de afetar o comércio entre os Estados-Membros, o fato de uma ou mais empresas explorarem de forma abusiva uma posição dominante no mercado comum ou numa parte substancial deste. Estas práticas abusivas podem, nomeadamente, consistir em: a) Impor, de forma direta ou indireta, preços de compra ou de venda ou outras condições de transação não eqüitativas. b) Limitar a produção, a distribuição ou o desenvolvimento técnico em prejuízo dos consumidores. c) Aplicar, relativamente a parceiros comerciais, condições desiguais no caso de prestações equivalentes colocando-os, por esse fato, em desvantagem na concorrência. d) Subordinar a celebração de contratos à aceitação, por parte dos outros contraentes, de prestações suplementares que, pela sua natureza ou de acordo com os usos comerciais, não têm ligação com o objeto desses contratos".

examinar as operações de concentração antes mesmo de suas realizações, para que possa determinar sua compatibilidade com o mercado interno.

No que se refere aos auxílios estatais, art. 87º do Tratado, antigo art. 92º, esses são considerados, no nº 1 do artigo, incompatíveis com o mercado comum quando mascarem ou possam mascarar a concorrência em favor de determinadas empresas ou produtos. Contudo, o nº 2 do art. 87º e o nº 3 desse mesmo artigo, destacam os auxílios compatíveis e que possam ser considerados compatíveis ao mercado comum, respectivamente.[32]

Quanto às empresas públicas e a liberalização dos mercados, o art. 86º, anterior art. 90º, não as eximem da observância do Tratado e de suas sujeições às regras de concorrência.[33]

---

[32] "Artigo 87º (ex-artigo 92º): 1. Salvo disposição em contrário do presente Tratado, são incompatíveis com o mercado comum, na medida em que afetem as trocas comerciais entre os Estados-Membros, os auxílios concedidos pelos Estados ou provenientes de recursos estatais independentemente da forma que assumam, que falseiem ou ameacem falsear a concorrência, favorecendo certas empresas ou certas produções. 2. São compatíveis com o mercado comum: a) Os auxílios de natureza social atribuídos a consumidores individuais com a condição de serem concedidos sem qualquer discriminação relacionada com a origem dos produtos. b) Os auxílios destinados a remediar os danos causados por calamidades naturais ou por outros acontecimentos extraordinários. c) Os auxílios atribuídos à economia de certas regiões da República Federal da Alemanha afetadas pela divisão da Alemanha, desde que sejam necessários para compensar as desvantagens econômicas causadas por esta divisão. 3. Podem ser considerados compatíveis com o mercado comum: a) Os auxílios destinados a promover o desenvolvimento econômico de regiões em que o nível de vida seja anormalmente baixo ou em que exista grave situação de subemprego. b) Os auxílios destinados a fomentar a realização de um projeto importante de interesse europeu comum, ou a sanar uma perturbação grave da economia de um Estado-Membro. c) Os auxílios destinados a facilitar o desenvolvimento de certas atividades ou regiões econômicas, quando não alterem as condições das trocas comerciais de maneira que contrariem o interesse comum. d) Os auxílios destinados a promover a cultura e a conservação do patrimônio, quando não alterem as condições das trocas comerciais e da concorrência na Comunidade num sentido contrário ao interesse comum. e) As outras categorias de auxílios determinadas por decisão do Conselho, deliberando por maioria qualificada, sob proposta da Comissão".

[33] "Artigo 86º (ex-artigo 90º): 1. No que respeita às empresas públicas e às empresas a que concedam direitos especiais ou exclusivos, os Estados-Membros não tomarão nem manterão qualquer medida contrária ao disposto no presente Tratado, designadamente ao disposto nos artigos 12º e 81º a 89º, inclusive. 2. As empresas encarregadas da gestão de serviços de

No tocante ao procedimento, a Comissão está encarregada de zelar pelo cumprimento das regras européias de concorrência. Sua atuação pode se dar: (i) por iniciativa própria; (ii) a partir de queixas de Estados-membros, empresas ou particulares; (iii) em atenção à notificações de acordos por parte de empresas; ou (iv) em decorrência de notificação de auxílios estatais apresentada por um Estado-membro.

Interessante observar que a Comissão poderá também iniciar procedimento perante a Corte de Justiça para anular normas estatais que concedam injustificáveis privilégios concorrenciais à empresas públicas ou titulares de monopólios legais.

No combate a condutas infrativas, é importante e útil para a repressão à essas práticas, os poderes que dispõe a Comissão para investigar e, se for o caso, realizar diligências nas empresas sem aviso prévio e consultar todos os documentos que considere necessários.

Antes de tomar qualquer decisão, é assegurado o contraditório às empresas investigadas, inclusive com a realização de audiências para esse fim.

Não só empresas, como também Estados-membros que se considerem prejudicados por uma decisão da Comissão, poderão contestá-la perante o Tribunal de Primeira Instância e o Tribunal de Justiça.

Interessante observar que, qualquer indivíduo ou empresa, considerando-se vítima de um comportamento anticoncorrencial pode protestar nos tribunais nacionais. A partir dos anos 80, também em decorrência da ampliação da aplicação do direito comunitário e da crescente integração econômica européia, teve início um processo de harmonização das legislações nacionais. Países como França, Espanha, Alemanha e mais recentemente Reino Unido, modificaram suas respectivas legislações com a introdução de disposições similares, e às vezes idênticas, àquelas dispostas nos arts. 81 e 82 do Tratado. Nesse sentido, outros países como a Itália, a partir de 1990, estabelecem legislações de defesa da concorrência baseadas nas previsões do Tratado.

---

interesse econômico geral ou que tenham a natureza de monopólio fiscal ficam submetidas ao disposto no presente Tratado, designadamente às regras de concorrência, na medida em que a aplicação destas regras não constitua obstáculo ao cumprimento, de direito ou de fato, da missão particular que lhes foi confiada. O desenvolvimento das trocas comerciais não deve ser afetado de maneira que contrarie os interesses da Comunidade. 3. A Comissão velará pela aplicação do disposto no presente artigo e dirigirá aos Estados-Membros, quando necessário, as diretivas ou decisões adequadas".

Ainda em matéria de defesa da concorrência, no dia 22 de janeiro de 1997 a Comissão Européia adotou um Livro Verde sobre as restrições verticais no âmbito da política comunitária de concorrência. Em abril de 1999 é adotado um Livro Branco sobre a modernização das regras de aplicação dos artigos 85º e 86º do Tratado CE, relativos à política de defesa da concorrência, e em outubro de 2001 é adotado um Livro Verde sobre a proteção dos consumidores na União Européia. Ainda nesse mesmo ano a Comissão Européia adota um Livro Verde sobre a revisão do Regulamento (CEE) nº 4.064/89, referente a operações de concentração econômica.

Por fim, após 5 anos de debates e consultas públicas, em 01 de maio de 2004 passou a ter vigência um novo sistema de aplicação dos arts. 81 e 82 do Tratado (Regulamento (CE) nº 1/2003 e Regulamento (CE) nº 411/2004 em emenda ao Regulamento (CE) nº 1/2003). O objetivo da reforma foi assegurar uma eficiente defesa da concorrência em uma União Européia expandida com mais Estados-membros. As novas regras criam as condições para um maior envolvimento das Cortes Nacionais e das Autoridades Nacionais de Defesa da Concorrência na aplicação total e direta dos arts. 81 e 82. Outrossim, torna-se compulsória a aplicação da Lei sempre que um ato possa afetar o comércio entre os Estados-membros. Para uma intensa cooperação entre as autoridades de defesa da concorrência de cada Estado-membro e uma consistente aplicação da Lei foi implementada a ECN (European Competition Network).

XII. O DIREITO DA CONCORRÊNCIA NO MERCOSUL

XII.1. O Mercosul

O Mercosul é um processo de integração que teve início na década de 80 entre os governos da República Argentina e da República Federativa do Brasil e que, mais tarde, contou com a participação da República do Paraguai e da República Oriental do Uruguai, com o objetivo de cristalizar uma união aduaneira e intensificar seus vínculos comerciais. Constitui-se, talvez, da mais bem sucedida iniciativa diplomática de integração no continente sul-americano.

Favorável ao livre comércio, à livre iniciativa e a livre concorrência, a partir da transparência regulatória e da não discriminação entre os países, o Mercosul, ciente da interdependência entre os mercados internacionais, procura que seus Estados-membros consolidem importantes progressos regulatórios no âmbito interno por meio de tratados e demais instrumentos de direito internacional público, para a sua definitiva concretização.

O Mercosul é mais do que a eliminação de barreiras ao comércio regional, pois tem como objetivo se tornar um espaço econômico comum, livre de entraves tarifários e de distorções a competição, originárias de políticas públicas diferenciadas.

Aos 17 de dezembro de 1994 foi assinado entre os Estados-partes (Argentina, Brasil, Paraguai e Uruguai) o *Protocolo de Ouro Preto*, em atenção à importância dos avanços alcançados e da implementação da união aduaneira como etapa para a construção do mercado comum e para reafirmar os princípios e objetivos do Tratado de Assunção.

Pelo Protocolo de Ouro Preto a estrutura institucional do Mercosul ficou definida com os seguintes órgãos: (i) Conselho do Mercado Comum (CMC); (ii) Grupo Mercado Comum (GMC); (iii) Comissão de Comércio do Mercosul (CCM); (iv) Comissão Parlamentar Conjunta (CPC); (v) Foro Consultivo Econômico-Social (FCES); e (vi) Secretaria Administrativa do Mercosul (SAM), possibilitando, ainda, a criação de órgãos auxiliares que sejam necessários para alcançar os objetivos do processo de integração.

Os órgãos do Mercosul com capacidade decisória, de natureza intergovernamental, são o Conselho do Mercado Comum, o Grupo Mercado Comum e a Comissão de Comércio do Mercosul.

O *Conselho do Mercado Comum* (CMC) é o órgão superior do Mercosul designado para conduzir a política do processo de integração e a tomada de decisões para o cumprimento dos objetivos estabelecidos pelo Tratado de Assunção e concretizar a constituição final do mercado comum. Ele é integrado pelos Ministros das Relações Exteriores e pelos Ministros da Economia, ou seus equivalentes, dos Estados-partes. As Decisões do CMC serão obrigatórias para os Estados-partes.

O *Grupo Mercado Comum* (GMC), por sua vez, é o órgão executivo do Mercosul, integrado por quatro membros titulares e quatro membros alternos por Estado-parte, designados pelos respectivos Governos, dentre os quais devem constar necessariamente representantes dos Ministérios das Relações Exteriores, dos Ministérios da Economia (ou equivalentes) e dos Bancos Centrais. O GMC será coordenado pelos Ministérios das Relações Exteriores. As Resoluções do GMC serão obrigatórias para os Estados-partes.

Já a *Comissão de Comércio do Mercosul* (CCM) é órgão incumbido de auxiliar o Grupo Mercado Comum, e cuidar da aplicação dos instrumentos de política comercial comum acordados pelos Estados-partes para o funcionamento da união aduaneira, bem como no acompanhamento e revisão dos temas e matérias relacionados às políticas comerciais comuns, com o comércio intra-Mercosul e com terceiros países. A CCM será integrada por quatro membros titulares e quatro membros alternos por Estado-parte, e coordenada pelos Ministérios das Relações Exteriores. A CCM manifestar-se-á mediante Diretrizes ou Propostas, sendo as Diretrizes obrigatórias para os Estados-partes.

O Mercosul ainda dispõe dos seguintes órgãos: a *Comissão Parlamentar Conjunta* (CPC), o órgão representativo dos Parlamentos dos Estados-partes, composta por parlamentares indicados pelos países e com o objetivo de acelerar os procedimentos internos correspondentes para a pronta entrada em vigor das normas emanadas dos órgãos do Mercosul, bem como na harmonização de legislações; o *Foro Consultivo Econômico-Social* (FCES), órgão de representação dos setores econômicos e sociais, integrado por igual número de representantes de cada Estado-parte com a função consultiva e para se manifestar mediante recomendações ao Grupo Mercado Comum; e a *Secretaria Administrativa do Mercosul* (SAM), órgão de apoio operacional, responsável pela prestação de serviços aos demais órgãos do Mercosul com sede permanente na cidade de Montevidéu.

Em 01 de janeiro de 1995, o Mercosul dava início a consolidação do projeto de criação de um mercado comum com a entrada em vigor de um regime que veio com a proposta de finalizar a liberalização intrazona (regime de adequação) e de uma tarifa externa comum entre seus Estados-membros, a TEC.

XII.2. Sua Formação

A formação histórica do Mercosul pode ter sua cronologia dividida em quatro momentos.

Inicialmente, destaca-se a fase bilateral de integração setorial tida entre Brasil e Argentina no final de 1985, quando aos 30 dias do mês de novembro do referido ano os presidentes dos dois países, José Sarney pelo Brasil e Raul Alfonsin representando a Argentina, assinaram a *Declaração de Iguaçu*, criando uma comissão mista de alto nível de cooperação e integração econômica bilateral.

Em 1986 o presidente Sarney em visita de Estado à Argentina assina com Alfonsin a *Ata de Integração Brasil – Argentina*, a qual estabelecia um *Programa de Integração e Cooperação Econômica*, e o *Protocolo de Cooperação Nuclear*, que reafirmava os propósitos pacíficos da cooperação bilateral nessa área. Nesse mesmo ano, no mês de dezembro, é assinada em Brasília a *Ata de Amizade*, durante encontro entre os presidentes da Argentina, do Brasil e do Uruguai.

Com a promulgação da Constituição Federal brasileira em outubro de 1988 ficava disposto no parágrafo único do art. 4° que o Brasil buscaria a integração econômica, política, social e cultural dos povos da América Latina, "visando à formação de uma comunidade latino-americana de nações".

Neste momento, pode-se entender que tem início a segunda fase do Mercosul, com o Uruguai passando, gradualmente, a se juntar ao projeto de mercado comum binacional, assinando juntamente com Brasil e Argentina a *Ata da Alvorada*. Aos 29 de novembro de 1998, consolidando o processo de aproximação bilateral, Brasil e Argentina assinam o *Tratado de Integração, Cooperação e Desenvolvimento*, estabelecendo mecanismos para que num prazo máximo de dez anos fosse consolidada a criação de um espaço econômico comum entre os dois países.

Em julho de 1990 os presidentes do Brasil, Fernando Collor de Mello, e da Argentina, Carlos Menem, assinam a *Ata de Buenos Aires*, segundo a qual os dois países decidem formar o mercado comum bilateral até 31 de dezembro daquele ano. Ainda nesta fase, e nesse mesmo ano, é aceita a entrada do Uruguai ao processo de integração e é feito o convite ao Chile e ao Paraguai para também participarem.

A terceira fase começa com a celebração entre Argentina, Brasil, Paraguai e Uruguai do *Tratado de Assunção* em 26 de março 1991, para a constituição de um Mercado Comum do Sul, o Mercosul. É a fase de integração quadripartida entre os Estados-membros, pela qual a entrada em vigor dá início ao período de transição. Nos dias 18 e 19 de abril do mesmo ano, a cidade do Rio de Janeiro foi sede da primeira reunião do Grupo Mercado Comum e de seus onze subgrupos de trabalho. No final de 1991 também é aprovado o *Protocolo de Brasília*, pelo qual se institui o Sistema de Solução e Controvérsias *ad hoc*[34]. Também nesse ano é concluído o *Rose*

[34] Revogado pelo Protocolo de Olivos, subscrito aos 18 de fevereiro de 2002.

Garden Agreement, Acordo 4 + 1, referente a comércio e investimentos entre os Estados Unidos da América e os países do Mercosul.

Em 14 de outubro de 1992 foi fixado em Las Leñas um cronograma de medidas com a finalidade de executar os objetivos e metas previstos no Tratado de Assunção e, em 17 de dezembro 1994, é aprovado o *Protocolo de Ouro Preto*, sobre aspectos institucionais, o qual terminou de delinear as instituições do Mercosul e suas respectivas funções, modificando parcialmente o Tratado de Assunção e conferindo personalidade jurídica internacional ao Mercosul.

A Quarta, e última fase, marca a entrada em vigor do Mercosul a partir de 01 de janeiro de 1995, com a *união aduaneira*, adotando-se a TEC (Tarifa Externa Comum), continuando válidas, entretanto, listas nacionais de exceção para produtos sensíveis, a serem definitivamente eliminadas entre 2001 e 2006, quando se dará finalmente o período de transição para uma *união aduaneira* completa. Em dezembro do mesmo ano, na cidade espanhola de Madri, firma-se um acordo interinstitucional entre Mercosul e União Européia.

No ano seguinte, por ocasião da *Cumbre* de Cartagena se anuncia um Acordo entre Mercosul e Chile, para a instituição de uma zona de livre comércio, que é assinado em San Luis, na Argentina, aos 25 de junho, quando da "X Reunião de Cúpula do Mercosul", e o Chile passa a ser Estado-associado ao agrupamento regional. Mesmo destino é dado a Bolívia com as primeiras conversas iniciadas também em 1996 na *Cumbre* de São Luiz, no Brasil, e posteriormente em 17 de dezembro do mesmo ano, em Fortaleza.

Aos 24 de julho de 1998, durante a "XIV Reunião de Cúpula do Mercosul", é assinado o *Protocolo de Ushuaia* sobre compromisso democrático. No ano de 1999, entra em vigor em 1º de julho o "Acordo Quadro Inter-Regional de Cooperação" e aos 16 de novembro institui-se o Conselho de Cooperação, em âmbito Mercosul-União Européia.

No ano 2000, no mês de junho ocorreram entendimentos entre Mercosul-África do Sul para um Projeto de Acordo Quadro para a criação de uma área de livre-comércio entre as regiões. Também nesse mês o Conselho do Mercado Comum decide incluir no calendário escolar dos Estados-partes o dia 26 de Março como o Dia do Mercosul, em referência à data de assinatura do Tratado de Assunção.

No que se refere à *Solução de Controvérsias no Mercosul*, foi subscrito na Argentina aos 18 de fevereiro de 2002 o *Protocolo de Olivos*, que dentre outras conseqüências revoga expressamente o Protocolo de

Brasília e as alterações decorrentes do Protocolo de Ouro Preto, que regiam os mecanismos de solução de controvérsias entre os Estados-partes e Estados-associados no âmbito do Mercosul.[35]

XII.3. O Direito da Concorrência nos Estados-Membros: Aspectos Constitucionais e Legais

Antes de ingressar no tema do Direito da Concorrência, propriamente dito, importante verificar alguns aspectos das Constituições dos Estados-partes do Mercosul, que facilitará a compreensão da vigência do Protocolo de Concorrência, pois tais normas constitucionais, com destaque a brasileira, limitam de forma demasiada acordos e tratados internacionais.

Contrariamente ao que propõe as cartas constitucionais modernas, a brasileira, repetidamente, deixa de regular as relações entre direito interno e direito internacional e, conseqüentemente, direito comunitário e direito da integração. A Constituição Federal atribui o *treaty-making power* (poder ou faculdade de obrigar internacionalmente a nação para a celebração de contratos, convenções e atos internacionais) ao poder executivo (art. 84, VIII). Contudo, a Constituição assegura ao Congresso Nacional (poder legislativo; art. 49, I) a competência para decidir em definitivo acerca dos mesmos tratados, acordos ou atos internacionais.

[35] O Protocolo de Olivos, portanto, reestrutura a arbitragem no Mercosul. Para Guido Fernando Silva Soares: "As modificações trazidas pelo protocolo de Olivos, dizem mais com uma política dos Estados Partes do Mercosul, de estabelecerem mecanismos de solução de litígios entre Estados, mais próximos aos existentes nas relações comerciais internacionais, em particular, após a emergência da Organização Mundial do Comércio, a OMC, e, de maneira nenhuma, podem ser consideradas como preocupadas em melhorar os mecanismos já existentes, que, no entanto, têm sido considerados satisfatórios". in *Novos Rumos da Arbitragem no Brasil.* Luiz Fernando do Vale de Almeida Guilherme (coord.). São Paulo: Fiuza Editores, 2004. p. 200 e 2001. Os mecanismos de soluções de litígios entre os Estados-partes no Mercosul a partir do Protocolo de Olivos são: (i) negociações diretas – não podem ultrapassar 15 dias; (ii) intervenção do Grupo Mercado Comum (GMC) – procedimento opcional e não superior a 30 dias, trata-se da mediação do litígio pelo GMC; (iii) procedimento arbitral *ad hoc* – realizado por três árbitros escolhidos de listas previamente elaboradas, o laudo arbitral é susceptível a recurso de revisão ao Tribunal Permanente de Revisão composto de cinco árbitros; e (iv) acesso direto ao Tribunal Permanente de Revisão – tão logo esgotadas as negociações o Tribunal realizará o julgamento em uma única instância.

O sistema dualista moderado adotado pelo Brasil, segundo o qual a ratificação de um instrumento internacional não é suficiente para que o mesmo tenha vigência no direito interno, faz com que seja necessária sua promulgação pelo presidente da república e a sua recepção pelo direito doméstico.

No tocante a defesa da concorrência e ao abuso do poder econômico, como já informado em item deste trabalho, a Carta Magna dispõe sobre a matéria nos arts. 170, IV, e 173, §4º, além da existência de legislação própria, a Lei nº 8.884/94.

Na Argentina, o art. 75 da Constituição, e seus incisos XXII e XXIV, introduzidos pela reforma de 1994, demonstram a preocupação do legislador em possibilitar a recepção da regra comunitária no ordenamento jurídico nacional. Ganha importância o aspecto da *supraestatalidad*, expressão análoga à supra-nacionalidade, e que destaca a necessidade de se respeitar o princípio da reciprocidade e da igualdade. Prevalece o aspecto constitucional de considerar a lei nacional, ditada em conseqüência do Congresso e dos tratados internacionais, como lei suprema da nação.

Já a matéria antitruste está disciplinada no art. 42 da Constituição[36], bem como na Lei nº 25.156/99 (*Lei de Defensa de la Competencia*)[37], modificada pelo Decreto nº 396/2001.

---

[36] Constituição Argentina, art. 42 - "*Los consumidores e usuarios de bienes y servicios tienen derecho, en relación de consumo, a la protección de su salud, seguridad e intereses económicos, a una información adecuada y veraz; la liberdad de elección y a condiciones de trato equitativo y digno. Las autoridades proverán a la protección de esos derechos, a la educación para el consumo, a la defensa de la competencia contra toda forma de distorsión de los mercados, al control de los monopolios naturales y legales, al calidad y eficiencia de los servicios públicos, y la constitución de asociaciones de consumidores y usuarios*".

[37] "*Con la sanción por parte del Congreso Nacional de la ley 25.156, se introdujeron cambios significativos en la política de defensa de la competencia argentina. Por primera vez, luego de varios años con legislación en la materia, se toma la iniciativa de disponer medidas de índole preventiva, pasando el Estado a actuar con anterioridad a la concreción de concentraciones que pueden producir distorsiones perjudiciales a la libre competencia en el mercado. (...) El objetivo de la ley 25.156, tal como expresa su artículo 1º, es el mismo que el de la ley anterior: preservar el interés económico general de conductas anticompetitivas (restringir la competencia en un mercado o abusar de una posición dominante). La ley no penaliza prácticas anticompetitivas per se ya que debe haber un daño o un peligro real para la comunidad. En consecuencia, la ley continúa con la aplicación da la 'regla de la razón', que requiere la demostración*

A Constituição Nacional do Paraguai, datada de 1992, destaca-se por ser a única dentre os Estados-membros do Mercosul, a admitir literalmente uma ordem jurídica supra-nacional, como também dedicar o maior número de artigos às relações exteriores.

A Carta Magna paraguaia a princípio se assemelha a Constituição argentina, contudo apresenta algumas diferenças, como no que se refere à isonomia aos tratados internacionais celebrados entre Estados latino-americanos e assinados com os demais países. A carta paraguaia versa sobre a concorrência em seu art. 107[38].

Por fim, a Constituição do Uruguai, de maneira semelhante a do Brasil, não faz menção a supra-nacionalidade ou à ordem jurídica comunitária, como também à definição de hierarquia das normas entre regras internacionais e domésticas. Possui uma característica restritiva ao impor a "exclusividade nacional", a fim de estabelecer as leis vigentes no seu país, em nada se aproximando das idéias de um mercado comum.

O tema da defesa da concorrência está brevemente disposto no art. 50 da Constituição[39], e recentemente na Lei nº 17.243/2000, arts. 13, 14 e 15, Lei nº 17.296/2001, arts. 157 e 158 e Decreto sobre Defesa da Concorrência, de 15 de março de 2001[40].

---

de efectos económicos negativos que afecten a la comunidad. Esta nueva ley introduce la 'teoría de los efectos' en su artículo 3º, regulando actividades económicas que, a pesar de ser realizadas en el exterior, tienen efectos en la Argentina". in PEÑA, Julián. *Controle de Concentraciones Económicas: marco normativo e interpretación jurisprudencial.* 1ª ed. Santa Fe: Rubinzal-Culzoni, 2002. p. 12, 13 e 14.

[38] Constituição do Paraguai, art. 107 - «*Toda a persona tiene derecho a dedicar-se a la actividad económica licita de su preferencia, dentro de un régimen de igualdad de oportunidades. Se garantiza la competencia en el mercado. No serán permitidas la creación de monopolios y alza o baja artificiales de precios que traben la libre concurrencia*».

[39] Constituição do Uruguai, art. 50 - «... *toda organización comercial o industrial trustificada estará bajo el contralor de Estado*».

[40] *Objetivos de la Ley: Prohibir los acuerdos y las prácticas concertadas entre los agentes económicos, las decisiones de asociaciones de empresas y el abuso de la posición dominante de uno o más agentes económicos que tengan por efecto impedir, restringir o distorsionar la competencia y el libre acceso al mercado de producción, procesamiento, distribución y comercialización de bienes y servicios (Articulo 14 de Ley nº 17.243). La Dirección General de Comercio será la autoridad de aplicación de las normas sobre defensa de la competencia contenidas en los artículos 13º, 14º y 150*

Evidentemente, a pretensão nesse item não foi analisar, nem tampouco discutir as Constituições de cada Estado-parte do Mercosul, mas apenas apontar algumas diferenças existentes entre os quatro ordenamentos jurídicos integrantes de um mesmo mercado comum, notadamente na recepção de acordos internacionais e como a matéria de defesa da concorrência está sendo abordada em cada um desses países.

Quanto à recepção de acordos internacionais, restou claro que a Constituição de cada Estado-parte tem a sua própria disposição para a aplicação de tratados e acordos internacionais na esfera doméstica, o que certamente pode atrasar a entrada em vigor de Decisões e Diretrizes emanadas por um dos órgãos do Mercosul.

Já no tocante ao Direito da Concorrência ficou evidente a disparidade como o tema é tratado entre os Estados-partes e o grau de evolução na aplicação da matéria por cada um dos países.

XII.4. O Protocolo de Fortaleza

O Tratado de Assunção apresenta dois grandes grupos de princípios gerais. O primeiro grupo, onde estão definidos os princípios de condução diplomática do processo de integração, e o segundo grupo, referente aos princípios que orientam o modelo de integração para a formação de um Mercado Comum. Os princípios que fundamentam a ordem econômica, como a livre concorrência, estão dispostos no segundo grupo.

Em seu art. 1º, o Tratado de Assunção exige que os Estados-partes se comprometam a harmonizar suas legislações nas áreas que sejam pertinentes, como é o caso da concorrência. Contudo, o Tratado não dispõe como a harmonização legislativa deverá ser feita.

Diferentemente do que ocorre na União Européia, o Mercosul não possui um Tratado, ou Constituição Econômica para o Mercado Comum, soberano nos Estados-partes. No Mercosul prevalecem alguns princípios e algumas normas dispersas.

---

de la Ley nº 17.243, de 29 de junio de 2000, y artículos 1570 a 1580 de la Ley nº 17.296, de 21 de febrero de 2001 y tendrá competencia en el control de los actos y conductas prohibidos por dichas Leyes. (fonte: *Inventory of Domestic Laws and Regulations relating to Competition Policy in the Western Hemisphere: FTAA-ALCA*)

Apesar de não versar sobre a defesa da concorrência, o Tratado de Assunção dispôs que a mesma fosse regulada por normas secundárias do Direito da Integração do Mercosul. No intuito de uniformizar a matéria concorrencial entre os Estados-membros, em atenção ao Tratado de Assunção, ao Protocolo de Ouro Preto, à Decisão nº 21/94 do Conselho do Mercado Comum, à Resolução nº 129/94 do Grupo Mercado Comum e à Diretiva nº 01/95 da Comissão de Comércio do Mercosul, e considerando: (i) que a livre circulação de bens e serviços entre os Estados-partes requer o estabelecimento de condições adequadas de concorrência; e (ii) que é importante contar com um instrumento comum que preserve e promova a livre concorrência no âmbito do Mercosul e, assim, contribua para o cumprimento dos objetivos de livre comércio estabelecidos no Tratado de Assunção, o Conselho Mercado Comum decidiu aprovar o *Protocolo de Defesa da Concorrência do Mercosul*, assinado na cidade de Fortaleza, em 17 de dezembro de 1996 (Decisão nº 18/96).

Importante notar que a Decisão nº 18/96 assegurou ao estatuto da defesa da concorrência qualidade de norma de integração, a fim de disciplinar a matéria em todo Mercado Comum, e não apenas servir de adequação das legislações de cada Estado-parte.

O *Protocolo de Fortaleza* tem por objeto a defesa da concorrência no âmbito do Mercosul, com a aplicação de suas regras aos atos praticados por pessoas físicas ou jurídicas de direito público ou privado ou outras entidades que tenham por objeto produzir ou que produzam efeitos sobre a concorrência no âmbito do Mercosul e que afetem o comércio entre os Estados-partes; permanecendo competência exclusiva de cada Estado-parte a regulação dos atos praticados no respectivo território cujos efeitos sobre a concorrência a ele se restrinjam.

Conforme dispõe o art. 4º do Anexo do Protocolo, são consideradas infração os atos, individuais ou concertados, independentemente de culpa, sob qualquer forma manifestados, que tenham por objeto ou efeito limitar, restringir, falsear ou distorcer a concorrência ou acesso ao mercado ou que constituam abuso de posição dominante no mercado relevante de bens ou serviços no âmbito do Mercosul e que afetem o comércio entre os Estados-partes. Já o art. 6º dispõe que as condutas contidas em seus incisos, além de outras, na medida em que configurem as hipóteses do art. 4º, caracterizam práticas restritivas da concorrência. Interessante destacar a semelhança destes artigos com os arts. 20 e 21 da Lei nº 8.884/94.

Quanto ao controle de Atos Contratados, com certa semelhança ao art. 54 da Lei nº 8.884/94, aponta o art. 7º do Anexo do Protocolo que dentro do prazo de 2 anos, os Estados-partes adotariam, para fins de incorporação à normativa do Mercosul, normas comuns para o controle dos atos contratados, sob qualquer forma manifestados, que possam limitar ou de qualquer forma prejudicar a livre concorrência ou resultar na dominação de mercado regional relevante de bens e serviços, inclusive aqueles que resultem em concentração econômica, com a finalidade de se prevenir os possíveis efeitos anticompetitivos no âmbito do Mercosul.

Importante destacar que o Protocolo de Fortaleza prevê a criação de um órgão responsável pela defesa da concorrência no Mercosul. Tal incumbência, conforme dispõe o parágrafo único do art. 8º do Anexo, fica a cargo do *Comitê de Defesa da Concorrência*, órgão de natureza intergovernamental, integrado pelos órgãos nacionais de aplicação do presente Protocolo em cada Estado-parte.

Quanto ao procedimento de aplicação do Protocolo de Fortaleza, os órgãos nacionais de aplicação iniciarão o procedimento previsto no presente Protocolo de ofício ou mediante representação fundamentada de parte legitimamente interessada, que deverá ser encaminhada ao Comitê de Defesa da Concorrência, juntamente com avaliação técnica preliminar (art. 10 do Anexo). O Comitê de Defesa da Concorrência, após análise técnica preliminar, procederá a instauração de investigação ou, *ad referendum* da Comissão de Comércio do Mercosul (CCM), ao arquivamento do processo (art. 11 do Anexo). O Comitê de Defesa da Concorrência examinará o parecer emitido pelo órgão nacional de aplicação e, *ad referendum* da CCM, definirá as práticas infrativas e estabelecerá as sanções a serem impostas ou as demais medidas cabíveis ao caso (art. 19 do Anexo).

Em caso de violação às normas do presente protocolo aplicar-se-ão as seguintes sanções cumuladas ou alternativamente: (i) multa, baseada nos lucros obtidos com a prática infrativa no faturamento bruto ou nos ativos envolvidos, a qual reverterá em favor do órgão nacional de aplicação do Estado-parte em cujo território estiver domiciliada a parte infratora; (ii) proibição de participar de regimes de compras públicas em quaisquer dos Estados-partes, pelo prazo que determinar; (iii) proibição de contratar com instituições financeiras públicas de quaisquer dos Estados-partes, pelo prazo que determinar (art. 28 do Anexo).

No tocante às matérias de defesa comercial, sabidamente distintas das de defesa da concorrência, uma vez que se trata de um mercado comum, o art. 2º do Protocolo de Fortaleza, dispôs que "as investigações de *dumping* realizadas por um Estado-parte relativas às importações originárias de outro Estado-parte serão efetuadas de acordo com as legislações nacionais até 31 de dezembro de 2000, prazo em que os Estados-partes analisarão as normas e as condições nas quais o tema será regulado no Mercosul". Em que pese o disposto neste artigo, até agora são freqüentes os pedidos junto à OMC pelos países do Mercosul para que se tome providências contra outros Estados-partes do mesmo bloco.

Certamente, o simples fato da aprovação de um Protocolo preocupado com o Direito da Concorrência, já significa um grande passo para o progresso e afirmação do bloco. Analisando a Decisão nº 18/96, pode-se verificar pontos que revelam a defesa da livre circulação de bens e serviços entre os Estados-partes, assegurando as condições adequadas da livre concorrência, a fim de permitir a consolidação da *união aduaneira*.

Cumpre ainda destacar que o Protocolo de Defesa da Concorrência, parte integrante do Tratado de Assunção, entraria em vigor 30 dias após o depósito do segundo instrumento de ratificação, com relação aos dois primeiros Estados-partes que o ratificassem e, no caso dos demais signatários no trigésimo dia após o depósito do respectivo instrumento de ratificação, conforme disposto no art. 33 do Anexo.

Tendo sido reconhecido, pelo Paraguai, e pelo Brasil[41] anos depois, o Protocolo de Fortaleza já deveria estar sendo aplicado ao menos entre Brasil e Paraguai, aguardando a decisão interna dos demais Países-membros. Contudo, pelo sistema de supra-nacionalidade adotado pela Constituição Argentina, é de se questionar se também não estaria em vigor com relação a ela. De qualquer forma, o Protocolo de Fortaleza ainda não foi

[41] O Decreto nº 3.602, de 18 de setembro de 2000, publicado no Diário Oficial da União, de 19 de setembro de 2000, seção 1, p. 1, promulgou o Protocolo de Defesa da Concorrência do Mercosul, assinado em Fortaleza, em 17 de dezembro de 1996, e seu Anexo, assinado em Assunção, em 18 de junho de 1997. O Congresso Nacional havia aprovado o Protocolo e seu Anexo, por meio do Decreto Legislativo nº 06, de 15 de fevereiro de 2000. O Governo Brasileiro depositou o Instrumento de Ratificação do ato em 09 de agosto de 2000, passando o mesmo a vigorar internacionalmente e para o Brasil em 08 de setembro de 2000. O Decretou entrou em vigor na data de sua publicação.

posto em prática e casos de defesa da concorrência continuam sendo analisados isoladamente em cada Estado-parte, e questionamentos entre os Países-membros são feitos perante a OMC.

XII.5. A Situação Atual do Direito da Concorrência no Mercosul

O Direito da Concorrência é debatido no âmbito do Mercosul pelo *Comitê Técnico nº 5 "Defesa da Concorrência" (CT-5)*. Periodicamente esse Comitê, integrado pelos representantes dos Estados-membros, se reúne para tratar da implementação da matéria concorrencial.

O CT-5 reuniu-se em Brasília, nos dias 13 e 14 de novembro de 2002, contando com a participação das delegações da Argentina e do Brasil. Na ocasião foi tratado o capítulo sobre Concorrência do Acordo de Associação Birregional entre Mercosul e União Européia e todos os artigos do texto consolidado, além da proposta da delegação européia em colocar o Mecanismo de Cooperação em matéria de Concorrência no corpo principal do Acordo.

Discutiu-se também, o Projeto de Regulamento do Protocolo de Defesa da Concorrência, com as delegações realizando uma revisão final, e acordando que o Regulamento teria sua entrada em vigência conforme o disposto no próprio Protocolo de Defesa da Concorrência. Para tanto, o CT-5 propôs a inserção do art. 41, que dispõe: "O presente Regulamento entrará em vigor após ter sido internalizado por pelo menos dois Estados-partes e para os demais Signatários após as respectivas internalizações".

Concluída a negociação do texto, em conformidade com o que prevê as normas do Mercosul, o CT-5 encaminhou o projeto de Regulamento para a consideração da Comissão de Comércio do Mercosul, aguardando que o mesmo seja aprovado, com a cláusula de vigência proposta.

Outra proposta, também apresentada na reunião do CT-5, neste caso pela Presidência *Pro Tempore* brasileira, referiu-se a um acordo para análise de atos de concentração no Mercosul. As delegações presentes debateram o assunto e se comprometeram a retomar as discussões na próxima reunião.

Por fim, a delegação Argentina apresentou um projeto de cooperação técnica, com seus termos aceitos pelos presentes.

Deve-se observar que desde dezembro de 1998 os governos já deveriam ter editado normas regionais para o controle de fusões e aquisições e disciplinado as ajudas estatais, bem como estar em andamento programas de cooperação técnica, sobretudo para a formulação de leis e para a criação de agências de defesa da concorrência no Paraguai e no Uruguai.

É de se destacar que enquanto não se define a implementação do Protocolo de Fortaleza, Brasil e Argentina estudam um acordo bilateral em matéria concorrencial para aplicação nos dois países.[42]

XIII. O DIREITO DA CONCORRÊNCIA E SUA APLICAÇÃO NA ALCA

A proposta no presente item, como o próprio título assinala, é abordar o Direito da Concorrência e sua aplicação na Área de Livre Comércio das Américas (ALCA). Entretanto, antes de ingressar no tema da defesa da concorrência, entende-se importante verificar o que é a ALCA[43], suas perspecti-

---

[42] Considerando motivos práticos e estratégicos, José Tavares de Araújo Jr. justifica a importância da cooperação bilateral entre Argentina e Brasil em trabalho intitulado *Antidumping e Política de Concorrência na Alca e no Mercosul*: "... A razão prática é que Argentina e Brasil não necessitam do Protocolo de Fortaleza – nem tampouco do mecanismo a ser implantado na ALCA – para coordenar suas políticas de concorrência. Desde 1999, com a reforma da legislação argentina, os dois países se tornaram os únicos na América Latina cujas leis de concorrência possuem efeitos extraterritoriais, seguindo uma tendência internacional já adotada por diversas economias industrializadas. Este estatuto fornece amparo jurídico suficiente para qualquer tipo de ação conjunta em matéria antitruste, conforme vimos anteriormente. A razão estratégica é que, uma vez iniciada a cooperação, novas dimensões do processo de integração no MERCOSUL começarão a atrair a atenção da imprensa, dos governantes e da opinião pública. Ao lado do noticiário usual sobre saldos comerciais, política cambial e conflitos setoriais, gradualmente novos temas ganharão relevância, onde os aspectos proeminentes estarão relacionados com poder econômico, eficiência produtiva, oportunidades de investimento, emprego e bem estar do consumidor. Esta mudança no foco do debate público poderá criar as condições políticas para a realização de objetivos meritórios do protocolo, como a abolição das medidas *antidumping* e a racionalização dos incentivos fiscais, além gerar evidências na direção de um marco alternativo para regular as condições de concorrência na região". in *O Brasil e a ALCA: seminário.* Marcos Cintra e Carlos Henrique Cardim, organizadores. Brasília: Câmara dos Deputados, 2002. p.432.

[43] Oportuno transcrever o parágrafo inicial da introdução da obra *A ALCA* de Rubens Ricupero: "Nada é mais difícil do que escrever sobre um projeto que poderá nunca sair do papel. É diferente quando se analisam entidades já existentes, como o North American Free Trade Agreement (Nafta, Acordo de Livre-Comércio da América do Norte), que reúne os EUA, o Canadá e o México; ou o Mercosul, que engloba o Brasil, a Argentina,

vas, o que ela oferece ao continente Americano, mais especificamente ao Brasil, para então traçar a relação com o Direito da Concorrência.

XIII.1. Precedentes da ALCA

A integração regional (ou microrregional) e hemisférica (ou macrorregional) no continente americano não é algo recente, datado da entrada em vigor do NAFTA ou do Mercosul, muito menos com o início das negociações da ALCA. Pelo contrário, desde o século XIX a integração nas Américas já era algo presente.

Os Estados Unidos da América em 1823 anunciavam a *Doutrina Monroe*, na defesa dos Estados do continente americano que haviam declarado sua independência das nações européias e que já vislumbravam uma recolonização do continente. Esta visão norte-americana sustentava-se no conceito do "grande irmão do Norte" (*big brother*). Desenvolvida a partir do *Pan-americanismo*, tinha como objetivo a criação de uma área de livre comércio que contaria com a liderança hemisférica dos EUA.

Já o primeiro antecedente de integração latino-americana é atribuído a Bolívar, que em 1826 pretendia a convocação do *Congresso Anfictiônico no Panamá*, cuja visão era a da união dos países da América Latina. Pretendia-se a constituição de uma comunidade integrada por países que tiveram em comum a colonização ibérica.

No final da década de 1880 o Secretário de Estado dos EUA convidou as nações latino-americanas para discutir assuntos referentes ao comércio internacional e à arbitragem nas disputas interamericanas. O objetivo econômico desse encontro era conquistar o mercado latino-americano para os produtos *made in USA*, excluindo os produtos ingleses e de outros países europeus que eram mais competitivos e dominavam o mercado[44].

---

o Uruguai e o Paraguai. Nesses dois exemplos – um de acordo de livre-comércio, o outro de união aduaneira -, dispõe-se de uma experiência de vários anos, e é possível tentar um balanço dos resultados positivos e das falhas, assim como das explicações para uns e outros. Já no caso da Área de Livre-Comércio das Américas (Alca), o que temos diante de nós é uma proposta que originou um processo de negociação ainda não-concluído, de futuro incerto e não-sabido". in *A ALCA*. São Paulo: Publifolha. 2003, p. 08.

[44] Como observa Ana Maria Stuart em seu trabalho *Precedentes Históricos da Integração Hemisférica*: "Depois da Guerra de Secessão, o desenvolvimento capitalista

A pauta da *I Conferência Pan-americana*, elaborada unilateralmente pelos EUA, dispunha acerca da formação de uma união alfandegária americana, o estabelecimento de comunicações freqüentes entre os portos do Continente, um sistema comum de pesos e medidas, um plano de arbitragem, bem como uma moeda comum.

A Conferência culminou com a criação de uma Secretaria permanente da União das Repúblicas Americanas (ou Bureau Comercial das Américas), com sede em Washington, cujo objetivo era concentrar e divulgar informações econômicas relativas aos Países-membros. Ficou também a recomendação da adoção do sistema métrico decimal numa tentativa de facilitar as trocas comerciais, da adesão aos tratados de Direito Público Americano que haviam sido aprovados no Congresso de Montevidéu de 1888, bem como da utilização de meios pacíficos para solucionar o contencioso entre os países das Américas.

Em 1891, após a ofensiva comercial norte-americana marcada pela negociação bilateral, Brasil e EUA assinam um *Tratado de Comércio*.[45]

Apesar dos esforços norte-americanos, a influência inglesa resistiu à proposta pan-americana expressa pela Doutrina Monroe, obrigando os EUA a buscarem outras alternativas. Contudo, a geopolítica ganha destaque na agenda

dos Estados Unidos assombrava o mundo. A conquista do Oeste completava-se sob o impulso de comerciantes e empresários, o Norte intensificava o processo de industrialização e o sul passava por uma fase de reconstrução. Na década de 1880, apareceram os grandes conglomerados bancários, ferroviários, mineiros e siderúrgicos. Houve uma crescente percepção da materialização do Destino Manifesto enunciado nos primórdios da expansão territorial. Todas as idéias convergiam para a justificação da expansão econômica e política baseada numa percepção missionária, legado dos *founding fathers* puritanos". in *ALCA: Aspectos Históricos, Jurídicos e Sociais*. série ALCA, vol. 1, São Paulo: FTD, 1998. p. 42.

[45] Na Sessão do Congresso Nacional de 09 de fevereiro de 1891, manifestou-se o Deputado Vinhes, conforme aponta citação de Ana Maria Stuart contida em seu trabalho *Precedentes Históricos da Integração Hemisférica*: "Há muito tempo os Estados Unidos da América do Norte desejam fazer um tratado de comércio com o Brasil, tomando parte do leão para si. Um dos principais paraninfos do Tratado nos Estados Unidos foi Blaine, Secretário-Geral do governo de Washington. Aquele estadista é conhecido no mundo como um dos mais aferrados protecionistas quando se trata de assuntos internos, tornando-se o mais exaltado livre-cambista logo que venha à baila assunto de caráter externo". in *ALCA: Aspectos Históricos, Jurídicos e Sociais*. série ALCA, vol. 1, São Paulo: FTD, 1998. p. 47

norte-americana de política externa, ficando as questões de comércio em segundo plano. Os EUA adotam uma política intervencionista com o uso de pressão diplomática e de meios militares, principalmente na América Central e no Caribe, que se enrijece durante a 1ª Grande Guerra e na década subseqüente.

Na *V* e na *VI Conferência Pan-americana*, realizadas respectivamente no Chile em 1923 e em Cuba no ano de 1926, a política unilateral reafirmada pela Doutrina Monroe dos norte-americanos foi confrontada pela maioria das nações latino-americanas que defendiam a não intervenção.

Porém, o cenário Americano muda a partir da crise econômica de 1929. Nos EUA foi eleito para a presidência Franklin Rooselvet, que reestrutura a política exterior daquele país com uma "política de boa vizinhança" anunciada na *VII Conferência Pan-americana*, realizada em Montevidéu em 1933, pela qual os EUA reconheciam a não intervenção e declaravam que diferenças entre os países do continente americano se resolveriam pacificamente por procedimentos multilaterais. Com o agravamento das tensões mundiais, reúne-se a *VIII Conferência Pan-americana* em Lima, no ano de 1938, que teve como assuntos de destaque a segurança hemisférica e a luta contra o nazismo.

O final da 2ª Grande Guerra consagrou o poderio mundial norte-americano e sua hegemonia no continente americano. Neste contexto, em 1947 foi assinado o *Tratado Interamericano de Assistência Recíproca* (TIAR), e foi fundada a *Organização dos Estados Americanos* (OEA) durante a *IX Conferência Pan-americana*, realizada em 1948 em Bogotá. A luta contra o comunismo internacional despontou nas relações hemisféricas no período da Guerra Fria.

Não obstante esse quadro histórico e a oposição dos EUA, foi constituída na própria Organização das Nações Unidas (ONU) a *Comissão Econômica para a América Latina* (CEPAL), cujas metas eram o desenvolvimento e a integração latino-americana, recordando os ideais de Bolívar, instigando políticas industrialistas para a substituição das importações.

O ápice da grande tentativa integracionista para as relações comerciais entre os países latino-americanos se deu inicialmente em 1960 com a constituição da *Associação Latino-Americana de Livre Comércio* (ALALC), ainda neste mesmo ano com a criação do *Mercado Comum Centro-Americano* (MCCA) e depois em 1967 com a formação do *Pacto Andino*.

Com as ditaduras militares que se espalhavam pela América Latina, passa a predominar nas políticas dos Estados as rivalidades nacionais e os imperativos da doutrina da segurança nacional, o que corrobora para o recuo da integração entre os povos latino-americanos e o fracasso da ALALC.

Em 1980 é então assinado um novo tratado, fundando a *Associação Latino-Americana para o Desenvolvimento e a Integração* (ALADI), adotando uma forma mais flexível a partir das relações bilaterais para a obtenção do progresso do processo integracionista entre os países latino-americanos.

Outro acordo importante que precede a ALCA é o *Acordo Geral de Livre Comércio Norte-Americano* (NAFTA)[46], que iniciou suas discussões em meio a uma grave crise que desestruturou as economias da América Latina, especialmente a do México, fazendo com que voltasse à cena as premissas do livre comércio norte-americano com acordos bilaterais.

O NAFTA, integrado pelos EUA, Canadá e México, tem como objetivo a maior liberalização comercial entre esses países, não contemplando explicitamente questões sociais nem a participação direta da sociedade civil organizada em sua negociação.

Importante destaque deve ser dado ao NAFTA, que contribuiu decisivamente para o presidente George Bush retomar a idéia do pan-americanismo e lançar em 1990 a *"Iniciativa para as Américas"*.

XIII.2. A ALCA

Em 1994, por iniciativa dos Estados Unidos da América, realizou-se na cidade de Miami a primeira *Cúpula de Chefes de Estado e Governo das Américas*, cuja agenda inicial era política, pretendia abordar temas relativos à corrupção e narcotráfico, por exemplo. A princípio questões comerciais não seriam discutidas, mesmo porque EUA e Brasil se opunham a tal debate. Porém, a pressão imposta pelos países latino-americanos, preocupados com uma integração que pudesse permitir-lhes o crescimento, somando-se ainda a pressão de empresários americanos, conduziu a reunião para outra direção. A Cúpula de Miami deixou em segundo plano as questões para as quais foi inicialmente convocada e ficou conhecida pelo tema do livre comércio.

[46] *North American Free Trade Agreement*, em inglês.

Logo de início surgiu uma divergência quanto ao caminho a ser adotado para a constituição da área de livre comércio (ALCA). Para os EUA, o modelo ideal se baseava na incorporação paulatina dos países do hemisfério para a constituição de um bloco comercial denominado NAFTA. O melhor modelo integracionista para os norte-americanos era da forma centro e raios (*hub-and-spokes*), devendo o NAFTA atuar como o grande centro de agregação dos outros países americanos que se ligariam por meio de acordos bilaterais.

Já o Brasil e os demais países do Cone Sul entenderam que a melhor forma para se negociar a integração hemisférica seria por meio do *building blocks*, ou seja, a construção aos poucos da integração do Continente a partir dos acordos já celebrados. Evidentemente, dessa maneira os países latino-americanos teriam maior força para negociar com os EUA.

Depois de Miami ocorreram outras reuniões de ministros de comércio. A primeira em Denver, nos EUA, e a segunda em Cartagena das Índias, na Colômbia, mas é a partir da terceira e da quarta reuniões que se define a estrutura de funcionamento da ALCA.

A terceira reunião ocorreu em 1997 na cidade mineira de Belo Horizonte, e seu objetivo foi definir como e quando teria início as negociações para implementar a ALCA, apesar das discordâncias entre Mercosul e EUA quanto aos princípios gerais. Já a quarta reunião teve como cidade sede São José da Costa Rica, em 1998, e foi promovida para estabelecer o mandato dos grupos negociadores e a atual estrutura da ALCA.

Na seqüência, as reuniões dos ministros de comércio ocorreram em 1999 na cidade canadense de Toronto, onde foi finalizado o primeiro projeto de redação do futuro acordo, e no ano de 2001 em Buenos Aires, estabelecendo o prazo final para se concluir as negociações do acordo para a entrada em vigor da ALCA, além de estipular prazos para as negociações de temas específicos.

Em 2002 a reunião ocorreu na cidade de Quito, no Equador. Além de definir o calendário e a agenda de negociações para 2003, nessa reunião foram criados grupos temáticos e foram reiterados os pressupostos dos trabalhos, principalmente no que se refere à agricultura e o equilíbrio de resultados. Brasil e EUA também assumiram a co-presidência das negociações.[47]

---

[47] Conforme declarou o então Ministro do Desenvolvimento, Sérgio Amaral, comentando a ALCA depois de Quito: "A ALCA é um trem que já partiu. A locomotiva

O objetivo pretendido pela ALCA é a criação de uma área de livre comércio que reúna a troca de bens e de serviços, produtos agrícolas, a liberalização dos fluxos de investimentos, compras governamentais e comércio eletrônico, além de definir um acordo de propriedade intelectual e patentes. Apesar de buscar proporcionar a livre circulação de capitais e mercadorias, opõe-se à circulação de mão-de-obra.

Entretanto, o ponto que desde já merece atenção é a ALCA não visar a realização de qualquer integração e cooperação econômica, conforme promove a União Européia, nem sequer aproximar-se dos objetivos defendidos pelo Mercosul.

A ALCA constitui-se de uma iniciativa na qual deve prevalecer o consenso dos 34 países americanos[48] (o único país excluído é Cuba), como meio de se tomar decisões. Esse princípio geral soma-se a outros que resultaram da declaração ministerial de Belo Horizonte, quais sejam: (i) os acordos da ALCA somente serão assinados quando todos temas da pauta forem concluídos (*single undertaking*); (ii) a coexistência da ALCA com acordos bilaterais e sub-regionais; (iii) a compatibilização da ALCA com os acordos da Organização Mundial do Comércio (OMC); (iv) a negociação e adesão individual ou em bloco dos países; e (v) especial atenção a economias menores para garantir suas participações na ALCA.

Decidiu-se, ainda em Belo Horizonte, que 2005 seria o ano limite para se concluir as negociações da ALCA, mas o Brasil, e agora com o apoio da Argentina, estudam a prorrogação deste prazo, talvez para 2007.

Além dos encontros de ministros de comércio, incumbidos da elaboração do plano de trabalho da ALCA com a definição de diretrizes e fixando responsabilidades e metas para outras esferas, mas que constitui a

são os Estados Unidos. Pode-se discutir a ordem dos vagões, os que viajam em primeira ou em segunda classe e os vagões que não seguirão até o fim. Mas o trem já está a caminho e a estação será a integração hemisférica". in *A ALCA depois de Quito*. Opinião, jornal Folha de São Paulo, 11 de novembro de 2002.

[48] Os 34 países americanos que poderão integrar a ALCA são: Antígua e Barbuda, Argentina, Bahamas, Barbados, Belize, Bolívia, Brasil, Canadá, Chile, Colômbia, Costa Rica, Dominica, El Salvador, Equador, Estados Unidos da América, Granada, Guatemala, Guiana, Haiti, Honduras, Jamaica, México, Nicarágua, Panamá, Paraguai, Peru, República Dominicana, Santa Lúcia, São Vicente e Granadinas, São Cristóvão e Nevis, Suriname, Trinidad e Tobago, Uruguai e Venezuela.

segunda instância dos debates, as negociações da ALCA também se dão nas *Cúpulas de Chefes de Estado das Américas*.

As reuniões de *Cúpula dos Chefes de Estado* ocorreram em Miami, 1994, Santiago do Chile, 1998 e em Quebec, 2001. Nessas reuniões não se discute apenas assuntos propriamente relativos a ALCA, mas também se debate o fortalecimento da democracia, o combate à pobreza e a promoção da educação, porém com menor intensidade do que as discussões acerca do livre comércio. Em 2004, entretanto, realizou-se a *Cúpula Extraordinária dos Chefes de Estado* em Monterrey[49], destacando-se o crescimento econômico com eqüidade para reduzir a pobreza, desenvolvimento social e governabilidade democrática.

A terceira instância de negociações da ALCA se dá no âmbito dos *Grupos de Negociação*, na *Comissão Tripartite de Apoios Técnicos* e nos *Comitês Não Negociadores*.

Os *Comitês Não Negociadores* são integrados pelo *Grupo Consultivo sobre Economias Menores*, o *Comitê de Representantes Governamen-*

[49] Declaração de Nuevo León – Preâmbulo: "Nós, os Chefes de Estado e de Governo das Américas, eleitos democraticamente, entre os quais se encontram 14 novos mandatários que assumiram seus cargos após a Terceira Cúpula das Américas realizada na Cidade de Québec, Canadá, reunimo-nos em uma Cúpula Extraordinária na cidade de Monterrey, Nuevo León, México. Nosso propósito é avançar na implementação de medidas para combater a pobreza, promover o desenvolvimento social, alcançar um crescimento econômico com eqüidade e reforçar a governabilidade de nossas democracias. Com uma visão renovada e fortalecida da cooperação, da solidariedade e da integração, enfrentaremos os contínuos e crescentes desafios do Hemisfério. Guiados pela necessidade de trabalharmos juntos para incentivar a prosperidade, promover a inclusão social e uma distribuição mais eqüitativa do crescimento econômico, eliminar a fome, elevar os níveis de vida, gerar novas oportunidades de emprego e de investimento, promover o trabalho decente, bem como enfrentar as novas ameaças à segurança, entre as quais o terrorismo, o crime organizado e o tráfico ilícito de armas, reafirmamos nosso compromisso com a Carta Democrática Interamericana e reiteramos nossa firme intenção de continuar a implementar os mandatos das Cúpulas das Américas, bem como os compromissos assumidos com a Cúpula do Milênio, a Conferência Internacional sobre Financiamento do Desenvolvimento (Consenso de Monterrey) e a Cúpula Mundial sobre Desenvolvimento Sustentado de Joanesburgo. Afirmamos que o bem-estar dos nossos povos requer a consecução de três objetivos estreitamente vinculados e interdependentes: crescimento econômico com eqüidade para reduzir a pobreza, desenvolvimento social e governabilidade democrática".

tais sobre a Participação da Sociedade Civil e o *Comitê Conjunto de Especialistas do Governo e do Setor Privado sobre Comércio Eletrônico*, que são auxiliados com o apoio técnico e logístico de instituições regionais da *Comissão Tripartite de Apoio Técnico*, formada pela Organização dos Estados Americanos (OEA), pelo Banco Interamericano de Desenvolvimento (BID) e pela Comissão Econômica das Nações Unidas para a América Latina (CEPAL). Já o *Grupo Consultivo sobre Economias Menores* deve se ocupar em propor recomendações ao *Comitê de Negociação Comercial* pertinentes às pequenas economias, enquanto o *Comitê Conjunto de Especialistas do Governo e do Setor Privado sobre Comércio Eletrônico* se atenta à ampliação dos benefícios do mercado eletrônico, e o *Comitê de Representantes Governamentais e do Governo Civil* para a promoção dos entendimentos dos diversos setores sociais relacionados às negociações da ALCA.

Por fim, os *Grupos de Negociação* se detêm à discussão de importantes temas e que constituem pontos fundamentais para a ALCA. Esses grupos têm como objetivos: (i) *acesso a mercados*, eliminar barreiras não-tarifárias e outras medidas de restrição ao comércio entre os países integrantes conforme ditames da OMC; (ii) *agricultura*, evitar a aplicação protecionista de supostas medidas sanitárias e fito-sanitárias, além de evitar subsídios às exportações e identificar outras práticas que comprometam o comércio; (iii) *investimentos*, estabelecer um ordenamento jurídico para a promoção dos investimentos sem dificultar investimentos vindos de fora do continente; (iv) *subsídios, antidumping* e *direitos compensatórios*, atentar aos tópicos de subsídios, dumping e medidas compensatórias como prevê a OMC, e buscar que entre os países integrantes não ocorram barreiras injustificadas ao comércio; (v) *compras governamentais,* permitir abertura e transparência nos procedimentos de compra dos governos e evitar discriminações; (vi) *direitos de propriedade intelectual*, promover a efetiva proteção dos direitos de proteção intelectual; (vii) *serviços*, liberalização progressiva do comércio de serviços; (viii) *soluções de controvérsias*, fomentar mecanismos alternativos para resolver disputas comerciais privadas dentro da ALCA; e (ix) *políticas de concorrência*, assegurar que os resultados positivos advindos do processo de liberalização da ALCA não restem prejudicados por práticas anticompetitivas, além de estabelecer uma cobertura jurídica e institucional em âmbito nacional, sub-regional ou regional que esteja atenta à essas práticas.

O cronograma das negociações da ALCA pode ser fixado em três momentos. O primeiro, a fase que vai da proposta de criação da ALCA em 1994, até 1998, quando se iniciam verdadeiramente os debates para a sua implementação, com a definição de princípios, objetivos gerais e prazos para se estabelecer a ALCA. Já o segundo momento, fase que compreende os anos de 1998 a 2002, quando foram redigidos acordos e apontadas as áreas de convergência e divergência acerca dos temas negociados. E, por fim, o terceiro momento que se inicia em 2002 com a co-presidência do Comitê de Negociações Comerciais exercida por Brasil e Estados Unidos da América, inicialmente prevista para até dezembro de 2004. Recorda-se que a previsão para a entrada em vigor da ALCA era janeiro de 2005, mas tal data está adiada *sine die*.

XIII.3. O Direito da Concorrência na ALCA

A ALCA, como já informado, englobará 34 países americanos, exceção feita apenas a Cuba. Desses países, alguns já possuem legislação de defesa da concorrência, outros ainda estão implementando, mas de alguma forma, a defesa da concorrência é assegurada na maioria dos países.

Evidentemente não se abordará neste trabalho o Direito da Concorrência detalhadamente em cada um desses 34 países, mas tentará de forma mais ampla, entender a política de concorrência na ALCA, e verificar eventuais benefícios, ou não, de sua efetiva implementação caso a área de livre comércio se torne definitivamente uma realidade.

XIII.3.1.Os Países Americanos e a Defesa da Concorrência

A maioria dos países americanos promove a concorrência em sede constitucional com disposições relativas à liberdade de contratar, comércio e iniciativa privada. Alguns proíbem a excessiva concentração do poder econômico, a manipulação abusiva de preços e outras condições ao mercado, bem como monopólios, exceção feita àqueles estabelecidos em favor do Estado ou por Lei.

Em sede infraconstitucional são treze os países americanos que possuem legislação e instituições de defesa da concorrência: (i) Argentina; (ii) Brasil; (iii) Canadá; (iv) Colômbia; (v) Costa Rica; (vi) Chile; (vii) Estados Unidos da América; (viii) Jamaica; (ix) México; (x) Panamá; (xi) Peru; (xii) Uruguai; e (xiii) Venezuela. Ademais, outros países estão ativamente planejando e debatendo projetos de legislação de concorrência para promulgação: (i) Bolívia; (ii) El Salvador; (iii) Equador; (iv) Guatemala;

(v) Honduras; (vi) Nicarágua; (vii) República Dominicana; e (viii) Trinidad e Tobago.

Tais legislações podem apresentar diversos escopos, como a promoção de defesa da concorrência, a promoção da eficiência econômica e do bem-estar do consumidor, liberdade de iniciativa, abertura de mercados, participação justa e equilibrada entre pequenas e médias empresas, desconcentração do poder econômico e prevenção aos monopólios e abusos de posição dominante.

A aplicação das leis se dá para todas as empresas ou corporações nacionais ou internacionais, públicas ou privadas, em relação a todas as condutas, acordos, atos ou transações relativas à produção e propaganda de produtos e serviços, ocorridas no respectivo território nacional, ou em alguns casos, como Brasil e Argentina na América Latina, que tenham se originado no exterior, mas venham a afetar a concorrência no mercado nacional.

Nos seguintes países, Brasil, Colômbia, Chile, Jamaica, México, Panamá e Peru, é permitida a existência de monopólios estatais, setores reservados estratégicos ou de segurança nacional e exclusiva exploração dos direitos de propriedade intelectual. Todavia, é igualmente reconhecido nesses países que tais monopólios sujeitam-se às leis de concorrência quando exacerbam a natureza do escopo que lhes foi assegurado e incorrem em abusos de posição dominante ou práticas monopolísticas.

Com relação às condutas, no Canadá, Colômbia, Costa Rica, Jamaica, México, Estados Unidos e Venezuela, setores específicos e atividades econômicas como agricultura, esportes profissionais, organizações laborais e atividades de exportação têm sido isentados das legislações de defesa da concorrência. Nos Estados Unidos da América, as legislações estaduais são aplicadas paralelamente às leis federais quando condutas anticoncorrenciais afetam o mercado do Estado.

Em linha geral, as legislações dos países americanos proíbem toda conduta comercial que limite, restrinja ou distorça a competição. Práticas horizontais consistentes em qualquer forma de acordos colusivos entre agentes concorrentes num mesmo setor, bem como práticas verticais derivadas de acordos entre agentes que atuam em diferentes estágios de uma cadeia produtiva, também são proibidas.

Determinadas condutas consideradas proibidas estão dispostas em diversas legislações. Essas condutas se referem à: fixar preços e outras condições de venda; impor barreiras de acesso ao mercado; propostas colusivas; limitar a produção ou vendas por quotas determinadas; recusa concertada para adquirir produtos, prover serviços ou admitir novos agentes no mercado; repartir mercados; acordos discriminatórios ou predatórios; aceitação casada de serviços suplementares; acordos de exclusividade; abuso de posição dominante e monopolização; e boicotes.

Semelhanças e divergências nesta área dependem da lei adotada por cada país, como também das jurisprudências formadas por cada instituição nacional de defesa da concorrência. Existem proibições *per se*, absolutas ou não-autorizáveis e proibições relativas, autorizáveis ou regra da razão.

As instituições de defesa da concorrência devem analisar caso a caso se a conduta tida proibida ou restritiva pode ser justificada pelos seus efeitos como pró-competitiva e fomentadora de eficiências. Incluem-se nas práticas permitidas por tais exceções: concentração econômica; determinados acordos verticais em condições não relacionadas com preços como representação territorial ou acordos de exclusividade; acordos que contribuem para o aumento da produção, qualidade e divulgação de produtos e serviços; desenvolvimento de pesquisas e tecnologia; e utilização de economias de escala.

Em alguns países os critérios e procedimentos estão estabelecidos em regulamentos ou precedentes judiciais, enquanto em outros países ficam a cargo da discricionariedade da instituição de defesa da concorrência. De qualquer forma, esses critérios e procedimentos podem variar de país para país.

Exceção feita ao Chile e ao Peru, as legislações dos países americanos contêm previsões para controlar a concentração econômica derivada de associações (*joint ventures*), fusões, aquisições ou incorporações de companhias, quando seus efeitos limitar, prejudicar ou impedir a competição. Para essa finalidade, Argentina, Brasil, Canadá, Colômbia, Costa Rica, Jamaica, México e Venezuela possuem regulamentos de controle de concentração baseados na notificação prévia obrigatória ou voluntária para verificar o grau de concentração e seus efeitos na competição.

As instituições de defesa da concorrência dos países americanos atuam como órgãos independentes ou agências na forma de comissões, como é o caso da Argentina, Brasil, Canadá, Costa Rica, Chile, Estados Unidos da América, Jamaica, México e Peru, ou na forma de superintendências, caso da Colômbia e da Venezuela. A distinção entre as comissões e as superintendências é que naquelas as decisões são tomadas por um colegiado, enquanto nestas a decisão é individual. Essas instituições possuem autonomia técnica e operacional na condução de investigações e processos e na decisão e efetivação da lei, além de serem assistidas por unidades técnicas ou secretarias.

De maneira geral, a função das instituições de defesa da concorrência é garantir o cumprimento das disposições referentes à competição. Por essa razão, na maioria dos países essas instituições detêm poderes para publicar medidas preventivas, e requerer testemunhos, documentos ou informações relativas a agentes públicos ou privados, inclusive por meio de injunção ou requerimento perante o Judiciário.

Em todos os países os procedimentos para conduzir investigações e decidir casos de condutas anticoncorrenciais são administrativos ou judiciais e podem ser iniciados *ex officio* pela instituição responsável pela defesa da concorrência ou por requerimento de qualquer parte interessada. Cada legislação estabelece as instâncias, modalidades, evidências, sanções e prazos para decidir casos ou aprovações. No Uruguai está estipulado um procedimento arbitral para solucionar disputas entre competidores, iniciadas de atos anticoncorrenciais, nos termos da lei.

As sanções previstas nas diferentes legislações são pecuniárias e criminais, administrativas ou judiciais, dependendo do órgão que aplica a lei. A maioria das legislações autoriza as instituições de defesa da concorrência a aplicarem multa para aqueles que adotem condutas anticoncorrenciais e a imporem compromissos de desempenho.

Por fim, cumpre ressaltar que, uma vez esgotados os procedimentos administrativos, está assegurado em todos os países americanos o direito de qualquer pessoa, nacional ou estrangeira, rever os atos ou decisões da instituição de defesa da concorrência perante as Cortes, incluindo recursos aos Tribunais Superiores e à Suprema Corte de Justiça, respeitando-se a especificidade de cada país.

XIII.3.2. O Grupo de Trabalho de Política da Concorrência

O tema concorrência, como já visto, desperta muito interesse em diversos setores da sociedade, tanto que foi constituído um grupo de negociação específico[50] para debater esse ponto no âmbito da ALCA. Periodica-

[50] *Free Trade Area of the Americas Working Group on Competition Policy*, em inglês.

mente esse grupo se reúne e debate como o Direito da Concorrência será empregado na ALCA, preparando-se uma política comum.

O Brasil vem sendo representado pelo corpo técnico indicado pelas Secretarias de Direito Econômico (SDE) e de Acompanhamento Econômico (SEAE) e pelo Conselho Administrativo de Defesa Econômica (CADE).

Algumas definições já foram adotadas para os debates da política de concorrência na ALCA. O *princípio do devido processo* significa garantir processos justos, independentes e eqüitativos, diante de autoridades competentes e pré-estabelecidas, na observância das formalidades e garantias legais. Já o *princípio da transparência* significa que cada Estado disponibilizará as leis, regulamentos, procedimentos e regras administrativas de aplicação geral em matéria concorrencial. Por fim, o *princípio da não-discriminação* significa o tratamento nacional e o tratamento da nação mais favorecida[51].

Por enquanto, nada está definido, contudo pode-se destacar alguns tópicos que estão em debate para serem aprovados oportunamente, para que os participantes da ALCA assumam obrigações no sentido de assegurar que os benefícios do processo de liberalização não sejam prejudicados por condutas anticoncorrenciais, conforme segue:

1. Legislação em matéria de concorrência

Cada Estado adotará ou procurará adotar leis ou regulamentos de defesa da concorrência, em âmbito nacional ou sub-regional para combater condutas de agentes públicos ou privados contrárias à concorrência, para que se promova a eficiência econômica e o bem-estar do consumidor, em observância aos princípios da não-discriminação, transparência e devido processo nos procedimentos administrativos ou judiciais, para a adoção de políticas de concorrência.

[51] O *tratamento nacional* em sua essência requer que qualquer Estado-parte não coloque os produtos ou serviços de outro Estado-parte em desvantagem competitiva em comparação aos seus próprios produtos ou serviços. Já o *tratamento da nação mais favorecida* implica que qualquer vantagem, facilidade, privilégio ou imunidade concedido por qualquer Estado-parte para qualquer produto originado ou destinado para qualquer outro Estado-parte deve ser concedido imediatamente e incondicionalmente para os produtos similares originados ou destinados aos territórios de todos os Estados-partes do acordo.

Fica assegurado o acesso, sem descriminação, de agentes físicos ou jurídicos a qualquer Estado, além de se promover o combate às condutas contrárias à concorrência que tenham como objetivo ou resultado limitar, restringir, falsear ou distorcer de qualquer forma a livre concorrência, e ao abuso de posição dominante que resulte ou possa resultar em prejuízo à eficiência econômica ou ao bem-estar dos consumidores.

Os países que integram as discussões da ALCA também acordam que as legislações e regulamentações nacionais ou sub-regionais proíbam, ao menos: (i) os acordos ou esquemas anticoncorrenciais entre agentes na fixação de preços, restrição à produção, cartelização para licitações ou divisão de mercados; (ii) os abusos de uma empresa ou grupo de empresas com posição dominante e que exerçam poder de mercado; e (iii) as concentrações, fusões ou aquisições que tenham efeitos anticoncorrenciais. Contudo, poderão ser aceitos os acordos que: (i) atuem conforme ditames comerciais em harmonia com o interesse público e não prejudiquem a livre concorrência e o bem-estar dos consumidores; (ii) não utilizem suas condições para que direta ou indiretamente procedam em condutas anticoncorrenciais em mercados outros do que aquele do Estado que o autorizou; e (iii) não sejam discriminatórios.

Qualquer exclusão ou exceção às normas concorrenciais nacionais ou sub-regionais deverão ser transparentes e revistas periodicamente pelo Estado ou entidade sub-regional, a fim de que se avalie sua necessidade para obter os objetivos fundamentais de sua política, excetuando-se os cartéis de exportação que não poderão ser aceitos.

Os países também se comprometem a assegurar, em conformidade com as disposições jurídicas nacionais ou sub-regionais: (i) o contraditório aos agentes sujeitos de imposição de sanção por violar sua lei de concorrência, além de uma revisão independente da eventual condenação; e (ii) a proteção das informações consideradas confidenciais obtidas em decorrência das investigações ou procedimentos.

2. Políticas e condutas regulatórias, monopólios legais, acordos anticoncorrenciais, empresas do estado, auxílios estatais e acordos governamentais

Os países integrantes da ALCA deverão respeitar as políticas e condutas regulatórias e observar acordos que privilegiem a utilização de princípios reguladores pró-competitivos, em respeito aos princípios da transparência, não-discriminação e devido processo, além de evitar que seja limitado o acesso aos mercados ou de alguma forma menosprezadas as condições de concorrência na ALCA com a aplicação do critério da razoabilidade.

O acordo de concorrência da ALCA não poderá impedir que um Estado constitua ou mantenha um monopólio. Entretanto, quando esse monopólio possa afetar o interesse de agentes de outros países, deverá o Estado introduzir condições que minimizem ou eliminem qualquer anulação ou limitação aos benefícios da liberalização comercial no bloco. Cada Estado assegurará que qualquer monopólio privado ou governamental que ele tenha permitido, ou venha a permitir, atue de forma compatível com o disposto nos *Capítulos de Compras do Setor Público e Acesso a Mercados*, bem como não utilize sua posição monopolística para práticas contrárias à concorrência nos mercados não monopolizados.

Nenhuma disposição do acordo da ALCA também será interpretada para impedir que um Estado mantenha ou estabeleça empresas estatais, na medida em que estejam sujeitas às normas nacional e sub-regional de promoção e defesa da concorrência.

Quanto aos auxílios estatais, os Estados se comprometem a estabelecer um prazo para negociar e determinar o tratamento de tais ajudas que possam limitar, restringir, falsear ou distorcer a concorrência e que sejam suscetíveis de prejudicar o comércio entre os países da ALCA. Os acordos governamentais também ficam sujeitos às normas de política de defesa da concorrência.

3. Disposições institucionais

Os Estados integrantes da ALCA se comprometem a estabelecer ou manter uma autoridade ou autoridades, em âmbito regional ou sub-regional, com a responsabilidade e o poder para aplicar leis de concorrência nacionais ou sub-regionais, e advogar a favor de políticas que favoreçam a competição, diante seus próprios organismos governamentais, bem como jurisdicionar acerca de condutas que tenham ocorrido em seu território.

Cada Estado também deverá indicar um representante ou entidade para compor um Comitê a ser estabelecido na esfera da ALCA, que terá as seguintes funções: (i) monitorar os avanços na implementação da política de concorrência pelos Estados e entidades sub-regionais; (ii) promover a cooperação entre os Estados e entidades sub-regionais sobre política de concorrência; (iii) coordenar a assistência técnica; (iv) comunicar aos Estados notificações apresentadas por países acerca de suas respectivas políticas e condutas regulatórias, monopólios legais, acordos anticoncorrenciais, empresas do estado, auxílios estatais e acordos governamentais, bem como de mecanismos de cooperação; (v) estabelecer um plano básico para a realização dos exames conforme dispõe o *Mecanismo de Exame de Políticas de Concorrência* e a periodicidade dos mesmos; (vi) formular recomendações sobre a implementação na política de concorrência; e (vii) difundir e atualizar informações acerca da política de defesa da concorrência por meios eletrônicos.

Os Estados, reconhecendo o significado da transparência nas políticas de concorrência, estabelecem um *Mecanismo de Exame das Políticas de Concorrência*, que procederá no exame periódico das legislações, políticas e atividades no cumprimento das normas de concorrência.

4. Mecanismos para a cooperação e intercâmbio de informação

Os países da ALCA, cientes da importância da cooperação entre as autoridades para a aplicação efetiva das normas de concorrência e do desenvolvimento de suas políticas no bloco, comprometem-se sempre que existir indícios de prática de conduta anticoncorrencial com impacto transfronteiriço trabalhar conjuntamente na investigação e adoção das medidas pertinentes.

Para a aplicação efetiva das relações de cooperação, os Estados reconhecem a importância de celebrar acordos ou convênios, atentando às notificações, intercâmbio de informações, consultas, considerar os interesses dos outros países da ALCA ao aplicar leis de defesa da concorrência (cortesia negativa) e um Estado que entenda que seu mercado esteja sendo prejudicado por prática que ocorra em outro Estado, e que tal conduta seja tida como infração concorrencial naquele Estado, solicitar a investigação e aplicação da lei (cortesia positiva).

5. Consultas e soluções de controvérsia

Qualquer Estado, quando solicitado, responderá consulta acerca de matérias de defesa da concorrência e, no caso de controvérsias entre os Estados, essas serão dirimidas pelo *Mecanismo de Solução de Controvérsi-*

as da ALCA. Não cabe ao Mecanismo questionar ou revisar decisões administrativas ou judiciais de cada Estado acerca da aplicação de sua legislação de defesa da concorrência, exceção feita às disposições de monopólios e empresas estatais.

6. Assistência técnica

Os países se comprometem a trabalhar em conjunto nas atividades de assistência técnica relativas à adoção, aplicação e execução de normas e políticas de defesa da concorrência, incluindo o compartilhamento de experiências e informações, capacitação de funcionários, participação dos mesmos em eventos do tema da política da concorrência e intercâmbio de pessoal.

7. Período de transação

A adoção das normas de concorrência e a implementação das disposições institucionais, bem como o início efetivo para a aplicação dessas normas se dará num cronograma estabelecido pelos Estados, levando-se em conta as diferenças entre o estágio de desenvolvimento, o tamanho das economias e a situação dos países que não disponham de uma legislação de concorrência.

XIII.4. Conclusão

O Direito da Concorrência, conforme verificado no decorrer deste trabalho, é fundamental nas economias de mercado, pois além de possibilitar uma maior variedade de produtos, o aprimoramento na qualidade dos mesmos e contribuir diretamente para a redução de preços, revela-se importante instrumento para Governos e Estados implantarem suas políticas jurídico-econômicas desenvolvimentistas.

Em um mercado concorrencial os agentes econômicos têm a necessidade de investir em pesquisa e desenvolvimento de produtos e serviços, bem como estudar a peculiaridade de cada mercado e o anseio dos respectivos consumidores, para não perder participação aos seus concorrentes.

A concorrência não só assegura o bem-estar econômico do consumidor, mas também auxilia a economia de um país ingressar e permanecer competitiva no mercado internacional.

Uma lei de defesa da concorrência também tem determinadas aplicações em certos sistemas jurídicos e em dados momentos históricos, em especial diante de um processo "globalizante" das economias e dos mercados. O Direito da Concorrência significa interesses, mercados, países, populações, conquistas e os meios para atingir resultados.

Neste trabalho, desde o início foi dado destaque aos acontecimentos históricos, pois da mesma forma que um estudante de Medicina em sua pesquisa clínica analisa determinados pacientes para chegar a uma conclusão, o estudante de Direito que se propõe a fazer um trabalho de algo que está para acontecer, caso da Área de Livre Comércio das Américas (ALCA), baseia-se em fatos da história, analisa fatos recentes e verifica suas reincidências, para então chegar a uma conclusão.

Desta forma, conclui-se este trabalho de introdução ao Direito da Concorrência, em especial no que se refere ao Direito da Concorrência e sua aplicação na ALCA, em tópicos assim divididos: (i) Globalização; (ii) Mercosul; (iii) ALCA; e (iv) Direito da Concorrência.

Desde já, ressalta-se que ao abordar um tema em constante debate, caso da ALCA, e buscar o significado da relevância do Direito da Concorrência nesse contexto, não se pode induzir ou deduzir algo como definitivo, mas tão somente fazer constatações e deixar algumas sugestões como eventuais contribuições para a discussão do processo de integração hemisférica no aspecto concorrencial.

XIII.4.1. Globalização

A globalização, traduzida na remoção das barreiras em prol do livre comércio e de uma maior integração das economias nacionais, poderia significar o enriquecimento da população global, em especial dos mais necessitados.

Quando se destacou as Ciências Econômicas como interdisciplinar ao Direito da Concorrência, não se fez por mero preciosismo. Com a globalização das economias e dos mercados, deve-se implementar, cada vez mais, políticas econômicas aptas a melhorar a vida da população menos favorecida. Neste sentido, os governantes devem adotar políticas para o crescimento do país, mas assegurar a partilha eqüitativa desse crescimento com a sua população. Por exemplo, ao privatizar monopólios até então estatais, abrindo o mercado muitas vezes para agentes estrangeiros, o governo deve atentar para que tais empresas se tornem mais eficientes e até mesmo reduzam seus preços, caso contrário, qual o benefício conferido ao consumidor? Para que tal processo se reverta positivamente ao bem-estar econômico do consumidor, tudo fica mais fácil se estiver em um ambiente competitivo e garantido por sólida política concorrencial.

Com a abertura do comércio internacional diversos países cresceram rapidamente nas duas últimas décadas, visto que o comércio internacional contribui para o desenvolvimento econômico do país impulsionado pelas exportações. Contudo, outros tantos países que se submeteram à globalização e a conseqüente abertura de seus mercados, muitas vezes forçados pelo poder econômico de nações ricas garantidoras de ajudas financeiras em tempos de crise, constataram um grau de pobreza entre o povo jamais visto. Fato é que os países ricos lideravam programas de globalização que os beneficiavam em detrimento dos países mais necessitados, ou ainda pior, exigiam das nações pobres a eliminação das barreiras comerciais, mas mantinham as suas, coibindo as exportações dos países economicamente debilitados, principalmente exportação de gêneros agrícolas.[52]

Prova desta distorção acentuada em processos "globalizantes" foram os realizados na Rússia e na China, neste elaborado por ela mesma, naquele estruturado por instituições econômicas internacionais. Enquanto a China na década passada vivia uma redução inédita em seus índices de pobreza, a Rússia amargurava uma elevação jamais imaginada.

Os países em desenvolvimento que tiraram maior proveito da globalização foram os do Leste Asiático. A abertura ao mercado externo foi lenta, contínua e criteriosa. Expandiram suas exportações para obterem um crescimento mais rápido e sistematicamente reduziam suas barreiras de importações apenas quando certificados que havia capital disponível para a geração de novos empregos.

[52] Com muita propriedade relata Joseph E. Stiglitz que: "Em muitas situações, os benefícios da globalização têm sido menores do que seus defensores apregoaram, e o preço pago tem sido maior, já que o meio ambiente foi destruído e os processos políticos, corrompidos, além de o ritmo acelerado das mudanças não ter dado aos países tempo suficiente para uma adaptação cultural. As crises, por sua vez, que trouxeram em seu rastro o desemprego em massa, têm sido acompanhadas por problemas de desintegração social de maior prazo – desde a violência urbana na América Latina até os conflitos étnicos em outras regiões do mundo, como na Indonésia". in *A Globalização e seus Malefícios*. São Paulo: Futura, 2002, p.35.

Certo é que nenhum país consegue o desenvolvimento de sua economia simplesmente abrindo seu mercado; toda economia de mercado bem sucedida se faz com uma mescla de Estado (intervenções) e mercado (*laissez-faire*). Combina-se as oportunidades apresentadas pelos mercados internacionais com uma estratégia de desenvolvimento doméstico no sentido de estimular o aperfeiçoamento e a competência do agente local.

O que se concluí neste tópico, Globalização, é que ela pode oferecer grandes benefícios aos países que se submetam a ela, desde que tal processo seja realizado estrategicamente. Uma nação em desenvolvimento antes de abrir seu mercado para a concorrência dos produtos importados, deve estudar quais os produtos ou serviços estariam vulneráveis à concorrência externa de produtos ou serviços semelhantes, porém mais fortes competitivamente, sejam pelo preço, sejam pela qualidade. Deve-se então garantir o tempo mínimo necessário para a indústria nacional adequar-se à competição com os agentes internacionais, caso contrário as conseqüências de uma liberalização impensada podem ser desastrosas, tanto no aspecto social quanto no econômico[53].

XIII.4.2. Mercosul

O governo Lula vem exercitando a liderança do Brasil na América do Sul, a partir do estreitamento das relações entre os Países-membros do Mercosul e da consolidação deste bloco sub-regional, para então buscar uma maior integração com os demais países sul-americanos e países latino-americanos.

A postura do presidente Luiz Inácio Lula da Silva, e a maneira como vem sendo desempenhada sua atuação internacional, está em conformidade com a proposta contida em seu *Programa de Governo*, especificamente no item *Política Externa para Integração Regional e Negociação Global*.

Neste sentido, a política externa é considerada importante meio para o governo implantar um projeto de desenvolvimento nacional alternativo, para superar a vulnerabilidade do Brasil diante da instabilidade dos

[53] "... Quando a liberalização do comércio – redução de tarifas e eliminação de outras medidas protecionistas – é realizada de maneira correta e no ritmo certo, para que novos empregos sejam criados à medida que ocupações ineficientes forem sendo descartadas, pode haver ganhos significativos de eficiência". STIGLITZ, Joseph E. *A Globalização e seus Malefícios*. São Paulo: Futura, 2002, p.85.

mercados financeiros globais. A política externa também é tida indispensável para assegurar a presença soberana brasileira dentro do contexto de um comércio internacional marcado pelo crescente protecionismo.

Outrossim, a política externa brasileira deve colaborar para a redução das tensões internacionais na busca de um mundo mais equilibrado econômica, social e politicamente, respeitando diferenças culturais, étnicas e religiosas. A tendência é o Brasil propor um pacto regional de integração, principalmente na América do Sul, e disposto a relacionar-se em especial com os países da América Latina.

Por essa razão, o revigoramento do Mercosul é algo essencial, transformando-o em uma zona de convergência de políticas industriais, agrícolas, comerciais, científicas e tecnológicas, educacionais e culturais. Com o Mercosul renovado, o bloco terá condições de encarar desafios macroeconômicos, como os de uma política monetária comum, algo que aos poucos vem sendo cogitado e debatido, mas, sobretudo, apto a enfrentar os desafios da globalização.

Evidentemente, faz-se necessário a construção de instituições políticas e jurídicas e o desenvolvimento de uma política externa comum pelos Países-membros do Mercosul.

A reconstrução do Mercosul está relacionada à proposta de uma política de regionalização, compatível com o projeto de desenvolvimento do Brasil. A complementaridade entre os Estados na região poderá demonstrar que os interesses nacionais brasileiros e de seus países vizinhos se convergem no âmbito regional. Nesta linha, o Governo Lula assinala o desenvolvimento de ações solidárias para com o "país irmão" Argentina, a fim de ver superadas suas dificuldades e colaborar na concretização de uma sólida aliança latino-americana.

O próprio presidente Lula já declarou estar convencido que na agenda do Mercosul devem figurar temas políticos e da necessidade de implementar instituições comuns mais consistentes, na defesa da transformação do Mercosul não só numa efetiva união aduaneira como também em um "espaço de convergência de políticas industriais e agrícolas ativas", numa verdadeira integração, a exemplo do que ocorreu na União Européia, respeitadas as particularidades sul-americanas.

Importante destacar a posição do presidente Lula, que considera a política externa do Mercosul essencial para as negociações da Área de Livre Comércio das Américas (ALCA), bem como para o diálogo com os Estados Unidos e com a União Européia, uma vez que essas negociações devem priorizar a defesa dos interesses nacionais e regionais, a preservação dos sistemas produtivos e dos empregos da população do continente.

Essa proposta ambiciosa do Brasil para o Mercosul só obterá êxito se resultar do consenso de todos os Países-membros e assim avançar com segurança no terreno da coordenação macroeconômica regional.

A prioridade na política externa do governo Lula atribuída à América do Sul ganha força com a criação, pelo Itamaraty, da *Subsecretaria Geral para a América do Sul* (SGAS), considerada a mais poderosa estrutura da chancelaria. É competência da Subsecretaria a condução de todas negociações comerciais que envolvam o Mercosul, desde as que se referem à formalização da ALCA até as discussões com a União Européia (UE), África do Sul e nações asiáticas.

A tarefa conferida à SAGS demonstra que o governo brasileiro entende o Mercosul como importante elemento na integração regional e, dessa forma, considera que negociações em torno de acordos comerciais devam se realizar em bloco, e jamais isoladamente pelos países que o integram.

A Argentina, em declarações de seu presidente Néstor Kirchiner, também defende o Mercosul e um processo de integração sul-americana nos moldes da União Européia. Outro presidente sul-americano, o paraguaio Nicanor Duarte Frutos, declarou o Mercosul como prioridade da política externa do Paraguai.

Interessante que tanto Kirchiner quanto Duarte Frutos afirmam, respectivamente, que não tem pressa para concluir as negociações da ALCA, e que é preciso pensar “duas ou até três vezes” antes de aderir à ALCA.

O momento, portanto, é de reconstrução e fortalecimento do Mercosul, e a partir de um bloco coeso e renovado travar as negociações internacionais, como a da ALCA. Neste caso específico, e diante das propostas distintas apresentadas pelos EUA aos blocos de países do continente, desfavoráveis ao Mercosul[54], uma possibilidade talvez mais eficaz seja

[54] A proposta de acesso a mercados divulgada pelo governo norte-americano em 11 de fevereiro de 2003 no âmbito das negociações da ALCA, em linhas gerais, prevêem prazos superiores a dez anos para os chamados “produtos sensíveis”, tratamento diferenciado aos países do continente, além de atribuir para as negociações da OMC

avançar em um acordo mais restrito do Mercosul com os EUA, denominado 4+1, e que não é incompatível com a ALCA. Neste sentido os discursos dos ministros do Brasil e da Argentina, Celso Amorim[55] e Roberto Lavagna.

Por fim, ampliando a consolidação do Mercosul, deve-se ressaltar as tratativas para a criação do Amercosul, a partir da celebração de uma área de livre comércio entre o Mercosul e a CAN (Comunidade Andina de Nações, antigo Pacto Andino, e que contava com a participação do Chile), integrada pela Venezuela, Colômbia, Equador, Peru e Bolívia. Ficaria faltando apenas agregar a Guiana e o Suriname. Mais do que um instrumento para o fortalecimento do intercâmbio na América do Sul e um incentivo para projetos comuns destinados a aproximar os países da região, que além de seus interesses comuns na área agrícola e de produtos primários em geral têm graves deficiências de infra-estrutura, o Amercosul representaria uma aliança estratégica visando às negociações para a formação da ALCA.

---

questões como subsídios e medidas antidumping. A estratégia norte-americana não é aceita pelo Brasil, tendo em vista que as propostas distintas aos diferentes blocos de países da ALCA fariam com que a abertura do mercado dos EUA ao Mercosul ocorresse anos depois de sua abertura a outras nações do continente. Outrossim, para os países latino-americanos que têm sua competitividade especialmente em produtos básicos, a discussão das medidas antidumping e subsídios agrícolas deveriam se dar na esfera da ALCA. Outro ponto de difícil negociação é um acordo sobre compras governamentais na ALCA, face as diferenças regulatórias entre os EUA e os demais países participantes. Tais normas americanas dificultariam o fornecimento de serviços por empresas brasileiras ao governo americano.

[55] Questionado acerca de quais seriam as prioridades da política externa brasileira para 2005, respondeu o ministro das Relações Exteriores, Celso Amorim: "Temos que aprofundar várias coisas que iniciamos. O Mercosul é sempre uma prioridade e continuará a ser. Esse governo tem dado muita importância política ao Mercosul. Não só aos aspectos comerciais, também aos aspectos políticos e institucionais. Continuaremos a ter como prioridade a integração da América do Sul, demos um passo importante com todos os fatos – que levaram à reunião de Cuzco. Levar adiante os acordos da OMC em relação à Rodada Doha é outra prioridade. E as nossas negociações com União Européia e Estados Unidos, também. Diz-se que quem tem muitas prioridades não tem nenhuma. Na realidade, o mundo é muito amplo e vasto. A prioridade é continuar em todas essas negociações, continuar lutando pela diversificação da nossa pauta". in *País vai manter complacência no Mercosul*. Especial. Jornal Valor Econômico, 16 de dezembro de 2004, p. A18.

XIII.4.3. ALCA

Ao estudar a Área de Livre Comércio das Américas (ALCA) se está diante da liberalização do comércio em um mercado habitado por mais de 800 milhões de pessoas e um PIB (Produto Interno Bruto) conjunto de US$ 11 trilhões. Contudo, não se pode deixar impressionar por tais números e esquecer a heterogeneidade das nações que discutem a ALCA e seus potenciais impactos econômicos e sociais sobre os países latino-americanos.

O destino das gerações atuais e futuras em grande parte estará relacionado à forma como ficar decidida a ALCA, daí a importância da sociedade brasileira, em seus diversos setores, participar de suas discussões.

A forma como a ALCA está prevista a concebe como uma mera área de livre comércio, com algumas condições adicionais de uma simples abertura comercial. Grosso modo, significa o fim de barreiras de comércio entre os Países-membros; é o que se convencionou denominar *regionalismo aberto*, ou seja, concessões comerciais diferenciadas entre os Países-membros do acordo, de forma compatível com o grau de abertura comercial desses países com outras regiões, e os Países-participantes não adotarem políticas comerciais externas comuns.

O acordo da ALCA, que deveria estar implementado até 2005, mas já se defende a prorrogação deste prazo para 2007, caso do Mercosul, prevê a negociação de 85% dos produtos atualmente comercializados pelos países participantes[56].

Caso a ALCA venha ser implementada pelos Países-membros do Mercosul, o bloco poderá coexistir com a área de livre comércio hemisférica. Tanto acordos bilaterais quanto sub-regionais estão assegurados, mas devem prevalecer superiores e mais completos quanto a direitos e obrigações pactuados na esfera da ALCA, de outro modo perdem sentido de manutenção.

Evidente que a ALCA pode apresentar efeitos positivos ou negativos para o Brasil, isso implica numa intensa discussão e profundos debates de como se irá definir o livre comércio no hemisfério. Pode-se, entretanto, apontar alguns possíveis resultados.

[56] A guisa de complementação, a Organização Mundial do Comércio (OMC) reconhece como zona de livre comércio os acordos em que 85% a 90% dos produtos dos países-membros circulam livres da cobrança de tarifas.

A participação na ALCA pode significar múltiplos benefícios comerciais, como a redução de barreiras comerciais e o maior acesso a 33 mercados, que além da elevação das exportações, garantiria melhora na competitividade das produções nacionais com acesso a novas tecnologias e a atração de investimentos externos. Resultado direto seria a geração de novos postos de trabalho e o aumento do bem-estar social.

Por outro lado, a participação na ALCA pode deixar as exportações deficitárias em relação as importações, desequilibrando o comércio e prejudicando as contas externas de países envolvidos. A competitividade dos agentes estaria à prova, vez que produtores norte-americanos e canadenses teriam acesso a créditos mais baratos, por estarem habituados a atuar em mercados mais regulados e ainda podendo contar com apoios oficiais, muitas vezes velados. A diferença concorrencial seria enorme e dificilmente superada, elevando-se a dependência estrutural das economias mais fracas competitivamente.

Percebe-se que não se está diante apenas de benefícios ou prejuízos em participar ou não da ALCA. Mais que isto, deve-se analisar os efeitos concretos de se adotar um caminho ou outro. O Brasil, como um *global trader*, tem suas exportações aproximadamente assim divididas entre seus maiores parceiros: 26% à NAFTA, 25% ao Mercosul, 27% à União Européia e 12% à Ásia. Ressalta-se, contudo, a metade das exportações brasileiras está concentrada nos países que debatem a formação da ALCA, e 70% dos manufaturados brasileiros exportados se dá aos países deste hemisfério. Ou seja, o Brasil não deve recusar os debates da ALCA, pode até não implementá-la, caso seja esse o entendimento, mas cumpre estudar suas vantagens potenciais e comparar com possíveis desvantagens.

Na ocasião do Seminário *o Brasil e a ALCA*, realizado em outubro de 2001 na Câmara dos Deputados, o então deputado Marcos Cintra, apresentou o trabalho *As Alternativas de Integração Comercial para o Brasil: ALCA, UE, OMC, 4+1, ...*[57], onde enumera os principais argumentos econômicos que desaconselham a participação do Brasil na ALCA, bem como os favoráveis.

Os elementos contrários ao Brasil na ALCA são: (i) maior produtividade da economia americana, o que inviabilizaria a competição para os agentes nacionais; (ii) tendência de especialização da indústria nacional na

[57] in *O Brasil e a Alca: seminário*. Marcos Cintra e Carlos Henrique Cardim, organizadores; prefácio Aécio Neves. Brasília: Câmara dos Deputados, Coordenação de Publicações: Instituto de Pesquisa de Relações Internacionais, 2002. p. 87.

produção de bens com menor conteúdo tecnológico, ou ainda o retorno ao modelo exportador primário; (iii) desindustrialização da economia brasileira em razão da concentração em atividades primárias; (iv) dificuldade do aprimoramento tecnológico da indústria nacional com a perda da autonomia estatal na condução de ativas políticas industriais; (v) o Brasil perder sua atuação de *global trader* em virtude dos desvios de comércio da integração continental; (vi) aumentos dos déficits da balança comercial e o agravamento da vulnerabilidade externa; (vii) uma maior atratividade comercial de um acordo de livre comércio do Mercosul com a União Européia em comparação à integração do Mercosul com a ALCA; e (viii) inexistirem grandes perdas para o Brasil em não se integrar aos mercados americanos.

Por outro lado, o Brasil na ALCA está defendido pelos seguintes pontos: (i) a grande oportunidade de derrubar barreiras impeditivas ou dificultosas de acesso ao mercado dos EUA de itens significativos da pauta brasileira de exportações, como os agrícolas, têxteis e industriais tradicionais, caso dos siderúrgicos; (ii) ganhos de eficiência e competitividade da indústria brasileira em decorrência do acirramento da competição no território nacional; e (iii) aumento do influxo de investimentos, em razão do maior acesso da produção nacional aos demais mercados do hemisfério assegurado por regras e políticas do acordo de integração.

Análises e estudos foram elaborados por diversas entidades para se verificar as vantagens e desvantagens da ALCA. Pode-se citar alguns deles.

O primeiro estudo sobre o impacto da ALCA no comércio intraregional e no comércio dos países da América do Sul e México com os EUA e Canadá talvez tenha sido o concluído pela ALADI em setembro de 2001[58]. No que se refere às oportunidades comerciais que surgiriam com a ALCA, após um longo processo de transição os países que obteriam maiores benefícios seriam aqueles que dispõem de um parque industrial e produção agrícola diversificados, caso do Brasil. Já os países de porte médio, com uma estrutura de oferta de exportação pouco diversificada e concentrada em alguns produtos e já beneficiados com alguma preferência tarifária para ingressar em outros mercados, estariam numa situação intermediária e obteriam poucas oportunidades para ampliarem seu comércio com os EUA e Canadá. Por fim, estariam sujeitos à perda de mercado os países que rece-

[58] Aladi/SEC/Estudio 139, 24/09/01.

bem concessões tarifárias nos setores em que os EUA e o Canadá possuem maior competitividade, em razão do maior deslocamento de exportações no comércio intra-regional.

A Federação das Indústrias do Estado de São Paulo (Fiesp) também preparou um estudo, no qual confirma que a criação da ALCA implica mais riscos do que oportunidades para a economia brasileira. Analisando os resultados comerciais registrados a partir de 1999 e simulando a situação hipotética de tarifa zero para todas as importações nos 34 países americanos, o Brasil obteria uma perda de saldo comercial maior se comparado às projeções feitas para Argentina, Chile, Canadá, Estados Unidos e México (93,22% do comércio na ALCA). Os EUA é o país que mais ganharia com a ALCA, aumentando seu saldo comercial em US$ 2,646 bilhões. O México, por sua vez, perderia US$ 0,6 bilhão, enquanto Canadá e Argentina obteriam ganhos.

Outro estudo, realizado pelo *Institute of International Economics* (IEE), conceituado fórum de debate econômico de Washington, no tocante ao comércio realizado entre o Brasil e os EUA, prevê que o mesmo poderá rapidamente dobrar ou até mesmo triplicar com a criação da ALCA.

Os estudos demonstram que existem vantagens e desvantagens a integrar-se a ALCA, por essa razão se deve sobrepesar o que prevalecerá ao Brasil, e ao Mercosul, ganhos ou perdas.

O ponto que talvez apresente maior problema na ALCA, entretanto, não são apenas as vantagens ou desvantagens econômicas, comparativas ou absolutas, mas sim o fato da ALCA limitar-se a uma área de livre comércio, ser uma integração comercial, sem qualquer preocupação com as graves e grandes diferenças sociais entre os povos do hemisfério[59]. Neste quesito está a grande diferença do projeto americano com o modelo comunitário europeu.

---

[59] A Organização das Nações Unidas elaborou um indicador para medir a qualidade de vida das pessoas em diversos países. Esse índice denominado IDH (Índice de Desenvolvimento Humano) mede o desenvolvimento de uma nação considerando a dimensão econômica, computando-se o PIB "per capita", além de outros dois indicadores, saúde e educação. No relatório de 2002 foi medida a qualidade de vida em 173 países. Dos países que debatem a ALCA, a classificação a partir dos dados de 2002 do IDH apresentado pela ONU é a seguinte: (i) *países com desenvolvimento humano alto* - 3° Canadá; 6° Estados Unidos da América; 31° Barbados; 34° Argentina; 38° Chile; 40° Uruguai; 41° Bahamas; 43° Costa Rica; 44° São Cristóvão e Nevis; 50° Trinidad e Tobago; 52° Antígua e Barbuda; (ii) *países com desenvolvimento humano*

Felizmente, começam a despontar esforços na tentativa de, ao menos, minimizar tal quadro de heterogeneidade. No mês de novembro de 2002, por ocasião da *Primeira Cúpula Parlamentar de Integração Continental*, realizada em Brasília, parlamentares do continente americano recomendaram aos negociadores da ALCA a criação de um fundo de compensação, cuja finalidade será corrigir as desigualdades entre os países do continente, aliviar a pobreza e compensar setores prejudicados pela liberalização comercial na região, a partir da contribuição de cada país participante com uma porcentagem dos seus PIBs. Assim, os países que apresentam os maiores índices de pobreza e aqueles mais afetados pela abertura comercial teriam acesso aos recursos.[60]

O governo Lula também esta pondo em debate tais pontos nas negociações da ALCA. A dimensão social é adotada como estratégia de negociação, como a questão do emprego, da pobreza, do meio ambiente e das pequenas e médias empresas, entre outras.

Outro ponto que se entende de grande relevância para analisar a ALCA são os aspectos históricos, pois a partir desses dados se pode constatar qual a conduta que cada país adotou nos tempos passados, e presente, dentro do continente americano, e qual as relações e implicações com os demais países da região.

Ao analisar o sistema hegeliano que tem origem na filosofia grega, no racionalismo cartesiano e atinge sua realização mais completa no idealismo alemão, constata-se em *Filosofia da História* a afirmação de Hegel, segundo o qual: "A história universal vai do leste para o oeste, pois a Europa é o fim da história universal, e a Ásia é o começo"[61].

---

médio – 54° México; 57° Panamá; 58° Belize; 61° Dominica; 66° Santa Lúcia; 68° Colômbia; 69° Venezuela; 73° Brasil; 74° Suriname; 82° Peru; 83° Granada; 86° Jamaica; 90° Paraguai; 91° São Vicente e Granadinas; 93° Equador; 94° República Dominicana; 103° Guiana; 104° El Salvador; 114° Bolívia; 116° Honduras; 118° Nicarágua; 120° Guatemala; e (iii) *países com desenvolvimento humano baixo* – 146° Haiti.

[60] "´Essa é a proposta mais polêmica, pois os Estados Unidos se recusam a tratar do tema. Mas é preciso ter um mínimo de equidade na região`, disse [deputado Marcos] Cintra. Segundo ele, os EUA não querem discutir essa questão, pois estão dispostos apenas a negociar questões estritamente comerciais.

Ele afirmou que esse projeto seria similar ao fundo de compensação criado na Europa para diminuir as diferenças econômicas e sociais entre os países da União Européia". (in *Cúpula propõe fundo contra a pobreza na ALCA*. Folha de S. Paulo. B10. 21-11-2002)

[61] HEGEL, Georg Wilhelm Friedrich. *Filosofia da História*. 2ª ed. Brasília: Editora Universidade de Brasília, 1999. p. 93.

Depreende-se do entendimento hegeliano que tudo o que ocorresse depois da Europa (fim da história) seria tão somente repetição daquilo já registrado na história. Contudo na leitura da *Filosofia da História*, constata-se uma aparente contradição de Hegel que escreve:

"A América é, portanto, a terra do futuro, na qual se revelará, em tempos vindouros, o elemento importante da história universal – talvez a disputa entre a América do Norte e a do Sul. É uma terra de aspirações para todos os que deixam o museu de armas históricas da velha Europa. Menciona-se que Napoleão tenha dito: *Cette Vieille Europe m'ennuine*[62]. Cabe à América abandonar o solo sobre o qual se tem feito a história universal. O que nela aconteceu até agora nada mais é do que eco do Velho Mundo, a expressão de uma vida estrangeira".[63]

Ora, sendo a América a "terra do futuro", e importante elemento da história universal, inclusive com uma eventual disputa entre Norte e Sul, talvez é chegado o momento de se fazer história com a ALCA, nas discussões entre americanos do norte e latinos, não mais repetindo o passado no velho continente, comprovando que a história não teve um fim na Europa e está acontecendo na "terra do presente".

Considerando que a maior discussão em torno da ALCA se dá com o receio de uma eventual "dominação" norte-americana do hemisfério, cumpre rever alguns acontecimentos históricos que poderão assinalar algumas perspectivas.

Verificou-se neste trabalho que a integração hemisférica no continente americano é algo buscado desde o século XIX. A *Doutrina Monroe* anunciada pelos EUA em 1823 para a defesa dos países americanos que haviam declarado sua independência das nações européias, sustentava-se no conceito do "grande irmão do Norte". Desenvolveu-se a partir do Panamericanismo, e já vislumbrava a criação de uma área de livre comércio que contaria com a liderança norte-americana.

---

[62] Pode-se interpretar a frase de Napoleão como *esta cidade européia me entedia.*

[63] HEGEL, Georg Wilhelm Friedrich. *Filosofia da História*. 2ª ed. Brasília: Editora Universidade de Brasília, 1999. p. 79.

Os EUA receosos com a competitividade dos produtos ingleses e de outros países europeus, no final da década de 1880 convidaram os países latino-americanos para discutirem assuntos referentes ao comércio internacional. Na verdade, os EUA pretendiam a conquista do mercado latino-americano para seus produtos.

Em 1891, após a ofensiva comercial norte-americana marcada pela negociação bilateral, Brasil e EUA assinam um *Tratado de Comércio*, bastante questionado na época, pois se dizia que um dos principais negociadores de Washington, James Blaine, era mundialmente conhecido como o mais exaltado livre-cambista quando se discutia comércio externo, porém um dos mais incisivos protecionistas quando se tratava de assuntos internos.

Em 1930 Getúlio Vargas assume a presidência do Brasil e consolida o Estado Nacional, a intervenção econômica do Estado e a crescente influência econômica e política do capital norte-americano.

O presidente dos EUA George Bush retoma em 1990 a idéia do pan-americanismo e lança a "Iniciativa para as Américas" e em 1994, a convite dos Estados Unidos da América, realizou-se a primeira Cúpula de Chefes de Estado e Governo das Américas, destacando-se pelo tema do livre comércio e a constituição da ALCA. Para os EUA, a integração deveria ocorrer na forma de centro e raios, sendo o NAFTA o grande centro de agregação dos outros países americanos que se ligariam por meio de acordos bilaterais.

Recentemente, em março de 2003, em mensagem enviada ao Congresso de seu país, o Representante de Comércio dos EUA, Robert Zoellick, anunciou novos aspectos da "doutrina Bush" para o mundo, afirmando que os EUA estão restaurando sua liderança no comércio e farão pressões agressivas a fim de garantir os benefícios da abertura comercial para os norte-americanos[64]. Em relação à ALCA, além de colocarem o Brasil como um

[64] Escreve Rubens Ricupero acerca da ALCA que: "Para uns, mais afinados com uma leitura político-ideológica do mundo, ela não passa de uma das peças utilizada pelo 'Império' americano para estabelecer a 'nova ordem internacional' amparada no monopólio do poder. Consagração da tese do hemisfério ocidental como esfera de influência exclusiva de Washington, ela significaria a pá de cal definitiva nos sonhos de unidade latino-americana, de integração da América do Sul ou do Mercosul, da veleidade de uma política independente nos foros internacionais. A área de livre-comércio implicaria, em termos práticos, a anexação virtual de países que deixariam no vestíbulo de entrada suas aspirações à soberania. Uma espécie de 'porto-ricanização' de todo o continente". in *A ALCA*. São Paulo: Publifolha, 2003. p. 64 e 65.

coadjuvante nas negociações, afirmou Zoellick que "os EUA estão exercendo pressões para realizar o cumprimento de uma visão norte-americana que data do século 19"[65]. Deve-se questionar se está visão norte-americana não é a mesma da *Doutrina Monroe* anunciada em 1823 e desenvolvida a partir do Pan-americanismo, vislumbrando a criação de uma área de livre comércio liderada pelos EUA. Mais ainda, é de se questionar as semelhanças entre o Representante de Comércio de Washington em 2003, Robert Zoellick, com o Secretário-Geral de Washington em 1891, James Blaine.

Em que pese a abertura comercial dos EUA para diversos setores da economia, sabidamente outros como aço, laranja e calçados, por exemplo, encontram grandes dificuldades para ingressarem no mercado norte-americano, e aí está talvez o cerne da discussão comercial da ALCA[66].

Interessante o relato do Prêmio Nobel de Economia de 2001, Joseph E. Stiglitz, acerca do "livre comércio" pregado pela globalização e posto em prática pelos países ricos do ocidente, com destaque aos EUA, que forçava a abertura dos mercados dos países em desenvolvimento para os produtos que exportava (liberalização), enquanto criava impedimentos às exportações dos paises mais pobres às nações mais ricas, protegendo os setores nos quais a concorrência oferecesse ameaça à sua economia.[67]

No caso específico da ALCA, Stiglitz já expressou seu pessimismo, em razão das diferenças nos níveis de desenvolvimento entre os países

[65] in *Vantagem total na ALCA é meta dos EUA.* jornal Folha de S. Paulo, B3, 05-03-2003.

[66] Do total das exportações brasileiras ao mercado norte-americano 67% ingressam com tarifa zero, enquanto 33% sofrem restrições, como cotas, restrições não-tarifárias e picos tarifários.

[67] "Os críticos da globalização, que acusam os países ocidentais de hipocrisia, estão certos. Os países ricos do Ocidente forçaram as nações pobres a eliminar as barreiras comerciais, mas eles próprios mantiveram as suas, impedindo que os países em desenvolvimento exportassem seus produtos agrícolas, privando-se, assim, da renda tão desesperadamente necessária obtida por meio das exportações. Os Estados Unidos, é claro, eram um dos principais culpados, e essa era uma das questões sobre as quais eu nutria os mais intensos sentimentos. Quando fui presidente do Conselho de Consultores Econômicos, lutei muito contra essa hipocrisia. Ela não só prejudicava os países em desenvolvimento, como também custava bilhões de dólares aos consumidores e contribuintes norte-americanos. As minhas batalhas, na maior parte das vezes, eram infrutíferas. Interesses comerciais e financeiros especiais acabavam prevalecendo – e quando fui trabalhar no Banco Mundial, pude ver muito claramente as conseqüências dessas medidas sobre os países em desenvolvimento". in *A Globalização e seus Malefícios.* São Paulo: Futura, 2002, p.33.

americanos. Para o Prêmio Nobel, acordos de livre comércio entre economias desiguais ou assimétricas têm conseqüências assimétricas, daí a pouca probabilidade de uma ALCA justa e simétrica para as necessidades dos países latino-americanos.

Oportuno também o entendimento de outro economista, Paul Krugman, para quem a implementação da ALCA não é algo tão fundamental para os países como vem sendo noticiado. Krugman coloca como quase inimaginável a ALCA funcionando e que dois países dificilmente acordariam sobre pontos fundamentais. O Brasil, cuja atenção está em sua soberania nacional e aceitaria o acordo se tivesse acesso ilimitado ao mercado norte-americano, e o outro os EUA, que dificilmente concordariam com a eventual proposta brasileira.

Todos esses dados confirmam a pertinência da intenção do Brasil em negociar a ALCA pelo *single undertaken*. Tal entendimento, exposto pelo governo FHC e corroborado pelo governo Lula[68] deixa clara a posição brasileira: ou se negocia todos os pontos da ALCA para se chegar a um acordo, ou não tem como as negociações prosperarem, visto que os EUA defendem os

[68] No Programa de Governo do Presidente Lula, no item destinado à Política Externa para Integração Regional e Negociação Global, no que se refere à ALCA, consta que "... O governo brasileiro não poderá assinar o acordo da ALCA se persistirem as medidas protecionistas extra-alfandegárias, impostas há muitos anos pelos Estados Unidos. Essas medidas foram agravadas recentemente pelas condições definidas no Senado norte-americano para a assinatura do tratado e pela proteção à agricultura dos Estados Unidos. A política de livre comércio, inviabilizada pelo governo norte-americano com todas essas decisões, é sempre problemática quando envolve países que têm Produto Interno Bruto (PIB) muito diferentes e desníveis imensos de produtividade industrial, como ocorre hoje nas relações dos Estados Unidos com os demais países da América Latina, inclusive o Brasil. A persistirem essas condições a ALCA não será um acordo de livre comércio, mas um processo de anexação econômica do Continente, com gravíssimas conseqüências para a estrutura produtiva de nossos países, especialmente para o Brasil, que tem uma economia mais complexa. Processos de integração regional exigem mecanismos de compensação que permitam às economias menos estruturadas poder tirar proveito do livre comércio, e não sucumbir com sua adoção. As negociações da ALCA não serão conduzidas em um clima de debate ideológico, mas levarão em conta essencialmente o interesse nacional do Brasil. Nosso governo se esforçará para construir um relacionamento sadio e equilibrado com os Estados Unidos, país com o qual mantemos importante relação comercial. Além disso, o Brasil deverá propor aos países do Continente relações fundadas no equilíbrio, na cooperação e em mecanismos compensatórios que favoreçam um desenvolvimento".

debates de alguns pontos iniciais, outros para quando a ALCA já estiver existindo e outros ainda seriam matéria para discussão no âmbito da OMC.

Diante de tudo o que foi exposto, conclui-se que:

(i) ALCA e liberalização do comércio - o fato da ALCA tratar exclusivamente da liberalização do comércio, sem se ocupar de temas sociais e da heterogeneidade entre os diversos países hemisféricos, é por si só algo negativo. A imagem aparente é a dos liberais dos séculos XVIII e XIX, do *laissez-faire*; liberando-se o comércio, o mercado se auto-regulará. Talvez esse seja o maior problema, a sobrevivência dos mais aptos, dos mais fortes, e o desaparecimento daqueles em condições inferiores para a competição, numa verdadeira "seleção natural" e, mais ainda, o que pode resultar desse processo de eliminação. Para ocorrer a competição, *fair competition*, deve-se equilibrar o campo de jogo (*the level playing field*), caso contrário a liberalização pode culminar na dominação de nações enfraquecidas economicamente e de indústrias incipientes por nações desenvolvidas e de suas poderosas indústrias[69];

(ii) ALCA e Mercosul - o Mercosul está se revitalizando e além de poder coexistir perfeitamente com a ALCA ganha importante destaque nas negociações para a formação da área de livre comércio hemisférica. Sabidamente, a América do Sul, e os mais de 170 milhões de brasileiros e seu território continental têm grande peso para todo o hemisfério. A união entre os países-membros do Mercosul, e a partir desse bloco sub-regional uma união maior com os países da Comunidade Andina de Nações, praticamente integrando toda a América do Sul (Amercosul), e uma maior aproximação aos países caribenhos (Caricom) e da América Central (MCCA) numa liberalização comercial entre a região, certamente representará, caso se concretize, uma força muito considerável para a negociação de uma ALCA

[69] Neste sentido, os países do Mercosul pretendem preservar a autonomia para a adoção de políticas industriais. Duas propostas consideradas polêmicas nas negociações da ALCA são defendidas pelo bloco sul-americano. Uma é conhecida como *cláusula da indústria nascente* e busca manter o espaço para a proteção tarifária, com aumento das alíquotas de importação a segmentos incipientes da economia, mesmo depois de assinado o acordo da área de livre comércio hemisférica. A outra proposta prevê a possibilidade do uso de salvaguardas para limitar importações excessivas, utilizadas apenas em tempos de crise para o fechamento das contas externas (*cláusula do balanço de pagamentos*), tendo em vista que a essência da ALCA é a eliminação das tarifas.

mais equilibrada e, até mesmo, que possa abordar temas sociais e de redução de diferença entre as nações mais pobres e as mais ricas;

(iii) ALCA e seus aspectos econômicos - diversos estudos, análises e trabalhos vêm sendo apresentados acerca dos aspectos econômicos do que a ALCA poderá representar para os países participantes. No caso específico do Brasil, são demonstrados pontos positivos, negativos e indiferentes, pelos diversos setores da sociedade interessados no processo de discussão de formação da ALCA. Diante disso, a certeza é que os debates e estudos devem prosseguir, pois o tema ainda não está esgotado e a somatória do que se apresentou até o momento ainda não oferece um entendimento conclusivo; e

(iv) ALCA e os EUA – A maior discussão para a formação da ALCA se dá em torno das propostas norte-americanas. Desde o início, os EUA quiseram se tornar o centro das negociações para onde convergiriam acordos bilaterais com os demais blocos de países do hemisfério. A intenção dos EUA em negociar pontos isoladamente e oferecer condições diferentes paras os blocos sub-regionais ingressarem em seu mercado, enquanto defendem a liberalização dos outros mercados, também é algo bastante questionável. Mais ainda, o fato dos EUA defenderem os debates de pontos fundamentais para a ALCA, como subsídios, medidas antidumping e barreiras não-tarifárias na esfera da OMC, revela uma atitude "geocêntrica" dos EUA na ALCA em desprezo aos demais países que debatem a formação da área de livre comércio americana. As declarações recentes do Representante de Comércio Norte-Americano, não só confirmam essa postura impositiva dos EUA, adotada pela chamada "doutrina Bush", como também explicita a intenção dominadora daquele país. Ao recordar os fatos da história, desde a *Doutrina Monroe* e o *Pan-americanismo* do séc. XIX, e a situação de subordinação às nações desenvolvidas a que os povos latino-americanos estiveram presos, entende-se que ou se trabalha a união das nações latino-americanas para debaterem em conjunto as melhores alternativas para se alcançar o "bem-comum" da região, buscando a partir de uma realidade assimétrica uma maior simetria com as nações ricas, ou mais uma vez a região estará fadada à pressões, influências e dominações, num grau até mesmo mais acentuado do que o já vivenciado.

XIII.4.4. Direito da Concorrência

O objetivo maior deste trabalho, além de introduzir o estudo do Direito da Concorrência, é abordar o Direito da Concorrência e a sua aplicação na Área de Livre Comércio das Américas (ALCA). Para tanto, recorreu-se aos tópicos da história mundial e do Brasil para entender qual a importância da defesa da concorrência em cada momento, principalmente a partir do capitalismo, e como a defesa da concorrência era aplicada em cada uma dessas fazes da história.

Buscou-se também distinguir o Direito da Concorrência de outras formas legais, demonstrar sua interdisciplinariedade, as escolas mais conhecidas que estudam a matéria e evidenciar o significado da defesa da concorrência para o desenvolvimento dos mercados, o bem-estar econômico dos consumidores e até mesmo como política para se alcançar melhorias sociais para uma comunidade.

A globalização e a soberania das nações, teorias de Direito da Concorrência, sua aplicação legal no Brasil, no Mercosul e na União Européia, também foram temas abordados para se analisar a ALCA e qual a importância da aplicação da defesa da concorrência na área de livre comércio hemisférica.

Antes de iniciar tal abordagem, cumpre esclarecer que a ALCA ainda é algo que está em discussão, sua formação e a integração do Brasil e do Mercosul são incertas, mas de qualquer forma, uma vez implementada, o Direito da Concorrência não poderá ser desprestigiado, e são necessários profundos debates acerca deste tema que é item de negociação da ALCA.

Quando se está diante da liberalização do comércio e da entrada de novos agentes num determinado mercado, até então pouco competitivo, além de promover uma abertura adequada, garantidora da adaptação dos agentes tradicionais para a nova realidade de concorrência, deve-se proteger o mercado das infrações anticoncorrenciais que prejudicam o bem-estar econômico dos consumidores, por meio de legislações eficazes.

Na formação da ALCA, no item específico da política de concorrência, não está previsto a criação de um órgão supra-nacional para legislar a matéria, mas sim a cooperação entre as autoridades de defesa da concorrência dos Países-participantes. Entretanto, dos 34 países que debatem a ALCA, apenas 13 dispõem de alguma legislação concorrencial.

Conforme apresentado neste trabalho, cada Estado adotará ou procurará adotar leis ou regulamentos de defesa da concorrência, em âmbito nacional ou sub-regional, além de estabelecer ou manter uma autoridade ou autoridades com a responsabilidade e o poder para aplicar leis de concorrência. Cada país participante também deverá indicar um representante ou entidade para compor um Comitê a ser estabelecido na esfera da ALCA que se ocupará especificamente do tema da defesa da concorrência.

Considerando a necessidade da cooperação entre as autoridades para a aplicação efetiva das normas de concorrência e do desenvolvimento de suas políticas no bloco, cada Estado fica comprometido sempre que existir indícios de prática de conduta anticoncorrencial com impacto transfronteiriço trabalhar conjuntamente na investigação e adoção das medidas pertinentes.

Os Países-membros para a efetiva aplicação das relações de cooperação, reconhecem a importância de celebrar acordos ou convênios, processar notificações, intercâmbio de informações, consultas e considerar os interesses dos outros países da ALCA ao aplicar leis de defesa da concorrência (cortesia negativa). O Estado que entenda esteja ocorrendo prejuízo ao seu mercado em decorrência de prática ocorrida em outro Estado, e que tal conduta seja tida como infração concorrencial naquele Estado, poderá solicitar a aplicação daquela legislação (cortesia positiva).

O princípio da *cortesia positiva* é um importante fundamento para a cooperação em defesa da concorrência e será de grande valia dentro da ALCA. Introduzido na economia mundial na década passada, a partir de acordos bilaterais entre os governos de alguns países, a finalidade desse princípio é lidar com mega fusões entre empresas transnacionais e com condutas anticoncorrenciais de dimensões internacionais, diante da ausência de instrumentos multilaterais.

Os acordos de cortesia positiva geralmente apresentam o seguinte conteúdo: (i) notificações recíprocas e suficientemente detalhadas das investigações iniciadas por cada um dos países, sempre que possam afetar o interesse do outro signatário, tanto na prevenção (estrutura) quanto na repressão (condutas) de matéria concorrencial; (ii) visita mútua dos funcionários das agências de defesa da concorrência de um país ao outro durante o curso das investigações; (iii) auxílio na instrução processual com a localização de testemunhas, colheita de depoimentos e busca de evidências; e (iv) reuniões regulares entre as autoridades de defesa da concorrência para debater as respectivas políticas de concorrência e trocar informações sobre determinados setores da economia que despertam interesse recíproco.

Esses acordos permitem operacionalizar as políticas de concorrência entre os Estados e suas respectivas autoridades de defesa da concorrência, a fim de facilitar investigações de atos ou condutas extraterritoriais, mas que produzam efeito no mercado local, além de representar maior efetividade no combate aos abusos praticados pelo poder econômico.

Dentre os acordos de cortesia positiva já assinados e que servem de exemplo, pode-se citar: Estados Unidos da América e União Européia; Estados Unidos da América e Canadá; e Austrália e Nova Zelândia.

Ocorre, entretanto, conforme já visto, que apenas 13 dos 34 paises americanos possuem legislação de defesa da concorrência. Uma macroanálise permite concluir que a defesa da concorrência no Continente Americano é pouco consistente, tendo em vista o número de países que negociam a ALCA e não dispõem de legislação específica para a matéria. Evidentemente, a cortesia positiva teria uma utilização restrita.

Entretanto, deve-se atentar que um dos compromissos dos países-participantes da ALCA em matéria concorrencial é adotar ou procurar adotar leis ou regulamentos de defesa da concorrência, em âmbito nacional ou sub-regional, além de estabelecer ou manter uma autoridade ou autoridades com a responsabilidade e o poder para aplicar leis de concorrência.

A implementação de uma lei de defesa da concorrência e o seu desenvolvimento, conforme observado no presente trabalho, é um processo histórico que se desenvolve com o tempo, transformando a cultura da sociedade e criando e aprimorando instituições atuantes e eficazes para a aplicação dessa lei.

Em blocos regionais, o Direito da Concorrência se desenvolve a partir da harmonização das legislações nacionais dos Países-membros, e posteriormente na transformação da defesa comercial em defesa da concorrência.

Contudo, um bloco regional pode reunir Países-membros que estejam em diferentes estágios de evolução na defesa da concorrência. Por exemplo, enquanto um Estado dispõe de uma agência antitruste atuante na prevenção aos abusos do poder econômico, outro Estado sequer possui uma legislação concorrencial. Nesta situação é perfeitamente aceitável que o País-membro atrasado em matéria concorrencial elimine alguns estágios da evolução do processo de formação de legislação e órgãos de defesa da concorrência e adote as determinações comuns do plano sub-regional. Neste sentido, países de economia pequena e que integram um bloco poderiam realizar o controle preventivo em matéria concorrencial exclusivamente na esfera regional.

Uma vez consolidado o mercado comum, pode-se então implantar um órgão de defesa da concorrência supra-nacional.

Os países americanos que possuem legislação e em muitos casos instituições de defesa da concorrência e participam das discussões de formação da ALCA são: Argentina; Brasil; Canadá; Colômbia; Costa Rica; Chile; Estados Unidos da América; Jamaica; México; Panamá; Peru; Uruguai; e Venezuela. Outros países já estão estudando projetos de legislação de concorrência, são eles: Bolívia; El Salvador; Equador; Guatemala; Honduras; Nicarágua; República Dominicana; e Trinidad e Tobago. Ou seja, 13 países americanos já dispõem de legislação de defesa da concorrência, enquanto 8 países debatem a promulgação de uma lei.

Considerando que a superposição de fases é algo comum em países com experiência recente em defesa da concorrência e está estritamente relacionada ao processo de globalização econômica, pode-se sugerir o seguinte caminho para debates nas negociações da ALCA.

Os países-participantes da ALCA que já dispõem de legislações de defesa da concorrência cooperariam com os países que ainda não possuem, na elaboração de estudos e projetos para a implementação de tais legislações.

Primeiramente a cooperação se daria pela assistência técnica, com o treinamento e preparação da legislação de defesa da concorrência e, na seqüência, celebração de acordos de cooperação de primeira geração, a partir da ajuda recíproca em casos específicos e a troca de informações não-confidenciais. Finalmente, a realização de acordos de cooperação de segunda geração, com a cooperação sistemática entre as agências, inclusive com a troca de informações confidenciais.

Dividindo o hemisfério em quatro regiões tem-se: (i) *América do Norte* – com os Estados Unidos da América, Canadá e México dispondo de legislação de defesa da concorrência; (ii) *América Central* – com Costa Rica e Panamá dispondo de legislação de defesa da concorrência, e El Salvador, Guatemala, Honduras e Nicarágua em estudos para a implantação da legislação; (iii) *Caribe* – apenas com a Jamaica dispondo de legislação de defesa da concorrência, e República Dominicana e Trinidad e Tobago em estudos para a implantação da legislação; e (iv) *América do Sul* – com Argentina, Brasil, Colômbia, Chile, Peru, Uruguai e Venezuela já dispondo de legislação de defesa da concorrência, e Bolívia e Equador em estudos para a implantação da legislação.

Com essa divisão, pode-se fazer uma subdivisão, ligando cada país aos países a que já esteja ligado por acordos comerciais regionais.

Assim o mapa do hemisfério ficaria dividido em NAFTA; MCCA; CARICOM; CAN e MERCOSUL.

O NAFTA não teria maiores trabalhos, já que todos os seus integrantes já possuem legislação de defesa da concorrência.

No MCCA, que abrange Costa Rica, El Salvador, Guatemala e Honduras, a Costa Rica que já dispõe de legislação de defesa da concorrência poderia auxiliar El Salvador, Guatemala e Honduras que estão estudando a implantação de legislação de concorrência, bem como pela geografia, auxiliar a Nicarágua que também já estuda a implantação da lei. Fora isso, poderiam estender a consolidação de legislação e autoridades de defesa da concorrência por toda a região, o que abrangeria o Panamá, que já dispõe de lei e auxiliaria na implantação do projeto na região, e Belize.

O CARICOM, que reúne 12 países caribenhos, seria outra região, onde a Jamaica já possui legislação de defesa da concorrência e República Dominicana e Trinidad e Tobago encontram-se em processo de estudo para implantação da legislação. A Jamaica, além de auxiliar a República Dominicana e Trinidad e Tobago, conduziria o processo para o Haiti, Antígua e Barbuda, Dominica, Santa Lúcia, São Vicente e Granadinas, Barbados, Granada, Bahamas e São Cristóvão e Nevis.

A CAN é integrada pela Venezuela, Colômbia e Peru, que já dispõem de legislação em defesa da concorrência, e Equador e Bolívia que estão em estudos para a implantação de legislação, constituiria outra região, estendendo esse processo para a Guiana e o Suriname.

Por fim o MERCOSUL, apenas faltando a implantação de legislação de defesa da concorrência no Paraguai, mas que poderia até mesmo ser suprimida, adotando-se as determinações comuns do plano sub-regional, com a implementação definitiva do Protocolo de Fortaleza para cuidar da defesa concorrencial em âmbito regional. Neste ponto, ressalta-se que o Protocolo de Fortaleza não atende a realidade dos Países da região, sendo necessário ajustes para que se torne aplicável e eficaz. O Chile, egresso do Pacto Andino, atual CAN, e em que pese seu acordo bilateral com os EUA, por uma questão geopolítica poderia integrar-se à região do MERCOSUL.

Desta forma, num primeiro momento teriam cinco sub-regiões dentro da ALCA analisando questões de defesa da concorrência, que teriam força ainda maior na prevenção e repressão aos abusos do poder econômico com a celebração de acordos de cortesia positiva entre essas regiões.

A etapa seguinte seria a integração dessas regiões, inicialmente MERCOSUL e CAN, constituindo o AMERCOSUL, e MCCA e CARICOM, constituindo o MERCONORTE.

O estágio conclusivo da política da concorrência na integração hemisférica seria a criação de um órgão de defesa da concorrência supra-nacional para analisar a matéria em toda a ALCA, com características similares ao que ocorre na União Européia. Certo é que no atual estágio das negociações da ALCA não está prevista a delegação da soberania dos Estados-partes, o que inviabiliza um "Tribunal da ALCA para Defesa da Concorrência". Contudo, os debates e a proposta de implantação da ALCA podem sofrer modificações que venham a permitir a constituição de um órgão supra-nacional para se ocupar da defesa da concorrência no hemisfério.

XIV. BIBLIOGRAFIA

- ALBANESE, Susana. *Mercosur y la integracion del derecho*; (texto), / s.d.p./; /s.l.p./.

- ALBUQUERQUE, José Augusto Guilhon. *Relações Internacionais e sua Construção Jurídica: aspectos históricos, jurídicos e sociais*. São Paulo: FTD, 1998. (Coleção juristas da atualidade. Série ALCA; v. 1)

- AMARAL JÚNIOR, Alberto do (coord.). *OMC e o Comércio Internacional*. São Paulo: Aduaneiras, 2002.

- ANCARINI, Fabio. *Concorrenza e analisi competitiva: una prospettiva d'impresa*. Milão: EGEA, 1999.

- ANDRADE, Maria Cecilia. *Controle de Concentrações de Empresa: estudo da experiência comunitária e a aplicação do artigo 54 da lei nº 8.884/94*. São Paulo: Singular, 2002.

- *Atlas Geográfico Mundial*. 2ª ed. São Paulo: Folha da Manhã, 1994.

- BAGNOLI, Vicente. *Breve Análise sobre Direito Concorrencial e as suas perspectivas para o Mercosul*. trabalho de graduação interdisciplinar (monografia de conclusão de curso). Faculdade de Direito da Universidade Presbiteriana Mackenzie: São Paulo, 1999.

- BAPTISTA, Luis Olavo; MERCADANTE, Araminta de Azevedo; CASELLA, Paulo Borba. *Mercosul: das negociações à implantação*. São Paulo: LTR, 1994.

- BARRAL, Welber. *Dumping, underselling e preço predatório*. in Revista de Direito Econômico nº 29, Brasília, jan/jul – 1999.

- BELTRAME, Priscila Akemi; LACERDA, Eduardo Modena. *Antidumping no Comércio Internacional e o Caso Norte-americano*. Revista do IBRAC, vol. 8 nº 4, 2001.

- BORK, Robert H. *The Antitrust Paradox: a policy at war with itself*. Nova York: The Free Press, 1993.

- BRUNA, Sérgio Varella. *O poder econômico e a conceituação do abuso em seu exercício*. São Paulo: Revista dos Tribunais, 1997.

- BUENO, Eduardo. *A Viagem do Descobrimento: a verdadeira história da expedição de Cabral*. Rio de Janeiro: Objetiva, 1998. Coleção Terra Brasilis; 1.

- BUENO, Eduardo. *História do Brasil*. 2ª edição, empresa Folha da Manhã e Zero Hora/RBS jornal, 1997.

- BULGARELLI, Waldirio. *Concentração de Empresas e Direito Antitruste*. 2ª ed. São Paulo: Atlas, 1996.

- CAGGIANO, Monica Hermann Salem (org.). *Reflexões em Direito Político e Econômico*. São Paulo: Editora Mackenzie, 2002.

- Cartilha do CADE, CADE.

- CARVALHO, Nuno T. P. *As Concentrações de Empresas no Direito Antitruste*. São Paulo: Editora Resenha Tributária, 1995.

- CASELLA, Paulo Borba. *Comunidade européia e o seu ordenamento jurídico*. São Paulo: LTR, 1994.

- CINTRA, Marcos e CARDIM, Carlos Henrique (organizadores). *O Brasil e a Alca: seminário*. prefácio Aécio Neves. Brasília: Câmara dos Deputados, Coordenação de Publicações: Instituto de Pesquisa de Relações Internacionais, 2002.

- *Código de Hamurabi: Código de Manu, excertos: (livros oitavo e nono): Lei das XII Tábuas*. Supervisão editorial Jair Lot Vieira. 1ª ed. Bauru: EDIPRO. (Série Clássicos)

- *Código de Processo Civil*. 31ª ed. São Paulo: Saraiva, 2001.

- DELMANTO, Celso *et alli*. *Código Penal Comentado*. 6ª ed. Rio de Janeiro: Renovar, 2002.

- DELMANTO, Celso. *Crimes de Concorrência Desleal.* São Paulo: José Bushatsky Editor, 1975.

- DI PIETRO, Maria Sylvia Zanella. *Direito Administrativo.* São Paulo: Atlas, 2002.

- DOLINGER, Jacob. *Direito internacional privado: parte geral.* 5ª ed. Rio de Janeiro: Renovar, 1997.

- FARIA, Werter R. *Direito da concorrência e contrato de distribuição.* Porto Alegre: Sérgio Antonio Fabris Editor, 1992.

- FERREIRA, Aurélio Buarque de Holanda; "Novo dicionário básico da língua portuguesa"; s/nº edição, editora Nova Fronteira/Folha de S.Paulo, 1994.

- FILGUEIRAS, Luiz. *História do Plano Real.* São Paulo: Boitempo, 2000.

- FINO, Torcuato Enrique. *15 preguntas y respuestas relacionadas com el Mercosur.* (texto), /s.d.p./; /s.l.p./

- FONSECA, João Bosco Leopoldino da. *Direito Econômico.* 4ª ed. revista e atualizada. Rio de Janeiro: Forense, 2001.

- FONSECA, João Bosco Leopoldino da. *Lei de Proteção da Concorrência: comentários à legislação antitruste.* 2ª ed. atualizada. Rio de Janeiro: Forense, 2001.

- FORGIONI, Paula A. *Os Fundamentos do Antitruste.* São Paulo: Revista dos Tribunais, 1998.

- FRANCESCHINI, José Inácio Gonzaga. *Direito da Concorrência: case law.* São Paulo: Singular, 2000.

- FRANCESCHINI, José Inácio Gonzaga. *Lei da Concorrência conforme Interpretada pelo CADE.* São Paulo: Singular, 1998.

- FRANCESCHINI, José Inácio Gonzaga. *Introdução ao Direito da Concorrência.* São Paulo: Malheiros, 1996.

- GONÇALVES, Marcos Peixoto Mello. *Pluralismo Organizado: uma nova visão do Direito Econômico.* São Paulo: Quartier Latin, 2002.

- GOYOS JUNIOR, Durval de Noronha. *A OMC e os tratados da rodada Uruguai.* São Paulo: Observador Legal, 1995.

- GRAU, Eros Roberto. *A Ordem Econômica na Constituição de 1988.* 8ªed. São Paulo: Malheiros, 2003.

- GUEDES, Josefina Maria M.M.; PINHEIRO, Silvia M. *Anti-dumping, Subsídios e Medidas Compensatórias*. 1ª ed. São Paulo: Aduaneiras, 1993.

- GUILHERME, Luiz Fernando do Vale de Almeida (coord.). *Novos Rumos da Arbitragem no Brasil*. São Paulo: Fiuza Editores, 2004.

- HEGEL, Georg Wilhelm Friedrich. *Filosofia da História*. 2ª ed. Brasília: Editora Universidade de Brasília, 1999.

- HEGEL, Georg Wilhelm Friedrich. *Princípios da Filosofia do Direito*. São Paulo: Martins Fontes, 2000.

- HIRST, Paul e THOMPSON, Grahame. *Globalização em Questão*. Petrópolis: Vozes, 1998.

- *História do Brasil*. São Paulo: PubliFolha, 1997.

- HOVENKAMP, Hebert. *Federal Antitrust Policy: The Law of Competition and Its Practice*. St.Paul, Minn.: West Publishing Co., 1994.

- IHERING, Rudolf Von. *A Luta Pelo Direito*. 17ª ed. Rio de Janeiro: Forense, 1999. (tradução de João Vasconcelos)

- CASSOTTANA, Marco e POGGI, Emanuele. *Il Codice della Concorrenza: normativa nazionale e comunitaria*. 2ª ed. Piacenza: Casa Editrice La Tribuna, 2002.

- JAKOBSEN, Kjeld; MARTINS, Renato. *ALCA: Quem ganha e quem perde com o livre comércio nas Américas*. São Paulo: Fundação Perseu Abramo, 2002.

- KIKUCHI, Simone. *Histórias de Associações de Sucesso – Harley-Davidson: liberdade sobre duas rodas*. /s.d.p./; /s.l.p./

- LAMPREIA, Luiz Felipe.../ et al./ ;/ coordenador Durval de Noronha Goyos. *O Direito do Comércio Internacional*. São Paulo: Observado Legal, 1997.

- LAVOPA, Jorge H. *Organizacion institucional y derecho comunitario en el Mercosur*. (texto), /s.d.p./; /s.l.p./

- MARANHÃO, Délio; CARVALHO, Luiz Inácio B.Carvalho. *Direito do Trabalho*. 17ª edição. Rio de Janeiro: Fundação Getúlio Vargas, 1996.

- MARQUES, Fernando de Oliveira. *Código de defesa do consumidor, legislação de defesa comercial e da concorrência, e legislação das agências reguladoras*. 3ª ed. São Paulo: Revista dos Tribunais, 2001.

- MARTINS, Ives Gandra da Silva. *Questões de Direito Econômico.* São Paulo: Revista dos Tribunais, 1999.

- MARX, Karl. *O Capital.* edição condensada e tradução de Gabriel Deville. Bauru: Edipro, 1998.

- MASCARO, Alysson Leandro. *Introdução à Filosofia do Direito: Dos Modernos aos Contemporâneos.* São Paulo: Atlas, 2002.

- MAZZA, Rita. *Diffusione Televisiva e Disciplina Comunitaria Della Concorrenza.* 2ª ed. Torino: G. Giappichelli Editore, 2001.

- MELLO, Maria Chaves de. *Dicionário jurídico português/inglês inglês/ português.* 7ª ed. Rio de Janeiro: Elfos, 1998.

- MENDONÇA, Marina Gusmão de; PIRES, Marcos Cordeiro. *Formação Econômica do Brasil.* São Paulo: Pioneira Thomson Learning, 2002.

- MEZIAT, Armando de Mello. *A defesa comercial no Brasil.* Palestra proferida para o GEDECON (Grupo de Estudos de Direito Econômico), Rio de Janeiro, 2001.

- MIDON, Mario A. R. *El mayor desafio del siglo XX: la integracion atraves del Mercosul, inexorable emprendimento reservado al derecho.* (texto), / s.d.p./; /s.l.p./

- MOURA, José Carlos Pires de. *História do Brasil I.* 1ª ed. São Paulo: Anglo, 1990 - 1991.

- MOURA, José Carlos Pires de. *História do Brasil I.* 2ª ed. São Paulo: Anglo, 1990 - 1991.

- *Nova enciclopédia ilustrada Folha.* vol. 1. São Paulo, empresa Folha da Manhã S.A., 1996.

- *Nova enciclopédia ilustrada Folha.* vol. 2. São Paulo, empresa Folha da Manhã S.A., 1996.

- NUSDEO, Ana Maria de Oliveira. *Defesa da Concorrência e Globalização Econômica: o controle da concentração de empresas.* São Paulo: Malheiros, 2002.

- OLIVEIRA, Gesner. *Brasil Real: desafios da pós-estabilização na virada do milênio.* São Paulo: Mandarim, 1996.

- OLIVEIRA, Gesner. *Concorrência: panorama no Brasil e no mundo.* São Paulo: Saraiva, 2001.

- OLIVEIRA, Gesner e RODAS, João Grandino. *Direito e Economia da Concorrência*. Rio de Janeiro: Renovar, 2004.

- ONUKI, Janina. *Relações Internacionais e sua Construção Jurídica: a ALCA e os interesses nacionais*. São Paulo: FTD, 1998. (Coleção juristas da atualidade. Série ALCA; v. 3)

- PASSARELLI, Eliana. *Dos Crimes Contra as Relações de Consumo: Lei Federal nº 8.078/90 (CDC)*. São Paulo: Saraiva, 2002.

- PEÑA, Julián. *Controle de Concentraciones Económicas: marco normativo e interpretación jurisprudencial*. 1ª ed. Santa Fe: Rubinzal-Culzoni, 2002.

- PERA, Alberto. *Concorrenza e Antitrust*. 2ª ed. Bologna: il Mulino, 2001.

- PEREZ, Rita. *Telecomunicazioni e Concorrenza*. Milão: Giuffrè Editor, 2002.

- PROENÇA, José Marcelo Martins. Concentração Empresarial e o Direito da Concorrência. São Paulo: Saraiva, 2001.

- RATTNER, Henrique. *Mercosul e ALCA: O Futuro Incerto dos Países Sul-Americanos*. São Paulo: Editora da Universidade de São Paulo, 2002.

- REALE, Miguel. *Filosofia do Direito*. 19ª ed. São Paulo: Saraiva, 1999.

- REALE, Miguel. *Lições Preliminares de Direito*. 21ª ed. São Paulo: Saraiva, 1994.

- *Rerum Novarum*, Carta Encíclica de Sua Santidade o Papa Leão XIII sobre a condição dos operários. 10ª ed. São Paulo: Paulinas.

- Revista Direito Mackenzie. ano 3, nº. 2. São Paulo: Editora Mackenzie, 2002.

- Revista do IBRAC, vol. 3 nº 5, 1996.

- Revista do IBRAC, vol. 8 nº 3, 2001.

- Revista do IBRAC, vol. 8 nº 4, 2001.

- Revista do IBRAC, vol. 10 nº 1, 2003.

- Revista de Direito Econômico – CADE, nº 26, agosto/dezembro de 1997.

- REZEK, José Francisco. *Direito Internacional Público: curso elementar*. 6ª ed. São Paulo: Saraiva, 1996.

- RICUPERO, Rubens. *A ALCA*. São Paulo: Publifolha. 2003

- ROSSETTI, José Paschoal. *Introdução à Economia.* 17ª ed. São Paulo: Atlas, 1997.

- SALGADO, Lucia Helena. *A Economia Política da Ação Antitruste.* São Paulo: Singular. 1997.

- SALOMÃO FILHO, Calixto. *Direito Concorrencial: as estruturas.* São Paulo: Malheiros, 1998.

- SALOMÃO FILHO, Calixto. *Regulação e Concorrência: estudos e pareceres.* Malheiros editores, São Paulo, 2002.

- SALOMÃO FILHO, Calixto. *Direito Concorrencial: condutas.* São Paulo: Malheiros, 2003.

- SALOP, Steven C. *Vertical Mergers and Monopoly Leverage.* Washington, D.C.: Georgetown University Law Center, 2001.

- SILVEIRA, Paulo Antônio Caliendo Velloso da. *Defesa da Concorrência no Mercosul: acordos entre empresas, abuso de posição dominante e concentração.* São Paulo: LTR, 1998.

- SOLON, Ari Marcelo. *Teoria da Soberania como Problema da Norma Jurídica e da Decisão.* Porto Alegre: Sergio Antonio Fabris Editor, 1997.

- SOUTO, Marcos Juruema Villela. *Aspectos jurídicos do planejamento econômico.* São Paulo: Lumen Juris, 1997.

- SOUZA, Washington Peluso Albino de. *Primeiras* Linhas *de Direito Econômico.* 4ª ed. São Paulo: LTr, 1999.

- SOUZA, Washington Peluso Albino de. *Primeiras Linhas de Direito Econômico.* 5ª ed. São Paulo: LTr, 2003.

- STIGLITZ, Joseph E. *A Globalização e seus malefícios.* São Paulo: Futura, 2002.

- SULLIVAN, Lawrence A. GRIMES, Warren S. *The Law of Antitrust: an integrated handbook.* Minn, USA: West Group, 2000.

- SUNDFELD, Carlos Ari; VIEIRA, Oscar Vilhena (coord.) Direito Global. Max Limonad: São Paulo, 1999.

- TOFFLER, Alvin. *A Terceira Onda.* 6ªed. São Paulo: Record, 1986.

- VAZ, Isabel. *Direito Econômico da Concorrência.* 1ª ed. Rio de Janeiro: Forense, 1993.

- VENTURA, Deisy de Freitas Lima. *A Ordem Jurídica do Mercosul*. Porto Alegre: Livraria do Advogado Editora, 1996.

- VICENTINO, Cláudio; MARONE, Gilberto Tibério. *História Geral I*. 2ª ed. São Paulo: Anglo, 1990 - 1991.

- VICENTINO, Cláudio; MARONE, Gilberto Tibério. *História Geral II*. 1ª ed. São Paulo: Anglo, 1990 – 1991.

- VISCUSI, W. Kip; VERNON, John M. e HARRINGTON JR., Joseph E. *Economics of Regulations and Antitrust*, 2ª ed., Massachusetts: The MIT Press, 1997.

- WEBER, Max. *Economia e Sociedade*. 4ª ed. vol. 1. Brasília: Editora Universidade de Brasília, 2000. (tradução de Regis Barbosa e Karen Elsabe Barbosa)

- WEBER, Max. *Economia e Sociedade*. vol. 2. Brasília: Editora Universidade de Brasília, 1999. (tradução de Regis Barbosa e Karen Elsabe Barbosa)

- WITTGENSTEIN, Ludwig. *Investigações Filosóficas*. São Paulo: Nova Cultural, 2000. (Série Os Pensadores, tradução: José Carlos Bruni)

Jornais e Periódicos

- BAGNOLI, Vicente. *Por que Defesa da Concorrência?*, Jornal do Advogado da OAB/SP, junho de 2002.

- Boletim Gazeta Mercantil Latino-americana, de 29 de outubro a 04 de novembro de 2001

- El Derecho: Diario de Jurisprudencia y Doctrina, Buenos Aires, 10 de diciembre de 1998; 24 de febrero de 1999; 26 de marzo de 1999; 17 de mayo de 1999.

- Folha de S. Paulo, 08 de junho de 1999, página 2-4;15 de julho de 1999, página 3-9; 28 de julho de 1999, página 2-10.

- Gazeta Mercantil Latino-Americana de 1º a 7 de fevereiro de 1999.

- Gazeta Mercantil, 03 de setembro de 1998, página A-11

- Lei antitruste é mais necessária hoje, diz Gesner. Jornal O Estado de S. Paulo, 11 de julho de 1999, fonte: www.estadao.com.br

- Revista Carta Capital, ano IX nº 222, 08 de janeiro de 2003.

- Revista Carta Capital, ano IX, nº 221, 25 de dezembro de 2002.

- *O impacto da ALCA sobre o comércio sul-americano.* por Rubens A. Barbosa, embaixador do Brasil em Washington. jornal Correio Braziliense. Economia. 09-03-2002.

- *ALCA e o Brasil.* por Antonio Fernando Guimarães Bessa, diretor de relações internacionais e comércio exterior da Fiesp/Ciesp. clipping do IBRAC nº 14/2001, 5 a 11/05/2001.

- *Uma nova política externa.* por Aloísio Mercadante, economista, professor licenciado da PUC/SP e senador de SP pelo PT. Valor Econômico. A10. 15/07/2002.

- *Estudo da Fiesp mostra que ALCA é mais risco que oportunidade.* ´jornalista Arnaldo Galvão. Valor Econômico. A3. 26, 27 e 28 de julho de 2002.

- *Argentina Exporta*, p. 9, encarte Valor Econômico, de 05/09/2002. por José Botafogo Gonçalves, embaixador do Brasil na Argentina.

- *O peso da União Européia nas negociações da ALCA.* por Ruy Martins Altenfelder Silva, advogado e secretário de Estado da Ciência, Tecnologia, Desenvolvimento Econômico e Turismo. Valor Econômico A10 16/12/02.

- *ALCA sairá, com ou sem a adesão dos 34 países.* Gazeta Mercantil. A12. 19/11/2002.

- *Cúpula propõe fundo contra a pobreza na ALCA.* Folha de S. Paulo. B10. 21/11/2002.

- *ALCA, o que vai além das medidas tarifárias.* Gazeta Mercantil. Opinião. 20/11/2002.

- *Proposta dos EUA para a ALCA ignora protecionismo.* Valor Econômico. A14. 12/02/03.

- *Reunião extraordinária Brasil-EUA pode decidir o futuro da ALCA.* Valor Econômico. A4. 17/02/2003.

- *País será conservador na ALCA, diz Lampreia.* A4. 13/02/2003.

- *Mercosul quer preservar política industrial.* Valor Econômico. A3. 19/02/03.

- *Lula quer questões sociais na ALCA.* Valor Econômico. A5. 28, 29 e 30/03/03.

- *Palocci reclama de proposta ´minimalista' dos EUA na ALCA.* Valor Econômico. A3. 15/04/03.

- *Kirchner pede ação ´unitária' no Mercosul.* Valor Econômico. A3. 9, 10 e 11/05/03.

- *Lula propõe agenda política e macroeconômica ao Mercosul.* Valor Econômico A8 03/12/02.

- *Lula e o Mercosul, a ALCA e os EUA.* por Félix Peña, diretor do Instituto de Comércio Internacional da Fundação BankBoston. Valor Econômico A13 03/12/02.

- *Prioridade externa será América do Sul.* Valor Econômico. A9. 28/10/2002.

- *Uruguai e Paraguai fazem ofertas liberais para a área de serviços na ALCA.* Valor Econômico. A2. 25/02/03.

- *Mercosul pode adotar critério americano para negociar a ALCA.* Valor Econômico. A3. 06/03/03.

- *Acordo com União Européia fica mais próximo.* Valor Econômico. A3. 06/03/03.

- *Argentina volta a ser segundo mercado para o Brasil.*Valor Econômico. A4. 7,8 e 9/03/03.

- *Kirchner pede ação ´unitária' no Mercosul.* Valor Econômico. A3. 9, 10 e 11/05/03.

- *A visão do Mercosul.* Gazeta Mercantil. Editorial. A3. 9, 10 e 11/05/03.

- *Presidente do Paraguai quer priorizar Mercosul.* Valor Econômico. A5. 29/05/03

- *Nova proposta de FHC é criação do ´Merconorte'.* Valor Econômico. A3. 12/09/02.

- *A ALCA e o estado da competitividade brasileira.* por Marcos Cintra. Valor Econômico. A14. 10/02/03.

- *Vantagem na ALCA é meta dos EUA.* Folha de S. Paulo. B3. 05/03/03.

- *Comércio com EUA crescerá mesmo sem ALCA, diz embaixador.* Valor Econômico. 28/04/03.

- *Para Krugman, ALCA é quase impossível.* Folha de S. Paulo. B6. 08/11/02.

- *Chance de acordo justo com os EUA é improvável, diz Stiglitz*. Folha de São Paulo. B6. 08/11/02.

- *A ALCA depois da OMC: investimentos e comércio*. por Luiz Gonzaga Belluzzo. Valor Econômico. A9. 30/01/03.

- *L'Italia a caccia di nuove idee per rilanciare l'azienda Europa*. La Repubblica. 9. 30/06/03.

- *Terceira Via aprova as reformas de Lula*. Folha de S. Paulo. A5. 15/07/03.

- *Produtos lácteos: Multinacional suíça acusa rival italiana de copiar embalagem - Nestlé leva Parmalat à Justiça na briga pelo negócio de creme de leite*. Valor Econômico. Empresas & Tecnologia 31/01/2003.

- *Economia dos EUA ganha US$ 1 tri por ano com globalização, diz estudo*. Folha de S. Paulo. B5 27/01/2005.

- *País vai manter complacência no Mercosul*. Valor Econômico. A18. 16/12/2004.

Sites na internet

- ACCC (Comissão Australiana de Concorrência e Consumidor)

www.accc.gov.au

- AGCM (Autoridade Italiana de Defesa da Concorrência)

www.agcm.it

- ALCA (Área de Livre Comércio das Américas)

www.ftaa-alca.org

- DOJ (Departamento de Justiça dos EUA / Divisão Antitruste)

www.usdoj.gov/atr

- FTC (Comissão Federal de Comércio dos EUA / Divisão Antitruste)

www.ftc.gov/ftc/antitrust.htm

- IBRAC (Instituto Brasileiro de Estudos das Relações de Concorrência e de Consumo)

www.ibrac.org.br

- Ministério das Relações Exteriores

www.mre.gov.br

- PT (Partido dos Trabalhadores)

www.pt.org.br

- UE / DG-4 (União Européia / Comissão de Concorrência) http://europa.eu.int/comm/competition

- UNDP (ONU - Vigilância de Desenvolvimento Humano)

www.undp.org/hdr2002/espanol/indicadores.pdf

- WTO-OMC (Organização Mundial do Comércio)

www.gatt.org

- Palácio do Planalto (Presidência da República)

www.planalto.gov.br

Julgados

- Apelação no Mandado de Segurança nº 2001.34.00.014888-4/DF, TRF 1ª Região

- Processo Administrativo nº 53500.00359/99, apenso a Averiguação Preliminar nº 53500.002586/98 – CADE

- Consulta CADE nº 38/99

XV. ÍNDICE REMISSIVO

B

C

D

E

F

G

H

I

J

K

L

M

N

O

P

Q

R

S

T

U

V

W

X

Z

Impresso nas oficinas da
Gráfica Palas Athena